ESTE MUNDO PRECISA DE LEI?

O PRINCÍPIO DIVINO DA UNIDADE-DO-SER

Editora Appris Ltda.
1.ª Edição - Copyright© 2024 do autor
Direitos de Edição Reservados à Editora Appris Ltda.

Nenhuma parte desta obra poderá ser utilizada indevidamente, sem estar de acordo com a Lei nº 9.610/98. Se incorreções forem encontradas, serão de exclusiva responsabilidade de seus organizadores. Foi realizado o Depósito Legal na Fundação Biblioteca Nacional, de acordo com as Leis nos 10.994, de 14/12/2004, e 12.192, de 14/01/2010.

Catalogação na Fonte
Elaborado por: Dayanne Leal Souza
Bibliotecária CRB 9/2162

C691e
2024
	Colect, Carlos
	    Este mundo precisa de lei?: o princípio divino da unidade-do-ser / Carlos Colect. – 1. ed. – Curitiba: Appris, 2024.
	    257 p. : il. ; 23 cm. – (Coleção Ciências Sociais).
	
	    Inclui referências.
	    ISBN 978-65-250-6671-4
	
	    1. Lei. 2. Unidade. 3. Antipatriarcal. 4. Paternidade. 5. Torah - Legislação. 6. Amor. 7. Benção. 8. Sociedade. 9. Instrução. I. Colect, Carlos. II. Título. III. Série.
	
	    CDD – 121.8

Livro de acordo com a normalização técnica da ABNT

Editora e Livraria Appris Ltda.
Av. Manoel Ribas, 2265 – Mercês
Curitiba/PR – CEP: 80810-002
Tel. (41) 3156 - 4731
www.editoraappris.com.br

Printed in Brazil
Impresso no Brasil

Carlos Colect

ESTE MUNDO PRECISA DE LEI?
O PRINCÍPIO DIVINO DA UNIDADE-DO-SER

Appris
editora

Curitiba, PR
2024

FICHA TÉCNICA

EDITORIAL
Augusto Coelho
Sara C. de Andrade Coelho

COMITÊ EDITORIAL
Ana El Achkar (Universo/RJ)
Andréa Barbosa Gouveia (UFPR)
Antonio Evangelista de Souza Netto (PUC-SP)
Belinda Cunha (UFPB)
Délton Winter de Carvalho (FMP)
Edson da Silva (UFVJM)
Eliete Correia dos Santos (UEPB)
Erineu Foerste (Ufes)
Fabiano Santos (UERJ-IESP)
Francinete Fernandes de Sousa (UEPB)
Francisco Carlos Duarte (PUCPR)
Francisco de Assis (Fiam-Faam-SP-Brasil)
Gláucia Figueiredo (UNIPAMPA/ UDELAR)
Jacques de Lima Ferreira (UNOESC)
Jean Carlos Gonçalves (UFPR)
José Wálter Nunes (UnB)
Junia de Vilhena (PUC-RIO)
Lucas Mesquita (UNILA)
Márcia Gonçalves (Unitau)
Maria Aparecida Barbosa (USP)
Maria Margarida de Andrade (Umack)
Marilda A. Behrens (PUCPR)
Marília Andrade Torales Campos (UFPR)
Marli Caetano
Patrícia L. Torres (PUCPR)
Paula Costa Mosca Macedo (UNIFESP)
Ramon Blanco (UNILA)
Roberta Ecleide Kelly (NEPE)
Roque Ismael da Costa Güllich (UFFS)
Sergio Gomes (UFRJ)
Tiago Gagliano Pinto Alberto (PUCPR)
Toni Reis (UP)
Valdomiro de Oliveira (UFPR)

SUPERVISORA EDITORIAL Renata C. Lopes
PRODUÇÃO EDITORIAL Bruna Holmen
REVISÃO Andrea Bassoto Gatto
DIAGRAMAÇÃO Bruno Ferreira Nascimento
CAPA Jhonny Alves
REVISÃO DE PROVA Elisa Barros

COMITÊ CIENTÍFICO DA COLEÇÃO CIÊNCIAS SOCIAIS

DIREÇÃO CIENTÍFICA Fabiano Santos (UERJ-IESP)

CONSULTORES
Alícia Ferreira Gonçalves (UFPB)
Artur Perrusi (UFPB)
Carlos Xavier de Azevedo Netto (UFPB)
Charles Pessanha (UFRJ)
Flávio Munhoz Sofiati (UFG)
Elisandro Pires Frigo (UFPR-Palotina)
Gabriel Augusto Miranda Setti (UnB)
Helcimara de Souza Telles (UFMG)
Iraneide Soares da Silva (UFC-UFPI)
João Feres Junior (Uerj)
Jordão Horta Nunes (UFG)
José Henrique Artigas de Godoy (UFPB)
Josilene Pinheiro Mariz (UFCG)
Leticia Andrade (UEMS)
Luiz Gonzaga Teixeira (USP)
Marcelo Almeida Peloggio (UFC)
Maurício Novaes Souza (IF Sudeste-MG)
Michelle Sato Frigo (UFPR-Palotina)
Revalino Freitas (UFG)
Simone Wolff (UEL)

AGRADECIMENTOS

Agradeço ao legado daqueles que vieram antes de mim. Graças aos que romperam com seus medos e avançaram em seus desafios, hoje vivo e tenho a oportunidade de acessar palavras de sabedoria, estar onde estou e tornar-me o que estou me tornando. Para eles, meu agradecimento.

PREFÁCIO 1

É com imensa satisfação que me vejo diante desta obra instigante e provocativa que agora tenho a honra de prefaciar. Nestas páginas, somos convidados a uma jornada intelectual e espiritual profunda, uma exploração corajosa das complexidades da contemporaneidade.

O autor nos conduz por um caminho intrincado, tecendo fios de Teologia, Filosofia e Psicanálise, para desvelar as relações entre a Lei e o Amor em nossa sociedade. Em um mundo que clama por uma conexão mais profunda com o divino, somos confrontados com a realidade de uma cultura que, muitas vezes, negligencia valores transcendentais e a consciência moral.

A análise da transição da estrutura psíquica social neurótica para a psicótica oferece uma lente poderosa para compreendermos as mudanças culturais e éticas que estamos testemunhando. À medida que nos afastamos de narrativas patriarcais tradicionais, somos desafiados a repensar não apenas nossas instituições sociais e religiosas, mas também a própria natureza da moralidade e da consciência.

No cerne desta obra, está a busca por um ideal de ordem social fundamentada em uma compreensão mais profunda da Lei e do Amor. O autor nos lembra de que a essência divina permeia todas as coisas, conecta-nos uns aos outros e ao cosmos.

É importante ressaltar que este não é um tratado moralista. Pelo contrário, é uma tentativa corajosa de transcender os limites do moralismo histórico e dogmático, abrindo espaço para uma reflexão mais profunda sobre o que significa ser verdadeiramente humano em um mundo em rápida transformação.

Ao mergulharmos nestas páginas, somos desafiados a repensar as concepções de moralidade, religião e sociedade. Nesse sentido, este livro não pretende oferecer respostas fáceis, mas sim questionamentos provocativos que nos convidam a uma jornada de autoconhecimento e entendimento do mundo que nos cerca.

Que esta obra seja recebida com a mesma coragem com que foi escrita e que ela inspire seus leitores a buscarem uma compreensão mais profunda do divino e do humano, além dos muros que tantas vezes nos separam.

Prof. Dr. André Pullig
Filósofo, teólogo e psicanalista
Professor associado da Logos University International – Miami
Coordenador dos cursos de Psicanálise do Instituto Guilherme Pereira

PREFÁCIO 2

Em um mundo onde a ausência de paternidade e de princípios ordenadores parece estar cada vez mais presente, nosso amigo de muitos anos, Carlos Colect, leva-nos a uma inquietante jornada de reflexão sobre a importância da lei e do papel paterno na formação de uma sociedade mais saudável. Em *Este Mundo Precisa de Lei?*, o autor, psicanalista e teólogo explora a relação entre a lei divina e a unidade do ser, apresentando uma perspectiva teológica, filosófica e psicanalítica que desafia as convenções sociais modernas.

A narrativa se desenvolve a partir de uma sociedade ocidental em crise, onde os movimentos sociais têm desconstruído a figura patriarcal, afetando a percepção de autoridade e ordem. Com sabedoria e sobriedade, Colect nos provoca com alguns questionamentos instigantes como: será que a nossa visão distorcida da autoridade está nos afastando da verdadeira essência da Lei? Como podemos encontrar ordem e propósito sem a presença de uma estrutura sólida que nos guie? De que maneira a ausência de uma figura paterna impacta a nossa relação com a espiritualidade?

Carlos Colect utiliza exemplos poderosos e histórias cativantes para ilustrar a importância do papel paterno tanto no âmbito físico quanto psíquico, para a estruturação do caráter e da identidade dos indivíduos. No coração da narrativa, Colect nos convida a reconsiderar a lei não como uma imposição, mas como uma instrução paterna que guia e protege, promovendo uma convivência mais equilibrada e harmoniosa, visando alcançar o bem comum e a maturidade social.

Este Mundo Precisa de Lei? é um convite para uma reflexão sobre os valores fundamentais que estruturam nossa vida em sociedade. É uma obra que promete provocar, desafiar e inspirar aqueles que buscam respostas em meio aos tantos dilemas e questionamentos da pós-modernidade. Prepare-se para uma leitura que não apenas questiona, mas também propõe um caminho para uma vida mais plena e ordenada.

Anderson Bomfim
Diretor da plataforma Legado, Seminário Teológico Academia da Família e pastor no colegiado da Igreja Família, em Sorocaba (SP).
www.andersonbomfim.com

*Ó SENHOR Deus, **ensina-me a entender as tuas leis**, e eu sempre as seguirei.
Dá-me entendimento para que eu possa guardar a tua lei e cumpri-la de todo o coração.
Guia-me pelo caminho dos teus mandamentos, pois neles encontro a felicidade.*

(Salmos 119.33-35)

SUMÁRIO

INTRODUÇÃO..15
A LEI VERTICAL ATEMPORAL
– INSTRUÇÃO PEDAGÓGICA..................................21
QUEBRANDO OS POSTES-ÍDOLOS..............................25
INTIMIDADE/UNIDADE:
SEM A QUAL NÃO HÁ VIDA EXPANSIVA........................27
O PROCESSO DE SIMBOLIZAÇÃO:
PAI REAL, IMAGINÁRIO E SIMBÓLICO........................31
ISRAEL: TRANSFORMAÇÃO DA IDENTIDADE.....................37
VOCÊ PRECISA DE "DEUS" OU DA INSTITUIÇÃO ECLESIÁSTICA
PARA SER ÉTICO E MORAL?.................................41
QUEM AMA INTUI SOLTAR!..................................47
"EU SOU NO OUTRO E O OUTRO É EM MIM – SOMOS UM": UNIDADE-DO-SER...49
A LIBERDADE QUE NÃO TEMOS...............................63
A HARMONIA COMO PRINCÍPIO DAS ESCOLHAS..................73
O OLHAR E AS MARAVILHAS DA TORAH........................77
TORAH DA LIBERDADE....................................81
"...QUE É A VERDADE?" ...COMO VÊS?......................83
REVIVENDO O MITO DAS AMAZONAS:
O CAMINHO ANTIPATRIARCAL................................89
REPENSANDO O MITO DO AMOR MATERNO......................107
A FUNÇÃO PATERNA, O TEMPO MESSIÂNICO DA LEI E O *SHEMA ISRAEL*..117
A CRISE – CONVITE AO TEMPO *KAIRÓS/MOED*...............123
INTRODUÇÃO À ANGÚSTIA E À ANSIEDADE:
O MEIO DO CAMINHO......................................131

O TEMPO ARQUETÍPICO MESSIÂNICO E A LEI – *TORAH* PARA A VIDA 143

TORAH E A LEGISLAÇÃO ISRAELITA:
BEIT DIN E *HALACHÁ* 149

O MODELO JURÍDICO MODIFICA-SE APÓS EXÍLIO: SINAGOGAS, RABINOS, GRANDE ASSEMBLEIA, LEI ORAIS E CERCAS DA *TORAH* 157

MITSVOT D'RABANAN – LEIS RABÍNICAS X MITSVOT D'ORAITA – LEIS ESCRITAS 163

SISTEMA JURÍDICO MODIFICADO 165

RETORNO AOS VALORES ATEMPORAIS – DECÁLOGO – COMO INTERPRETAS? 169

MANDAMENTOS, ESTATUTOS,
JUÍZOS E PRINCÍPIOS PEDAGÓGICOS 175

ÊXODO/*SHEMOT* 20.1 – A VOZ DA VOCAÇÃO, PALAVRAS COMPLETAS, PALAVRA NO DESERTO 179

ÊXODO/*SHEMOT* 20.2 – TIRADO DA CASA DOS ESCRAVOS 185

ÊXODO/*SHEMOT* 20.3-6 – MANDAMENTO 01 – OS ÍDOLOS 187

ÊXODO/*SHEMOT* 20.7 – MANDAMENTO 02 – O NOME 201

ÊXODO/*SHEMOT* 20.8-11 – MANDAMENTO 03 – O *SHABAT* 205

ÊXODO/*SHEMOT* 20.12 – MANDAMENTO 04 – A HONRA 215

ÊXODO/SHEMOT 20.13 – MANDAMENTO 05 – A MORTE 221

ÊXODO/*SHEMOT* 20.14 – MANDAMENTO 06 – O ADULTÉRIO 227

ÊXODO/*SHEMOT* 20.15 – MANDAMENTO 07 – O FURTO 233

ÊXODO/*SHEMOT* 20.16 – MANDAMENTO 08 – O TESTEMUNHO 237

ÊXODO/*SHEMOT* 20.17 – MANDAMENTO 09 – A COBIÇA 241

A BENÇÃO E A TORAH/INSTRUÇÃO –
O SER-BENÇÃO 247

REFERÊNCIAS 253

INTRODUÇÃO

Esclareço, de antemão, que não me proponho a discussões ou debates fúteis, como assim aconselha o apóstolo Paulo, "Evita discussões insensatas, genealogias, contendas e debates sobre a lei (Torah); porque não têm utilidade e são fúteis" (Tito 3.9). Desejo, simplesmente, corroborar com outros possíveis ângulos no que tange ao entendimento da benção que se encontra no cumprimento da Lei, mais especificamente, no Princípio Divino da Unidade, o qual está por trás de toda e qualquer Instrução Atemporal que conduz o sujeito para o que consideramos **Bem Comum**.

Esta, portanto, é uma obra para quem deseja pensar, de forma sincera, a contemporaneidade, no âmbito social ou eclesiástico, fora ou dentro dos templos. Seu conteúdo abrange aspectos teológicos, filosóficos e psicanalíticos. Destaca a importância e, sobretudo, a necessidade de repensarmos a Lei em uma sociedade que clama pelo Amor, mas que, ao distanciá-lo do fator "lei/limites/instrução", torna-se em anarquista, violenta e anômica (sem lei). Nesse contexto, evidencia-se a transição da estrutura psíquica social neurótica (excesso de pais/lei) para a psicótica (remoção do pai/lei), da sólida para a líquida e/ou gasosa, na qual a consciência moral (superego) tem se tornado deficiente, devido à narrativa pejorativa antipatriarcal contemporânea, fazendo-a uma sociedade desorientada, tal qual aquela ilustrada no mito de Noé. Busca-se, portanto, propor um tempo arquetípico messiânico de ordem social, uma crítica ao movimento da sociedade atual e uma ampliação do entendimento da Lei, em seu sentido amplo, utilizando o modelo da lei conhecida — comumente — como de Deus ou bíblica, e que, para o hebreu, chama-se *Torah* (Instrução). Ainda, intenciona-se vislumbrar o princípio divino nela contido que, segundo observo, é atemporal e compreende a Unidade-do-Ser, isto é, *"Eu sou no outro e o outro é em mim – somos Um"*. Vale ressaltar que, de modo algum, o objetivo é associar a necessidade da Lei a um moralismo histórico da cristandade, fundamentado no platonismo e em filosofias acetas. Muito pelo contrário, a intenção é remover o moralismo destrutivo — moral dos escravos — que promove um sectarismo, desumaniza-nos, estreita-nos e separa-nos e, assim, aprofundarmo-nos no princípio que, enquanto sociedade humana, humaniza-nos, une-nos e abençoa-nos, indo além dos muros dogmáticos e clérigos.

Sendo assim, sabe-se, a priori, que a sociedade atual, sobretudo a ocidental, tem enfrentado consideráveis mudanças sociais, entre elas o advento do movimento Feminista e Femista que, em uma de suas consequências, intencionais ou não, inconscientes ou não, tem afastado ou atingido a ideia do Patriarcado, por meio da *misandria* (ódio aos homens), residente em grande parte da sua narrativa. Naturalmente, isso acaba afetando negativamente a ideia de Pai dentro da mente Social. Por consequência, a configuração familiar, imagem do homem e a ideia da Lei também são afetadas, visto que — no campo psicológico — o princípio da Lei está intimamente associado ao papel Pai ou função Paterna. Nesse ponto, reforço que "Pai" é um papel ou função, não necessariamente o gênero homem ou mulher. Contudo, inevitavelmente, dentro de uma concessão social, o gênero homem está conectado à ideia de Pai. Acerca disso, vejo ser pertinente trazer algumas considerações.

De acordo com Guy Corneau, em seu livro *Pai ausente, filho carente* (2015, p. 129), os ritos[1] de passagem existentes nas civilizações antigas para iniciarem os jovens na vida adulta manifestam o parto paterno que, diferentemente do primeiro nascimento — no parto materno —, não alimenta com leite e, sim, com o sangue do pai. O autor relata que os anciãos da tribo dos Kikuyu, na África, por exemplo, assumem o papel de "homens alimentadores". Aqui, para além da função paterna psíquica, transcreve-se a importância do gênero homem na vida dos filhos enquanto aspecto corporal. Portanto ao dizer que o papel Pai ou função Paterna não é sinônimo do gênero homem, podendo, assim – num determinado grau – ser exercido pela mulher, não excluo, de forma alguma, a importância corporal do homem na criação dos filhos. Nesse âmbito, o rito na tribo, citado por Corneau (2015, p. 129), consiste em:

---

[1] Os ritos de passagem são essenciais na civilização humana desde os seus primórdios. Em suma, os jovens são submetidos a provas severas, a fim de despertarem a força interior e a personalidade total, conectando-se à potência do sagrado que habita o Ser. O enfrentamento das situações difíceis remetem à hostilidade do mundo exterior, a qual deverá ser enfrentada com força e sabedoria. Esses ritos, de forma sintética, simbolizam a morte de uma fase ou de uma forma de ser para renascer em maturidade. Esse é o Parto Paterno, representação da separação da função materna para a expansão da função paterna. O laço com a mãe é rompido. Há uma castração, assim vivenciada nas dores do ritual. Nos dias atuais, ainda há tribos ou comunidades mais isoladas que praticam tais rituais. Contudo, a sociedade capitalizada, por sua vez, destituiu essas práticas. No entanto, no campo do inconsciente coletivo, o ritual ainda está presente em determinados comportamentos, sobretudo no que tange aos comportamentos dos jovens adolescentes. É dever dos pais observarem os seus filhos para que eles possam passar pelo ritual de forma consciente, cumprindo o propósito de despertar a força e a potência interior, associadas ao sagrado. De nada vale ter força e agressividade sem compreender os valores mais elevados.

> [...] sentados em círculo com o jovem iniciado, os pais da tribo, um de cada vez, com a mesma faca bem afiada, fazem um corte no braço e derramam um pouco do próprio sangue em uma tigela. Os adolescentes bebem em seguida o sangue dos pais e tornam-se "homens".

Sob essa ótica, há um renascimento pelo corpo do pai/homem, produzindo a encarnação, isto é, reforçando a identidade corporal que conecta a ideia de pertencimento no Mundo Social/Coletivo ou, em outras palavras, num Corpo Maior. Nesse ponto, lembremo-nos do grande ato messiânico, cujo sangue é derramado no madeiro, bem como *bebido* na Ceia, no símbolo do Vinho, juntamente ao Corpo, representado pelo Pão.

> E, tomando um pão, havendo dado graças, o partiu e o serviu aos discípulos, recomendando: "Isto é o meu corpo oferecido em favor de vós; fazei isto em memória de mim". Da mesma maneira, depois de cear, pegou o cálice, explicando: "Este cálice significa a nova aliança no meu sangue, derramado em vosso benefício" (Lucas 22.19-20).

Esse ato, dessa forma, assim como na tribo dos Kikuyu, simboliza a entrada num Corpo, como se fosse um parto paterno que conduz o indivíduo ao estado de enfrentamento do mundo coletivo. Interessante que o ato messiânico, descrito no livro de Lucas, assemelha-se com o ato mosaico, ao receber a *Torah*/Instrução Paterna e transmitir ao Povo: "Depois, **Moisés tomou o sangue, aspergiu-o sobre o povo** e disse: — Este é o **sangue da aliança** que o SENHOR fez com vocês de acordo com todas estas palavras" (Êxodo 24.8, grifos meus). A ingestão do "sangue do Pai/presença corporal" vem, assim, acompanhada com a Lei que se expressa na vida coletiva. Portanto, o que desejo transmitir, por meio do simbolismo do rito, é que a função paterna é extremamente importante, tanto na instância psíquica como na física/corporal, tanto na mente como no sangue, para construir um ser humano que "dá conta" da própria vida, na compreensão de seus limites psíquico e corporal.

Enfim, dito isso, a questão é que a visão distorcida ou o deslocamento de afetos de dor ou sofrimento — adquiridos por uma narrativa social embasada num *recorte histórico* que apresenta um sistema Patriarcal Impositivo e nocivo – tem também distorcido a ideia da Lei, em todas as suas instâncias, pois Pai e Lei são ideias interligadas, dissociáveis.

De igual modo, transfere-se uma indigestão na relação com Deus/Pai, Espiritualidade ou vida em Comunidade Eclesiástica, promovendo uma *anomia social* que, no texto bíblico de Mateus 24.12 – "Por se multiplicar a **iniquidade** – *anomia* gr. (ausência de lei) –, o amor de muitos se esfriará" – foi traduzida como *iniquidade*, porém, é literalmente "ausência ou negação da lei". O "amor – *ágape* gr.", por sua vez, nesse verso, pode ser entendido como "uma percepção da existência de um outro", isto é, sem essa percepção impera a violência ou a violação dos limites saudáveis. Sendo assim, este é o ponto central deste estudo: instigar um retorno à visão benéfica da Lei, observando-a como uma Instrução Paterna para um Contrato Social que conduz a uma vida suficientemente saudável, em boa convivência com os semelhantes, em que, de modo algum, proponho um Mundo Ideal platônico; por isso ressalto: "suficientemente saudável".

Quando ela, a Lei, está fundamentada no Princípio Divino: *"Eu sou no outro e o outro é mim – somos um"*, torna-se em Justa, na Medida. A Lei só existe para que tenhamos a consciência da Unidade-do-Ser e, assim, sejamos aperfeiçoados na Unidade. Nessa lucidez, é estabelecida uma limitação entre o Eu e o Outro, porque, na Unidade que somos, afetamo-nos uns aos outros, positiva ou negativamente. Logo, é essencial a expansão da Consciência do que sou Eu, do que é o Outro e do que é o Nós. Essa consciência veste-se como uma placenta, tal qual aquela que reveste o feto no ventre de sua mãe, protegendo a ambos. Ainda que sejam Um, há um limite que permite a proteção e o ambiente necessário para o crescimento. Há um afastamento para manter o vínculo afetivo, caso contrário, destruímo-nos.

Tendo esse pensamento em mente, *Este Mundo precisa de Lei? O Princípio Divino da Unidade-do-Ser* consiste em um estudo teológico, filosófico e psicanalítico que visa proporcionar um entendimento acerca do que, comumente, consideramos Lei, referindo-se a um Princípio Divino que a constitui e que, numa perspectiva mítica e arquetípica messiânica, estabelece uma ordem cósmica que produz vida aos que sob ela se colocam, inseridos numa mentalidade de filhos ou, associando ao dizer do filósofo Nietzsche (2001, p. 196), numa moral dos Senhores, não apenas numa moral dos Escravos, que estão sob dogmas que restringem a vontade de potência ou a potência de viver. Assim, a ideia é que ao ser aprendida, introjetada, exercitada e aplicada, essa Lei aumente a Potência do Ser, expandindo a consciência do viver.

Empresto, aqui, o desejo do salmista judeu, manifestado nos seguintes versos:

> Ó SENHOR Deus, **ensina-me a entender as tuas leis**, e eu sempre as seguirei. Dá-me entendimento para que eu possa guardar a tua lei e cumpri-la de todo o coração. Guia-me pelo caminho dos teus mandamentos, pois neles encontro a felicidade. (Salmos 119.33-35 NTLH, grifo meu).

Esse é o maior capítulo do *Tanach* judaico (Antigo Testamento da Bíblia) dedicado à Lei que, para o hebreu, denomina-se *Torah* — um código legal que está muito além de uma mera legislação; é uma *instrução paterna* que deve ser usufruída sem os laços dogmáticos da fé institucionalizada.

Desse modo, acerca dessa Instrução, proponho aprofundar a compreensão, com o objetivo de ampliar o entendimento sobre esta Lei que, em algum momento da história, foi colocada como negativa, sobretudo, no seio da cristandade, em que o antissemitismo estrutural, juntamente à má interpretação do texto paulino aos Romanos 6.14 — "Porque o pecado não terá domínio sobre vós, pois **não estais debaixo da lei, mas debaixo da graça**" —, colaborou para uma tentativa de exclusão da Lei e para o advento de uma "graça" *anômica* (sem lei).

Para este momento, vale saber que a primícia é que a Lei Divina, exposta no *Tanach* judaico (Antigo Testamento bíblico[2]), será observada como uma Instrução de caráter pedagógica, atemporal e Universal, não apenas para um seleto grupo de pessoas ou algum contexto eclesiástico em específico, e que, embora abordarei temas hebraicos, judaicos e israelitas, a intencionalidade é promover um olhar além da "religiosidade semita", expandindo para o princípio contido na Lei ou, como gosto de ver, Instrução Paterna. O objetivo, portanto, é resgatar os benefícios perdidos pela distorção do entendimento acerca da Lei/*Torah*, que a tornou pesada, difícil ou ultrapassada. Veremos, no entanto, que o saber ampliado nos remove da sujeição aos dogmas históricos.

Para findar esta introdução, deixo exposto o pensamento de que, para mim, os textos bíblicos e o tema da Lei que se seguirão estão inseridos numa Sabedoria que **não é bíblica**, mas está **revelada** na Bíblia, podendo, assim, ser revelada em outros contextos e escritos.

---

[2] Mais especificamente no pentateuco — cinco primeiros livros da Bíblia —, conhecidos como livros Mosaicos, pelo fato da tradição atribuir a Moisés a sua autoria.

A LEI VERTICAL ATEMPORAL – INSTRUÇÃO PEDAGÓGICA

A Lei, aqui, é o tema central, como visto na **Introdução**. Contudo ainda pode haver dúvidas acerca de qual lei estamos tratando, sendo que a Lei é algo amplo e, assim sendo, penetra muitas instâncias linguísticas e sociais. A minha pretensão é explorá-la, enquanto Lei exposta na Bíblia, mas que não está presa dentro de um Livro. Ela regeu o modo de vida de muitos povos, ainda que distantes geograficamente, e pode ter sido oriunda de outros códigos legais, como o do Império Babilônio (1810-1750 a.C.), criado pelo imperador Hamurábi. Antes, ainda, de acordo com a antropologia, houve uma Horda Primeva, em que surgiu as duas principais leis que fundamentam a civilização humana: a *exogamia* (lei contra o incesto e/ou relações com pessoas do mesmo clã) e o *parriácidio* (lei contra o assassinato do pai primordial e que se estendeu para "não matarás", de forma geral).

Por conseguinte, a Lei manifestada no Pentateuco bíblico está num padrão de organização, ordem política, cooperação social e preservação da Vida, independentemente do Tempo e das crenças "religiosas". Particularmente, considero uma Lei Vertical Atemporal que se estende para o Horizontal. Em outro modo de dizer, seria uma Lei mais elevada, nos âmbitos ético e moral, que visa à boa convivência consigo e com o outro.

Na perspectiva hebraica, chamamos essa Lei por *Torah*, porém, seguindo a etimologia dessa palavra, veremos que ela está no campo da Instrução e do Ensino, não apenas como uma Lei Punitiva. "*Torah* תורה" provém de "ירה *Yarah*", cujo significado é "ensino, atirar, apontar, disparar"; outra palavra que se associa com *Torah* e *Yarah* é "*Moreh* מורה", que se refere a um "professor, arqueiro ou, ainda, a posição instrutiva dos pais". Sendo assim, a linha de raciocínio etimológica revela-nos que a *Torah* diz respeito a um processo educativo, um ensino ministrado por um professor ou pais, como exemplificam os versos de Provérbios 1.8,9: "Filho meu, ouve o ensino de teu pai e não deixes a instrução (Torah) de tua mãe. Porque serão diadema de graça para a tua cabeça e colares, para o teu pescoço". Isso, portanto, difere de uma Lei imposta por um Juiz, cujo caráter ou intenção de aplicação seja apenas a punição. Sendo assim, o que proponho, pela ótica da Sabedoria hebraica, é a visão de uma Lei que não é aplicada pelo simples medo da punição ou pelo interesse da recompensa e, sim, pela consciência da Vida.

No senso comum ocidental, a parte mais conhecida dessa Lei é o Decálogo, ou Dez Mandamentos, escritos no livro de Êxodo 20.1-17, que, no mito judaico, vem do alto para a Humanidade, vem do Céu para o Povo, como uma Instrução Paterna e/ou uma "*Ketubah*[3] כְּתוּבָּה", correspondente a um contrato matrimonial/social, aliança ou sociedade. Entretanto ela é muito mais do que os Dez Mandamentos e não está apenas gravada em tábuas. Maimônides (séc. XI - XII d.C.), por exemplo, um dos sábios do Talmude[4] judaico, catalogou 613 mandamentos nos livros da *Torah*.

Pois bem, segundo os escritos, o libertador Moisés, após tirar o povo da escravidão no Egito, ouve uma ordem divina, sobe no Monte Sinai e recebe as tábuas da Lei (*Torah*). Após isso, desce para transmitir ao Povo. Assim, afirma o texto: "E, voltando-se, desceu Moisés do monte com as **duas tábuas da aliança** nas mãos, tábuas escritas de ambos os lados; de um e de outro lado estavam escritas.[16] As tábuas eram obra de Deus; cada palavra tinha sido gravada pelo próprio Deus" (Êxodo 32.15,16, grifo meu).

Por isso existe um teor de Verticalidade. Ao cumprir os princípios da Lei, *aliançamo-nos* com um modo de vida mais elevado. Sendo um símbolo, quando nos conectamos com o princípio da Lei, também nos conectamos com o que ela representa, ou seja, conectamo-nos com um modo de vida Vertical, que nos une de forma saudável ao Horizontal. Céu e Terra fundem-se. Fora e Dentro comunicam-se. Aqui, friso que tratamos de uma Instrução que não está apenas na letra escrita, mas está presente no dia a dia, como diz a Sabedoria antiga:

> Porque este mandamento que te ordeno neste momento não é exagerado nem insuportável para ti, tampouco está fora do teu alcance. Ele não está nas regiões celestes, para que possas questionar: 'Quem subiria por nós até o céu, para trazê-lo e ministrá-lo a nós, a fim de que o possamos compreender e colocá-lo em prática?' também não está além do mar, de modo que fiques alegando: 'Quem atravessaria

---

[3] Para a mente hebraica, a *Torah* também faz referência a um Contrato (*ketubá*) de casamento, ou seja, aos deveres de fidelidade de um casamento. Interessante que no relato da entrega das Tábuas da Aliança, em Êxodo, parece que Israel está dizendo "Sim", como uma Noiva na cerimônia matrimonial. Estado de fidelidade: Êx. 19:8 — Então, o povo respondeu à uma: Tudo o que o Senhor falou faremos. E Moisés relatou ao Senhor as palavras do povo. Estado de Infidelidade: Sal 119:158 — Vi os infiéis e senti desgosto, porque não guardam a tua palavra.

[4] O talmude de Jerusalém foi compilado no século IV d.C. e o da Babilônia por volta do ano 500 d.C., mas a lei oral vem de antes do primeiro século.

o mar por nós, para trazê-lo e ministrá-lo a nós, a fim de que o possamos compreender e colocar em prática?' Nada disso! **Eis que a Palavra está muito próxima de ti e fácil de assimilar: está na tua boca e no teu coração, por isso poderás obedecer a ela e vivê-la em teu dia-a-dia!** (Deuteronômio 30.11-14, grifo meu).

Sob essa perspectiva, ao dizer que a iniquidade — *anomia gr.* (ausência ou negação da lei) — está se multiplicando, como afirma o verso do livro de Mateus 24.12, confirmo que há uma ausência ou negação de uma Lei Vertical que visa à consciência de Si, do Outro e do Nós, gerando uma desordem ou, mais do que isso, uma desaprendizagem da boa convivência, fazendo com que o "amor" (*Ágape* gr. – consciência do outro) esfrie nas relações interpessoais. Agora, cabe dizer que no mundo social e eclesiástico existem leis, porém, nem sempre são leis justas (na medida exata); são, em grande maioria, leis dogmáticas e punitivas, fundamentadas em dor, ódio, raiva, ou interesses próprios. Em outras palavras, são leis desmedidas, como descrito em Provérbios 20.10: "Dois pesos e duas medidas, uns e outras são abomináveis ao Senhor". Todavia falamos de uma Instrução, um ensino que educa para a vida, e não que a torna mais pesada, colocando-nos em posição de escravos e não de filhos. Nesse âmbito educativo, penso que a Instrução/*Torah* corresponde à palavra latina *"educare"*, cujo significado é "guiar para fora", isto é, tem por objetivo conduzir-nos para fora de nós mesmos, intuindo a expansão do Ser, conduzindo para fora de estados de servidão, impulsos agressivos destrutivos... Por isso reforço que a Lei a que estou me referindo não é a mesma, necessariamente, que aquela declarada em igrejas ou templos, por exemplo. Muitas dessas leis não são educativas ou restaurativas e, sim, punitivas e doutrinárias.

QUEBRANDO OS POSTES-ÍDOLOS

Reforço, aqui, que a proposta não é tentar provar, por meio de bons argumentos teológicos, que a Lei, em seu contexto bíblico, não deixou de existir ou que precisamos voltar ao contexto hebraico da Bíblia, tão embora seja essa a sua originalidade. A intenção primordial é desdogmatizar — se assim for possível —, alguns pensamentos correntes nos seios social e cristão ocidentais, com a finalidade de tornar mais leve a ideia da Lei, contribuindo para que os indivíduos, dentro de alguma comunidade eclesiástica (cristã ou não) ou fora, possam viver uma espiritualidade com mais propriedade e menos "leis institucionais" impostas por líderes mal-intencionados ou sem o devido conhecimento, apenas movidos por uma Neurose Obsessiva,[5] beirando à perversidade, munidos por um Superego (Consciência Moral) rígido e castrador, amedrontados pela punição de um Pai Imaginário repressor, da mesma forma em que o texto de Êxodo apresenta um Israel temoroso ao aproximar-se de Deus no Monte Sinai:

> O povo ouviu trovões e som de trombeta e viu os relâmpagos e a fumaça que saía do monte. Então eles **temeram de medo** e ficaram de longe. E disseram a Moisés: — Se você falar, nós ouviremos; mas, se Deus falar conosco, **nós seremos mortos**. (Êxodo 20.18-19, grifos meus).

É possível pensar que temeram porque ainda tinham um Pai Imaginário vivendo no psiquismo, o qual era um Faraó tirânico.

Precisamos destronar os pais imaginários para conseguirmos desfrutar da intimidade do Pai Simbólico. No caso, precisamos quebrar os

---

[5] Neurose é uma das estruturas psíquicas teorizadas por Freud (séc. XIX/XX d.C.) em sua elaboração da Psicanálise. A Neurose, constituída a partir da Defesa do Ego da Repressão, provoca sintomas característicos, como excesso de medo, cobranças, ansiedades, comportamentos repetitivos etc. Em suma, o neurótico obsessivo é aquele sujeito que, durante a infância, vivenciou experiências com pais rígidos e castradores. Desse modo, cria-se, na psique, uma instância psíquica chamada de Superego, que assume as mesmas características dos pais. Em outras palavras, um Grande Outro forma-se na mente desse indivíduo, que o acompanhará pelos caminhos de sua vida, provocando medo, exigências de perfeição e cobranças de obediência. Esse Superego punitivo transfere-se para as demais autoridades sociais, inclusive Deus, diante do qual o sujeito percebe-se amedrontado. Obviamente, deixo claro que cada indivíduo tem as suas particularidades de acordo com as experiências vivenciadas na interação familiar, que produzem um Superego específico.

postes-ídolos que levantamos acerca de Deus/Pai. Sobre isso, sugiro algumas reflexões: como você vê Deus/Pai? Qual Imagem adquirimos? Essa imagem está associada com qual contexto histórico pessoal ou coletivo? Você vê um Deus/Pai carrasco, autoritário, rígido? Você o vê como um Juiz que te mandará para um inferno? A sua interação familiar te produziu qual Pai Imaginário? O teu passado te faz ter medo da Lei de Deus ou da punição eterna? O contexto histórico religioso produziu qual imagem de Deus/Pai em tua mente?

Ademais, assinalo que o Pai Simbólico está para além das nossas imagens construídas e levantadas, é uma função, uma voz que não se pode prender em Templos ou em Livros, mas está ressoando em todos os lugares, inclusive dentro de cada um de nós. Desse modo, a intenção desejada é de que a Lei — *Torah* —, seja revista no âmbito social como um todo, e não apenas num Templo, entendendo que essa Lei não é cristã ou judaica e, sim, uma Instrução para a Vida, que te leva a Viver aqui e não num mundo metafísico pós-morte, fora do aqui e agora.

INTIMIDADE/UNIDADE:
SEM A QUAL NÃO HÁ VIDA EXPANSIVA

Escrevi sobre a necessidade de destronar os pais imaginários para que se possa permitir ser intimado para adentrar a intimidade com o Pai Simbólico. Nessa temática sobre a intimidade, inicio este entendimento utilizando-me da linha de raciocínio do texto bíblico de João: "No princípio era o Verbo, e o Verbo estava com Deus, e o Verbo era Deus. Ele estava no princípio com Deus […] E o Verbo se fez carne, e **habitou dentro de nós** […]" (João 1.1,2-14, grifo meu). Aqui, obviamente, não me refiro ao contexto interpretado no âmbito eclesiástico, apenas observo o caminho que nos leva à habitação do íntimo.

Sob o olhar psicanalítico, reinterpreto, trazendo para o campo psíquico, propondo que no princípio da vida — quando ainda informe e vazia —, havia o estado caótico, ou seja, a angústia do não saber, do não ser, do não sentido e não significado; a angústia, por sua vez, era a falta, a falta era a tensão, a tensão gerou o desejo, o desejo produziu o Verbo – o *Logos*, a palavra em movimento. No movimento, o desejo fez-se carne (*soma* gr. – somático), gerou o prazer e habitou dentro de nós. O sêmen foi introduzido, houve a intimação para adentrar o íntimo e se fazer *UM* com o outro, *UM* no outro. Estamos diante da concepção da vida, da gestação e da intimidade. **Não há intimidade sem *unidade*.** De forma mais clara, éramos feto DENTRO do organismo materno.

O ser humano, desse modo, é gerado a partir da intimidade, do desejo que intima ao íntimo e convida à unidade. Em outras palavras, é gerado no íntimo de outro, seja esse o *Grande Outro* dentro de mim ou fora de mim (se pudermos separar). Atrevo-me a dizer que sem a intimidade não há Unidade e, por consequência, não há concepção do Ser. Jamais haverá desenvolvimento se não houver o encontro íntimo, consigo e com o outro. Se não habitar e ser habitado não há crescimento. Se não houver habitação no íntimo do útero não há nascimento.

Intimidade é ser intimado a entrar num lugar íntimo, no qual se é convocado a não ser tímido, isto é, a não ter medo da exposição e, consequentemente, do julgamento alheio ou do autojulgamento. Esse é o lugar da intimidade/unidade: um local de exposição e desarmamento. Se não houver a nudez da alma não há intimidade consigo ou com qualquer outro. Se quisermos agarrar as nossas máscaras em nossos corações, não avançamos no íntimo (de si ou do outro), permanecemos tímidos (reclusos no medo de sermos descobertos) e, assim, permanecemos desunidos com a vida.

Além disso, vale pensar que a intimidade transita num ambiente que não oferece perigo ou que não se percebe como ameaçador. Somente na confiança e percepção de que o outro — interno ou externo —, metaforicamente, não nos estuprará, violentará ou aniquilará é que conseguiremos tirar as nossas roupas, nossos acessórios e nossas aparências.

A essência vem à luz quando o aparente deixa de ser tímido (ter medo) diante do espelho. Contudo, nos dias atuais, prolifera-se o pânico da intimidade/unidade, pois amamos mais a aparência do que a essência, além de termos a Lei que, no outro, limita os nossos anseios primitivos, narcísicos e deslimitantes. Temos atravessar a floresta, onde Pã — o ser mítico que simboliza as forças atraentes e repelentes da natureza — apresenta-se, revelando a natureza horripilante e, por vezes, inaceitável, a qual desejamos ocultar por entre os arbustos e folhas verdejantes das árvores frondosas, a exemplo de Adão e Eva, que esconderam a nudez — gerada pela concretização do desejo — atrás das árvores do Éden: "E ouviram a voz do Senhor Deus, que passeava no jardim pela viração do dia; e esconderam-se Adão e sua mulher da presença do Senhor Deus, entre as árvores do jardim" (Gênesis 3:8).

De qualquer forma, diante dessa explanação, compreendo que jamais haverá Vida em desenvolvimento se houver o afastamento do útero da intimidade, da unidade e da Lei que se exige. Aquele que se torna tímido (com medo) e priva-se de habitar *dentro* de si ou de outrem jamais experimentará o *romper do parto* e o caminho da expansão, pois esse é o propósito natural: a expansão.

Na natureza, tudo, em uma pulsão de vida, expande-se, leva para frente. Aliás, essa é a etimologia da palavra "propósito" — colocar-se à frente, pôr-se à vista. Assim, o propósito da Vida/Deus é te levar para frente e, para isso, é necessário dar um passo em direção à exposição (luz), ou seja, um passo para sair dos esconderijos e lugares escuros da sua alma. Tudo o que te leva a se esconder, colocando-o para trás, em posição de regresso e encolhimento, está fora do propósito natural.

Nesse prisma, a intimidade do encontro tem por objetivo expandi-lo, ainda que haja algum tipo de dor ou sofrimento. Precisamos, nesse ponto, compreender a seguinte frase atribuída ao psiquiatra e psicanalista Viktor Frankl: "O desespero é o sofrimento sem propósito". Ora, se propósito é sinônimo de expansão (aquilo que leva para frente), é preciso compreender que o sofrimento ou dor nos faz expandir. Caso não haja essa compreensão, entra-se no desespero e não há nada o que esperar. Compreenda: para a expansão da vida, muitas vezes a dor faz-se presente. Assim é desde o princípio, e esse princípio caótico da angústia levar-nos-á para a Intimidade e a Unidade.

O PROCESSO DE SIMBOLIZAÇÃO: PAI REAL, IMAGINÁRIO E SIMBÓLICO

Posto o tema da intimidade, retornamos ao conceito do Pai Simbólico. Para elucidar, trago um conceito psicanalítico e, de início, cabe dizer que tudo no mundo é uma ilusão pelo prisma do conceito lacaniano[6] do REAL. Em concordância, esclareço que não há problema algum na ilusão, ela é apenas uma realidade que criamos. Entretanto, obviamente, se ela afeta negativamente a convivência social é uma ilusão nociva.

Não podemos fugir das ilusões que se encontram em nossas representações do mundo, assim representadas por intermédio da linguagem. Ora, imagine um bebê que acaba de adentrar o mundo extrauterino. Ele não tem a palavra para representar o mundo. Tudo é estranho, sem sentido. Na interação com os cuidadores o mundo é nomeado. Remova o simbolismo da linguagem e encontrará o REAL. As ilusões, portanto, como há pouco disse, são as nossas realidades, que se diferem do real.

Se sairmos do campo ilusório das representações e dos símbolos, adentramos o campo do REAL, que, por sua vez, não é compreensível e representável. Assim, aproximamo-nos de um local psíquico angustiante. Ou seja, quanto mais próximos do REAL, mais angustiados ficamos, pois mais nos aproximamos do vazio da falta de sentido. Por outro lado, quanto mais tivermos a capacidade de elaborar o imaginário e simbolizar o mundo, menos angústias sentimos. Essa observação psicanalítica pode ser de difícil compreensão, visto estarmos acostumados a perceber o mundo pela ótica de que tudo é REAL, conforme a mecânica newtoniana materialista, percebida pelos sentidos.

Contudo, por outro ângulo, o REAL corresponde ao nosso primeiro contato com o mundo concreto, no qual estamos desprovidos da linguagem. Não tendo a compreensão da palavra, o mundo torna-se um lugar incompreensível, sem sentido e sem representação. Portanto, esse REAL é um lugar psíquico que nos remete à angústia do vazio de sentido. Com o passar dos anos, a linguagem do mundo externo começa a criar imagens (*eidos* gr. – ideias) dentro de nós, criando o IMAGINÁRIO, afastando-

---

[6] Psicanalista Jacques-Marie Émile Lacan, 1901-1981, França.

-nos da angústia do REAL. Nesse processo psíquico, eu sei que a "coisa" é minha mãe, é o pai, é meu corpo... A linguagem possibilita-me criar uma representação interna da "coisa" desconhecida. Desse modo, ao formar-se o imaginário, cria-se um tipo de ILUSÃO, que passa a ser uma realidade. São ideias/imagens que se formam. No que tange ao Pai, por exemplo, pode-se criar, a partir das observações radicais da criança, um Pai imaginário agressivo, um pai autoritário, um pai herói, um pai superprotetor. Essas ideias negativas fixam-se no psiquismo de tal modo que impossibilitam a formação e o contato com o Pai simbólico.

O processo de SIMBOLIZAÇÃO, em que o REAL é simbolizado, passa a ser representado no interior do indivíduo. Do imaginário criam-se símbolos que nos ajudam a lidar com o mundo incompreensível (real). Por isso é importante a construção de vivências saudáveis na infância para facilitar um imaginário saudável e, consequentemente, o acesso ao simbólico.

Darei um exemplo comum entre os teóricos psicanalistas: quando o bebê sente a angústia da falta (encontro com o Real) há uma pulsão que o leva em direção ao Seio da mãe. Ao ser amamentado de forma adequada e satisfatória, produz-se uma imagem e um símbolo mental. Quando o bebê novamente sente fome, na ausência do Seio, a sua mente busca o Símbolo — algo que o conecta com a imagem mental do Seio que o alimenta, mas já não é mais o Seio físico da mãe, são outros objetos —, que o ajuda a lidar com a frustração e a ausência. Em outro aspecto, quando a amamentação não é satisfatória e desagradável, não se cria o Símbolo mental, apenas a SENSAÇÃO DESAGRADÁVEL. Em outras palavras, o bebê não tem a capacidade de simbolizar ou representar o Seio que o alimenta, permanecendo na frustração e na ausência. Não há um objeto de busca. Isso significa que permanece na sensação angustiante do REAL (incompreensível). Não houve uma internalização do Seio Bom.

Dada tal relevância na SIMBOLIZAÇÃO, a primeira infância é extremamente importante para capacitar o indivíduo, por meio de boas experiências, a simbolizar. Assim, a criança cresce com capacidade para lidar com a angústia do REAL (ausência e vazio de sentido). Quando a mãe, o pai, namorado... não estiverem mais presentes no mundo concreto, serão simbolizados internamente. SIMBOLIZAR é integrar, trazer para dentro de si as experiências "traumáticas" de contato com o incompreensível do REAL. Caso haja muita angústia na vida adulta, significa pouca habilidade de SIMBOLIZAÇÃO, uma vida próxima do REAL, ou seja, num lugar com poucas representações internas. Portanto um lugar de falta de sentido. Na fase adulta, para amenizar o sintoma da angústia, é preciso FALAR (na análise) sobre a angústia; é preciso usar a linguagem para elaborar o desejo infantil frustrado. A PALAVRA produz o SÍMBOLO e tira da sensação negativa da frustração.

O Pai simbólico, citado anteriormente, conforme o pensamento do psicanalista Lacan, é o PAI MÍTICO; não é físico ou biológico, é abstrato, é a FUNÇÃO PATERNA. Não pode ser visto nem tocado, apenas ouvido. Consiste, objetivamente, numa "voz" que chama a Mãe para o mundo novamente. Naturalmente, a mãe afasta-se do mundo de fora para fechar-se no mundo particular com o bebê. Porém a função paterna, que não é necessariamente exercida por um homem, precisa existir para CHAMAR A MÃE PARA FORA DESSA RELAÇÃO simbiótica ou paradisíaca com o bebê. Quando a mãe escuta essa voz que se expressa no chamado ao trabalho, na voz da sociedade ou no próprio marido, a função paterna faz-se presente e o pai simbólico é construído na psique da criança e interpõe-se na relação. Começa a surgir o pensamento de que existe algo que "me afasta do meu narcisismo". A mãe passa a entender que existem outros desejos e outra vida além do bebê. O bebê, por sua vez, também passa a entender que existe algo a mais do que a mãe e que esta não é o paraíso que ela imaginava; a mãe é humana e um ser de falta. O bebê, assim, é autorizado para a sua vida, da mesma forma que a mãe. Portanto o PAI SIMBÓLICO é uma VOZ que estabelece limite e lei.

Adentrando os textos bíblicos, vemos Deus se manifestando como uma Voz, inclusive no episódio do batismo de Jesus, em que se ouve dos céus:

PAI REAL
– O QUE EU NÃO SEI E NÃO POSSO SABER: pai físico, biológico. Irrepresentável, ausente da simbolização do verbal.

PAI IMAGINÁRIO
– O QUE EU IMAGINO QUE SEJA: imagens (ideias) que se criam a partir das experiências e observações. Construção psíquica.

PAI SIMBÓLICO
– FUNÇÃO PATERNA: não demanda a existência de um pai real ou homem físico. É ABSTRATO, não pode ser visto ou tocado, porém PODE SER OUVIDO.

> E, sendo Jesus batizado, saiu logo da água, e eis que se abriram os céus, e viu o Espírito de Deus descendo como pomba e vindo sobre Ele. Em seguida, **uma voz** dos céus disse: "**Este é meu Filho amado, em quem muito me agrado**". (Mateus 3.16,17, grifos meus).

Em outro texto, em um dos mandamentos, a ordem é para que também não seja feita imagem alguma acerca de Deus: "Não farás para ti nenhum ídolo, nenhuma imagem de qualquer coisa no céu, na terra, ou nas águas debaixo da terra. Não te prostrarás diante deles nem lhes prestarás culto [...]" (Êxodo 20.4,5). Ou seja, Deus, nessa forma de pensar, seria um Pai Simbólico e não um Pai Imaginário. Num olhar psicológico, podemos entender que a recomendação divina é para desfazer-se das imagens/ideias criadas sobre o próprio Sagrado/Deus/Poder, as quais se transformam em ídolos (*Eidolon gr.* – ideia/imagem) psíquicos e promovem uma idolatria (*Eidolatreia gr.* – serviço à ideia) mental, impedindo ou dificultando o acesso mais puro a Voz/Pai Simbólico? Acredito que sim.

Quando essa Voz/Pai Simbólico apresenta-se a nós, provoca-nos um conflito ou confronto, objetivando um movimento de saída. Ela afasta-nos da relação simbiótica com a Mãe Mítica, simbolizada em diversas faces; entre elas estão a Mãe-Instituição (Igreja, Capitalismo, demais "ismos") e a Mãe-Terra, a Gaia, segundo o registro no nosso inconsciente coletivo.

MÃE-INSTITUIÇÃO
– Apego às normas, às doutrinas e aos dogmas da Instituição.
– Excesso de lealdade, zelo e servidão.

MÃE-TERRA
– Apego às emoções primárias de culpa, raiva, ódio, ideias de pecado e transgressão.
– Excesso de perfeição, arrogância, egoísmo, agressividade, orgulho, inveja, vaidade...

Levando esse fato em consideração, a Voz/Função Paterna/Pai Simbólico nos distancia do apego e dos excessos. Vejamos.

Isso não significa negar a importância da Instituição ou da humanidade e, sim, compreendê-las, levando-nos ao não sufocamento provocado pela Institucionalização (Igreja, Capitalismo, Machismo, Feminismo, "ismos"...) e a desfocar os nossos olhos das falhas humanas, "imperfeições" ou "perfeições" terrenas e instintos pulsionais.

Quando não há essa separação/independência pela função paterna, ficamos presos às autoflagelações, às culpas, às ideias de falsa potência e, assim, não expandimos no propósito do desenvolvimento.

ISRAEL: TRANSFORMAÇÃO DA IDENTIDADE

Relembrando, *Torah* não significa simplesmente lei. Essa palavra hebraica é "Instrução" e durante os anos foi associada aos cinco primeiros livros da Bíblia judaico-cristã, também conhecidos como Pentateuco, os livros Mosaicos, escritos por Moisés/*Moshe*, conforme a tradição judaica. Nesses escritos encontra-se a Legislação pedagógica do Povo de Israel que, miticamente, é revelada por Deus — um Poder Supremo. Ao olharmos pelo campo mítico, a revelação da *Torah* alcança a todos, não apenas Israel, enquanto nacionalidade, e, sim, um Israel espiritual, isto é, todo aquele que estiver disposto a sofrer a transformação de sua identidade e caminhar sob princípios e valores mais elevados.

Existe uma *parashá*, ou seja, uma porção da *Torah*, contida no livro do Gênesis/*Bereshit*, estudada nas sinagogas, no *shabat*, com o nome *Vayishlach* (Ele Enviou), cujo tema circunda a relação conflituosa entre Jacó e seu irmão Esaú. Dentro desse contexto, utilizando um trecho em específico, ofereço um comentário psicanalítico objetivando um olhar para as forças que duelam dentro de nós.

A história, portanto, relata que Jacó, ao saber que seu irmão estava indo ao seu encontro, perturbou-se, angustiou-se e preparou-se para o conflito:

> Estivemos com seu irmão Esaú, e ele está vindo ao seu encontro com um bando de quatrocentos homens! Quando ouviu a notícia, Jacó ficou apavorado. [...] (Gênesis 32.6,7). Assim o temeu, pois o havia enganado. Disse Esaú: Não é com razão que se chama ele Jacó? Pois já **duas vezes me enganou**: tirou-me o direito de primogenitura e agora **usurpa** a bênção que era minha. Disse ainda: Não reservaste, pois, bênção nenhuma para mim? (Gênesis 27.36,)

Mas, em meio à madrugada, diz o texto, Jacó lutou com um certo "homem", que lhe apareceu; ele o agarrou, não o deixando ir até que o abençoasse. O "homem" tocou em seu quadril, forçando-o a dobrar-se e a soltar-se. Porém Jacó não desistiu e, por sua persistência, teve o seu nome trocado para Israel. Depois dessa ação, o "homem" partiu.

> [...] Quando o **homem viu que não poderia dominá-lo**, tocou na articulação da coxa de Jacó, de forma que lhe deslocou a coxa, enquanto lutavam. E disse: Deixa-me ir, porque já a alva subiu. Porém ele disse: Não te deixarei ir, se me não abençoares. E disse-lhe: Qual é o teu nome? E ele disse: Jacó. Então, disse: Não se chamará mais o teu nome Jacó, mas Israel, pois, como príncipe, lutaste com Elohim (Deus Poder) e com os homens e prevaleceste. (Gênesis 32.22-28, grifo meu).

Nesse episódio observo o duelo que habita cada um de nós no processo de amadurecimento que decorre de um momento de perturbação, ansiedade e angústia. Pois, a meu ver, a perturbação interna de Jacó conduziu-o à troca de nome (*shem* hb./Identidade), o que nos indica a troca de uma identidade de dependência e imaturidade (Jacó/*Yakkov*) — *aquele que agarra no calcanhar*, alguém que usurpa uma posição que não lhe pertence e, por meio de manipulações, tenta obter vantagens e adquirir o que não é seu —, para uma identidade de independência e maturidade (Israel/Príncipe de El) — alguém que luta, que vence a si mesmo e conquista uma posição de honra na vida.

Nesse caminho, seguindo o modelo bem-sucedido do mito, somos conduzidos a ver o nosso "homem" nas sombras da madrugada, onde não há a interferência das luzes artificiais da vida social, o silêncio da noite ecoa e a solidão da individualidade faz-se presente; até que amanheça e haja consciência. Num contexto de isolamento, somos convidados a apropriamo-nos e a segurar com força a nossa "humanidade" (paixões, pulsões, desejos, impulsos primitivos, medos) ou, na linguagem Junguiana, nossos aspectos sombrios — representada pelo "homem" simbólico do episódio de Jacó —, até que a aceitação e a consciência dessa humanidade abençoem-nos (*Brachá* hb./raiz para "ajoelhar") com o reconhecimento de que precisamos nos dobrar e sair da posição altiva de superioridade e orgulho para, então, alcançar uma posição mais madura, com a finalidade de reconciliarmo-nos com o mundo externo e, consequentemente, com o mundo interno, tal como Jacó, que, após encontrar-se e apropriar-se da sua humanidade, reconciliou-se com o seu irmão: "Jacó passou à frente e, ao aproximar-se de seu irmão, curvou-se até o chão sete vezes. 4 Esaú correu ao encontro de Jacó e o abraçou; pôs os braços em volta do pescoço do irmão e o beijou. E os dois choraram" (Gênesis 33.3,4). Por meio desse verso apreendo que não há quem se curve diante de seu passado, reconhecendo-o, sem que antes tenha se curvado diante de sua própria Sombra.

Assim sendo, Jacó, cuja personalidade indica um sujeito enganador, usurpador e suplantador, *atravessou* o vau de Jaboque e, num prisma psicanalítico, temeu encontrar a sua Sombra, ou seja, o seu passado encoberto e a sua personalidade reprimida. No entanto, sem poder fugir, enfrentou a sua parte sombria, a sua falsa potência ou seu falso *Self,* segundo o pensamento do psicanalista Winnicott. Encontrou-se consigo na madrugada, na noite, na escuridão do seu inconsciente. Ali, num conflito interno, permitiu-se ser ferido no quadril, na sua suposta sustentação. Dobrou-se, humilhou-se, ocasionando a transformação de sua identidade/nome.

Seguindo o raciocínio do mito, Israel é todo aquele que *atravessa* o caminho estreito da angústia e permite-se encontrar com a sua Humanidade/Sombra e torná-la visível. A Lei ou a Instrução é revelada para esses que se dispõem adentrar a madrugada de seus inconscientes a fim de se tornarem príncipes, não mais usurpadores dessa posição. É necessário ter essa mentalidade transformada para compreender os valores e os princípios que restauram o caminho. Assim como o caminho de Jacó e de Esaú obtiveram uma restauração, o presente/Jacó e o passado/Esaú beijam-se, reconciliam-se.

VOCÊ PRECISA DE "DEUS" OU DA INSTITUIÇÃO ECLESIÁSTICA PARA SER ÉTICO E MORAL?

Ao longo das décadas, dentro da psicologia e da neurociência, são realizados inúmeros experimentos comportamentais com mamíferos (p. ex.: macacos), objetivando elucidar os mecanismos que nos compõem. Observaram-se, entre alguns, comportamentos sociais atrelados ao que entendemos como justiça, moral, cooperação e empatia, e que, até então, tínhamos como valores exclusivamente humanos. Ao tratarmos do valor acerca do bem e do mal, neste ponto trago a seguinte provocação: a presença de uma instituição religiosa ou leis estabelecidas por algum "Deus"[7] são essenciais na constituição da moralidade humana, visto que outros mamíferos, como constatado, são capazes de comportamentos sociais morais sem a presença da "Religião"/Instituição ou "Deus", tal como conhecemos?

Penso que a neurociência pode contribuir com a nossa reflexão. Pois bem, a partir de estudos de neuroimageamento no córtex cingulado anterior e frontoinsular — região que interliga o sistema límbico (região emocional) e o córtex cerebral (região racional) —, descobriu-se que existem neurônios chamados de *Von Economo* (*VEN*, na sigla em inglês), descritos pelo psiquiatra e neurologista romeno Constantin Freiherr von Economo, em um artigo de 1925 (Zanotti, 2013). Acredita-se que estão intimamente ligados às habilidades sociais (intuição, consciência, empatia etc.).

Tanto os humanos quanto baleias, macacos, elefantes, entre outros mamíferos, são contemplados com o *VEN*. Entende-se que esses neurônios formam-se na 36ª semana de gestação e multiplicam-se no quarto ano de idade, compreendendo que é nesse período que o ser humano começa a ter uma maior interação com o mundo externo/social. Tal habilidade primitiva, estimulada por esse neurônio, existe entre os mamíferos pela necessidade de sobrevivência da prole? É possível. Ora, se não houver essa habilidade social, os filhotes perecem. Acerca disso, no artigo "As células Von Economo

---

[7] O "Deus", neste tópico referido, não se trata de um Deus enquanto Poder Interno ou Pai Simbólico que espiritualiza o Ser Humano e que o leva a uma compreensão mais ampla e profunda da Vida, como visto num dos tópicos iniciais sobre o "Pai Simbólico". Pelo contrário, trata-se de um Deus institucionalizado e dogmático.

e sua importância na evolução do comportamento social em mamíferos" (2013), Zanotti, relacionado a localização do *Von Economo*, afirma que:

> [...] o córtex cingulado e a insula são regiões ativadas em situações como: mães que ouvem o choro de um bebê, ver a pessoa amada recebendo algum estímulo doloroso e, em dilemas de jogos onde cooperação e traição são escolhas possíveis. Sentimentos como culpa, ressentimento, desgosto, empatia, confiança e amor estão relacionados à atividade nestas regiões.[8]

Levando em consideração a existência de tal neurônio, podemos entender que as habilidades sociais consideradas morais e éticas, isto é, os comportamentos que se voltam para a percepção de um outro que existe além de mim mesmo, que participa do mesmo ambiente comum e sociedade, são questões orgânicas e não somente religiosas? Em outras palavras, eu posso ser empático não só porque "Deus" disse que preciso "amar o próximo" e, sim, porque há em mim um mecanismo neuronal que me identifica com o semelhante devido à necessidade de sobrevivência e continuidade da espécie? Se assim for, "Deus" ou "Religião" não seria, na essência, um fator moral ou ético, mas um fator de amparo para o desamparo existencial exclusivamente humano, motivado pelo neocórtex desenvolvido, cujo Lobo Frontal atém-se às reflexões e aos questionamentos angustiantes e essenciais: "Quem eu sou?", "O que estou fazendo aqui?", "Para onde eu vou?".

Nesse pressuposto é plausível pensar que nascemos predispostos ao bem social, tendo um componente cerebral que nos possibilita olhar para o outro e reconhecê-lo como semelhante, dotado de iguais sentimentos e emoções, dando-nos a percepção de que "se dói em mim, dói no outro; se me alegra, igualmente alegra o outro"; somos extensões que se afetam. Contudo situações adversas, sobretudo no início do quarto ano de idade, na entrada do desenvolvimento e da percepção social, podem alterar o processo de multiplicação do neurônio *Von Economo*, bem como provocar processos nocivos de metilação para o desenvolvimento do indivíduo, isto é, modificações genéticas que podem modificar o funcionamento das *sinapses* (transmissão de neurotransmissores na relação entre os neurônios).

---

[8] Zanotti cita a seguinte referência: ALLMAN, J. M.; TETREAULT, N. A.; HAKEEM, A. Y.; MANAYE, K. F.; SEMENDEFERI, K.; ERWIN, J. M.; PARK, S.; GOUBERT, V; HOF, P. R. The von Economo neurons in the frontoinsular and anterior cingulate cortex. **Annals** [...]. New York: New York Academy of Sciences, Apr. 2011. v. 1.225, p. 59-71.

Nesse contexto neuronal disfuncional, observou-se que transtornos mentais ou neuropsiquiátricos, como bipolaridade e esquizofrenia, contêm um nível baixo de *Von Economo*, mais especificamente, uma redução de cerca de 60%. Outras disfuncionalidades, como Demência Frontotemporal (DFT) e Alzheimer também têm um déficit do *VEN*. No caso de crianças com autismo, observou-se um número maior de células VEM, no entanto, inchadas ou deformadas, ou seja, deficientes no funcionamento. Todas essas disfuncionalidades neuronais têm algo em comum: estão intimamente ligadas a dificuldades de socialização. Enfatizo, nesse prisma, a importância de uma interação familiar saudável na infância, pois é mais do que provado o quanto uma criança bem cuidada tornar-se-á um adulto saudável. E quanto mais preservados estiverem os neurônios *VEN,* mais habilidades sociais a criança desenvolverá.

É de comum acordo, entre os pesquisadores do comportamento, que a gestação e os primeiros anos de vida da criança são a fundação da vida do Ser Humano. Nesse período, o bebê passa por diversas situações de estresse (positivo, tolerável e tóxico). Contudo, o mais nocivo, como o nome já indica, é o estresse tóxico, quando há negligência, abandono, rejeição, falta de toque e acolhimento. Há a liberação de hormônios, como a adrenalina e o cortisol que, em suma, compõem o mecanismo da ansiedade, do medo e do perigo. Quando liberados de forma constante, provocam, segundo a Epigenética, a metilação, ou seja, por meio de um grupo chamado metil ocorre uma alteração na expressão dos genes, prejudicando as sinapses neuronais.

Em detrimento desse aspecto importante, vale dizer que o bebê nasce com cerca de cem bilhões de neurônios, em um cérebro em plena capacidade de desenvolvimento. Quando nascemos, no primeiro instante da vida extrauterina, realizamos cerca de 2.500 sinapses (conexões neuronais). Isso revela o grande potencial cerebral apto para receber estímulos sinápticos. Todavia, quando não há estímulos, acontece a "poda" de neurônios. Em outras palavras, os neurônios que não são utilizados são eliminados. Por isso a extrema necessidade de estímulos na infância.

Na maioria dos casos, nós chegamos à fase adulta com aproximadamente 20 bilhões de neurônios, tendo uma perda de 80%. Em relação ao estresse tóxico, os neurônios também são comprometidos pela liberação desmedida de hormônios, podendo gerar psicoses, danos psíquicos e doenças autoimunes. Nesses casos, os prejuízos na fase adulta tornam-se muito mais difíceis de serem revertidos. Portanto, quando falamos em traumas emocionais que ocorrem na infância, não estamos apenas falando de emoções abstratas e inconscientes, elas também estão inseridas no aspecto físico, ou seja, são reações fisiológicas que provocam consequências no organismo físico.

Conforme estudos científicos, lesões no Sistema Nervoso Central (SNC), traumas cranianos e outras situações de estresse traumático produzem a proteína S100B. De acordo com o pediatra José Martins Filho, pesquisas revelaram que essa proteína foi encontrada no sangue de crianças abandonadas ou que passaram por traumas emocionais, mostrando que esses traumas provocam lesões no SNC tanto quanto o trauma craniano. Dessa forma, compreendemos que uma palavra ou uma ação pode ser uma "pancada" na cabeça. A palavra é real e concreta, bem como alguma ação de rejeição ou abandono. Assim, especulamos que a violência, considerada grave, não está somente no campo corporal, mas também no campo emocional, semeado com palavras, negligências e abandonos.

Em suma, podemos compor a ideia de que uma vida social saudável, baseada na consciência da existência de outro semelhante, está firmada na interação entre os filhos e os pais (cuidadores), mais especificamente, no quanto a relação na entrada da vida social é saudável e preserva a composição neuronal, independentemente da presença de "Deus" ou da instituição religiosa na família.

No campo psicanalítico, essa é a base da formação da Consciência moral (*SuperEgo*), quando o *Ego* (Eu consciente do social – identidade social) começa a surgir do *Self* inflado (endeusamento) da criança, e a *psique* é forçada a lidar com as frustrações do mundo externo, pois os desejos nem sempre podem ser satisfeitos. Então o *Ego* cria o *SuperEgo* para ajudá-la contra as investidas desejantes do Id (pulsões primitivas do princípio do prazer imediato).

Assim, a consciência moral ou bem social estabelece-se na frustração e nos limites impostos pela presença do outro (pais, cuidadores) ou, ainda, pelo desejo do outro. Nesse caso, os pais precisam ter uma "Religião" que os influenciem na construção dos limites/lei para os filhos? Não, necessariamente. O que importa são os valores e os princípios, que não são sinônimos de Instituição Religiosa.

Como afirmado, "Deus" ou "Religião" passa a ser um elemento de amparo existencial, mais do que moral ou bom convívio social. Além do mais, a moral ou a ética, como habilidade de existir socialmente, está em outra instância psíquica, observando que há quem creia em "Deus" ou participe de alguma instituição religiosa e, mesmo assim, não tenha nenhuma consciência do direito de liberdade do outro nem o veja como semelhante; pelo contrário, vê-o como diferente e opositor. Esse fato pode nos revelar que, em muitos casos, o uso de "Deus" ou da "Religião" como um elemento supostamente e moralmente social torna-se uma manipulação coletiva e um meio de doutrinação imposta quando o sistema neuronal já foi afetado na infância. Contudo, volto a dizer, "Deus" ou "Instituição Religiosa" enquanto fator de amparo existencial é, sem dúvida, legítimo, embora isso não seja uma verdade para todos.

Posto isso, onde se encaixa a *Torah – Instrução escrita ou oral?* Primeiramente, é preciso compreender que a referência de "Deus", aqui, tem a ver com um Deus Institucionalizado e idealizado que, para ter uma vida saudável, disciplinada, moral e ética, com boa convivência consigo e com o outro, não precisa existir, todavia muitas vezes é imposto de uma maneira dogmática e rígida.

A Lei Divina, enquanto pedagógica, são princípios e valores que se estabeleceram no inconsciente coletivo humano e nos aspectos biológicos, porém são aflorados na interação familiar que visa ao desenvolvimento "espiritual" do sujeito, ou seja, um crescimento não apenas material (para fora), mas também um crescimento para dentro, para os aspectos relacionais consigo e com o outro. Quando não ocorre uma boa interação familiar, apenas materialista/para fora, como visto, há um tipo de deficiência no mecanismo de socialização, necessitando, dessa forma, de um reforçamento externo da Lei/Instrução/*Torah*. Este livro, por exemplo, é um reforçamento externo para uma sociedade que vem sofrendo agravos na configuração familiar.

QUEM AMA INTUI SOLTAR!

Um dos objetivos fundamentais da presença dos pais na vida dos filhos é promover a *autonomia* (*auto* = próprio + *nomos* = lei lt.). Isso implica em possibilitar um ambiente que facilite uma "lei de dentro" ou a capacidade de decidir por si próprio o que lhe apraz, quando assim lhe for o tempo oportuno para tal. Isso corresponde à saída da minoridade para a maioridade, quando o indivíduo torna-se responsável ou hábil em responder por si mesmo sobre os seus desejos e medos.

O filho, como sabemos, nasce dentro de uma *heteronomia* (*hetero* = outro + *nomos* = lei lt.), sujeito à "lei de fora", totalmente dependente de um outro Ser, aparentemente mais capaz que ele próprio. O caminho natural da criança, segundo o psicanalista Winnicott, faz-se em três etapas: a dependência absoluta, a dependência parcial e rumo à independência. Os pais são mentores nesse caminho em direção à independência ou, ainda, autonomia, sem a qual a criança não conseguirá, na fase adulta, ter uma vida responsável, satisfatória e realizada, pois, enquanto indivíduo, não terá consciência dos seus princípios e valores internos; viverá sob a "lei de fora", sob a "lei do outro", sempre subjugado aos valores, princípios ou conceitos alheios.

Autonomia, contudo, não é sinônimo de "rebeldia" ou vida desregrada socialmente. Ela consiste na consciência de ser um indivíduo constituinte de "lei de si ou lei de dentro". Autonomia é quando a criança é ensinada a ver o mundo por seus próprios olhos, não somente através dos olhos dos pais, isto é, através dos medos, dos desejos, das crenças e dos objetivos dos pais. Autonomia é quando a criança sabe que existe a lei do outro (heteronomia), porém compreende a existência da sua lei de dentro (autonomia) e é capaz, quando adulto, de discernir por si mesmo, ou seja, é capaz de "*Sapere aude lt.*" (ousar saber) e servir-se do seu próprio entendimento, como diz o filósofo Kant, citando Horácio, no texto *Resposta à pergunta: o que é Esclarecimento* (1783, p. 1).

Para esse feito, os pais também precisam ser esclarecidos/autônomos o suficiente para suportarem o processo da separação da criança rumo à sua própria vida. Segundo Erikson, é na fase psicossocial "autonomia/vergonha/dúvida" (18 meses – 3 anos), correspondente à fase anal, estruturada por Freud, que a criança experimenta o primeiro momento em que pode se separar da mãe. Nesse momento, a criança experiencia o fenômeno do controle dos esfíncteres, em que há a antítese do agarrar/reter e expulsar/projetar. Há um engajamento afetivo do que lhe pertence. É, portanto, a fase essencial na construção da autonomia. Os pais precisam ficar atentos nessa fase e ajudar os filhos nessa compreensão.

Quando os pais não suportam a angústia da separação dos filhos e a dor que isso pode causar a ambos, a criança cresce com deficiências na sua autonomia, dotados de vergonha e dúvidas, dificultando a vida adulta. Há, desse modo, pais que, mesmo o filho sendo adulto, continuam com a dificuldade de promover a separação e a autonomia. Independentemente da idade do filho é preciso deixar ir. O discurso do verdadeiro "amor" é liberdade e autonomia. Por outro lado, o discurso do pseudo "amor" é prisão e privação, sob a narrativa perigosa do "cuidar".

Por essa ótica, a *Torah,* enquanto Instrução paterna, também visa à autonomia do Ser Humano. A Lei deve ser introjetada e vivida de modo que torne esse humano mais livre e não dependente de uma Instituição ou de um Deus/Pai imaginário carente e possessivo.

"EU SOU NO OUTRO E O OUTRO É EM MIM – SOMOS UM": UNIDADE-DO-SER

Existe uma lei imutável e universal que rege a ética e a moral em qualquer lugar do planeta, independentemente do povo e da cultura? Poderíamos compreender a existência de um bem e de um mal universal? De onde provém a ideia do bem e do mal? Entendo, perfeitamente, a complexidade filosófica desses questionamentos, contudo exponho o meu entendimento com propostas psicanalíticas.

De forma geral, Ética e Moral misturam-se nos significados etimológicos latinos e gregos, e ambos referem-se aos costumes e aos comportamentos do ser humano. Ética, para o grego, é *"Ethos"* que, traduzindo para o latim, os gregos chamavam de *"mores"* – "moral". Essas palavras só fazem sentido na existência de uma comunidade ou de uma sociedade. Alguém é moral ou ético somente na existência de um outro que lhe traga um parâmetro a ser medido e comparado. Estando isolado, sem a presença de alguém ou de um contexto social, tornamo-nos amorais, nem bons, nem maus.

Podemos, de certa forma, observando o contexto linguístico atual, fazer uma pequena distinção entre moral e ética sem dissociá-los. São inseparáveis; um depende do outro. O primeiro consiste em um conjunto de leis e regras individuais e internas, enquanto o segundo é o modo como eu adapto essas leis no coletivo, no convívio com o outro e a sociedade; por isso a palavra "etiqueta", proveniente de "ética", contém a ideia de algo que é observado pelo coletivo, julgado pelo olhar social. Por exemplo, eu gosto de maçã (moral), vou comprar no mercado, não vou roubar (ética). Eu adéquo a minha lei interna (gostar de maçã – moral) às leis externas (ética – não roubar). Na moral, ou seja, na individualidade, posso ter liberdade para ser quem quiser e ter as leis que desejar, mas na ética, isto é, diante do outro-social, a liberdade da moral é limitada. Posso andar nu pela minha casa, no entanto serei antiético se sair nu pela rua. Nisso aparece o entendimento acerca do que é o bem e do que é o mal.

Para o filósofo Kant (1724-1804), em sua busca pela moral universal, o bem é regido pela lei da razão e não pela lei do instinto. Se sua vida é conduzida pelo instinto, ou seja, pelo princípio do querer e do prazer imediato, terá uma vida de arrependimentos. Ainda que declare não se arrepender, carregará a sensação de não estar num bom lugar, em débito consigo, a menos que tenha a predominância da estrutura psíquica da psicose ou da perversão (veremos a frente). Se, ao contrário, for conduzida pela razão — princípio do dever —, a vida carregará menos pesar de arrependimento, pois é o córtex do cérebro intelectual que caracteriza o ser humano como ser social e político, em diferenciação aos outros animais.

Em suma, para Kant (2007, p. 59), em seu livro a *Fundamentação da metafísica dos costumes*, a premissa da moral universal é: "Age como se a máxima da tua ação fosse para ser transformada, através da tua vontade, em uma lei universal da natureza". Em outras palavras, se a sua ação pode ser vivida por todos, logo é uma ação moral e boa. Qual seria a essência dessa ação? Dedico-me a descobri-la.

Portanto, na filosofia kantiana a moral universal está no imperativo categórico, relacionada ao dever, ao puro dever, sem condicionamento. Não mato, por exemplo, não porque há um Deus metafísico assentado no Céu que me sentencia ao inferno, mas pelo fato do dever, sem esperar uma recompensa ou punição. Entretanto, voltando os olhos para a origem desse dever, de onde ele surge? Se eu não mato pelo dever, como sei que não devo matar a não ser pela existência de uma lei? Se há um dever, logo há uma lei? Qual lei que me mostra que eu não devo matar? A lei divina estabelecida pela Igreja? Os dez mandamentos revelados no Monte Sinai? Não minto pelo dever? Não roubo pelo dever? Esse dever está gravado em minha mente?

Como dito, a noção de bem e de mal só encontra sentido na existência de um outro que me faz limitado nas ações e no instinto. A sociedade humana é castradora devido à convivência que precisamos estabelecer. Ela reprime os desejos instintuais e cria a ética e a moral (costumes a serem praticados). Aquele que não se permite reprimir é considerado "louco" e "criminoso". Porém aquele que vive na repressão é considerado "normal" dentro das normas. Todavia não menos "louco" porque vive no conflito com seus desejos primitivos internos.

Aqui, para elucidar que ninguém é considerado bom ou mal diante do outro-social simplesmente porque quer ou escolhe, trilho os caminhos da psicanálise, ou melhor, das estruturas da neurose, da psicose e da perversão que, por si só, são palavras carregadas de negatividade devido a conceitos comuns expressados corriqueiramente em filmes e jornais. Trazem, por conseguinte, a imagem de lunáticos enclausurados em um sanatório ou alguém segurando uma faca, pronto para esquartejar.

Bom, a neurose, a psicose e a perversão são estruturas ou formas de funcionamento psíquico estudadas e fundamentadas por Freud. Cada estrutura tem um modo que a caracteriza, tal como o mecanismo de defesa dominante usado pela mente, que produzirá sintomas característicos. Ex.: neurose (recalque), Psicose (foraclusão) e perversão (denegação). Fora isso, dentro de cada estrutura existem muitos fatores que determinam a qualidade dessa estrutura. Nem todo psicótico ou perverso está num hospital psiquiátrico, ele pode estar inserido positivamente numa sociedade, embora tenha um potencial patológico. Seria como alguém diabético que pode viver normalmente dentro da sociedade mesmo com uma situação crônica. Necessita, apenas, tomar alguns cuidados. Por algum tempo, a neurose (conflito interno) foi considerada o estado normal do ser humano. Ou seja, um ser que conflita consigo mesmo é, ainda, a maioria que compõe a sociedade. Podemos, porém, estar transicionando para a maioria psicótica e perversa, cujo conflito dá-se com o mundo externo.

Em síntese, as estruturas falam apenas do modo operante da mente, não necessariamente do que é mal ou bom. O que determina o bom ou o mal são inúmeros elementos (complexos e arquétipos) dentro da estrutura. No entanto, fato é que a estrutura (psicose e perversão) que tem como base o conflito com o mundo externo torna mais difícil o convívio com o outro. Outro ponto a se considerar é que a mente não segue necessariamente o padrão de uma só estrutura. O neurótico pode ter elementos da psicose ou perversão; ou a psicose pode ter características neuróticas. Em outro modo de dizer, há uma estrutura dominante e outra secundária.

Dentro dessas estruturas, temos três instâncias: id, ego e superego. Podemos chamar de parte instintiva, consciência presente e consciência moral. Essas partes relacionam-se dentro de nós, amigavelmente ou não, gerando conflitos neuróticos e psicóticos. No campo da neurose, na qual reside a maioria de nós, criada dentro do contexto moral da cristandade ocidental, o instinto (emoção animal, infantil, primitiva e impulsiva relacionada à sobrevivência e ao princípio do prazer [alívio da tensão]) é castrado e, assim, é **censurado** pela consciência moral (superego/dever). Dessa forma, não vivemos instintivamente.

Se o instinto libera uma pulsão sexual de procriação, a consciência moral — censura — transforma-a num desejo, como a masturbação, por exemplo. Vemos, portanto, que o ato da masturbação não é o instinto em si, mas um desejo transformado que pode ser **aprovado ou desaprovado pela consciência moral (superego)**. Caso não haja a censura realizada pela consciência moral, temos a impulsividade do instinto e, em consequência, temos um surto psicótico ou comportamento pervertido.

O momento do surto é o momento em que a emoção do instinto **não é censurada** e quebra o elo com o Ego/consciência e o Superego/consciência moral, e manifesta-se de uma forma pura, isto é, como animal irracional. Na estrutura de Perversão, por sua vez, não há o surto, mas há um comportamento instintual e corrente, cuja mente está constantemente na compulsão do Instinto, como uma criança sempre impulsiva que não censura seu instinto. No caso sexual, a pulsão do instituto impele a emoção sexual, mas, sem o molde da consciência moral, o perverso age na impulsividade e não se adapta à sociedade. O sujeito estupra porque é levado pela pulsão instintual. E isso está além do querer e do simples dever, pois o instinto é uma força ou uma energia que impele à ação. O cachorro no cio, como exemplo, não decide não querer ir atrás de uma cadela, ele é impelido. Neste ponto, vale pensar que o cachorro em si não é bom, mal, ético ou moral, ele é amoral, pois não tem um superego ou uma consciência moral que o rege dentro de uma sociedade canina. O Homem, no entanto, é considero bom ou mal, moral ou imoral a partir das leis que o circundam dentro de uma sociedade. A consciência moral da comunidade estabelece o padrão da normalidade.

Tendo em vista esse entendimento, o bem e a moralidade são firmados no conjunto de leis do grupo; para antes da comunidade não há bem ou mal, não há dever moral, só há dever instintual. Qual, porém, é o modelo que antecede o estabelecimento das regras do grupo? Penso que precisamos voltar para a vida intrauterina e para o campo inconsciente da psique, em que não havia a ideia consciente de comunidade ou interação social, somente um isolamento e uma unidade com o organismo materno. Ali, a meu ver, constrói-se a lei essencial que embasa a universalidade da ética e moral, independentemente de povo ou cultura, ou seja, a lei primária *"Eu SOU no outro e o outro É em mim – somos Um"*, *"O que eu faço afeta o outro e o que o outro faz me afeta"*, consiste na consciência do vínculo afetivo, numa conexão primordial com o outro. Nesse elo intrauterino, o ser humano não é bom nem mau, é amoral, porque ainda não experienciou a quebra dessa lei.

Isso muda ao sairmos do útero, ao rompermos o elo e quebrarmos a lei primordial. Nesse momento, acredito que passamos a conhecer o que entendemos por mal, pois começa a vir à luz a presença de um outro-social que também é parte de mim e sentimos o seu afastamento. O mal firmou-se na mente, a meu ver, como dor e sofrimento, na quebra da lei primordial da Unidade. O "bom", por outro lado, configurou-se como tudo o que se aproxima dessa lei (social) da Unidade. Por isso, o bem e o mal só fazem sentido no laço social. Em qualquer lugar do mundo, todo aquele que quebra o laço com a sociedade em que vive e afasta-se das normas da comunidade, esse é considerado mal. Nessa visão, supõe-se que aquele que transgride o princípio *"Eu SOU em você e você É em mim"* é um infrator em qualquer sociedade humana.

Em essência, o ser humano é amoral, ele passa a ser moral e ético ao entrar na sociedade em que vive, onde adentra o entendimento do mal (saída do útero, afastamento do outro-social) e do bem (aproximação do outro-social). O bem e o mal passam a ser relativos em relação ao contexto social de cada indivíduo. Exemplificando, se eu vivo numa comunidade em que não se come carne, o outro afastado desse costume (moral) pode ser considerado mal (imoral) por comer carne. A lei foi quebrada, não somos mais Um.

No decorrer da civilização, personificamos o mal e o bem na figura do Diabo e de Deus. Essas imagens têm nomes diferentes nas diversas culturas, entretanto carregam a mesma essência. O Diabo, na etimologia grega, é *"diabolos"*, que significa "aquele que desune, aquele que separa". É, portanto, a imagem da quebra da lei social primordial intrauterina "Eu SOU em você e você É em mim"; o mal perverte a lei e diz: "Eu não SOU em você e você não É em mim, não somos Um; o que eu faço não te afeta...". Essa quebra dá-se pela vivência deslimitada das paixões e das pulsões instintuais do Id. Em contrapartida, Deus é a figura da Unidade que afirma a lei do outro-social que, em psicanálise, chamamos de superego ou consciência moral[9]. Nesse ponto, entro em concordância com Kant, a moral universal está no Dever, porém, no Dever inconsciente referente à lei que reside o princípio base das legislações do mundo: *"Eu sou no outro e o outro é em mim – somos Um"*.

Sob esse princípio, quando alguém vê a Humanidade como má, não é porque a humanidade é má (ela é amoral) e, sim, porque esse alguém está separado da Humanidade ou da humanidade *dele*. Na separação há a visão do Diabo (*diabolos*), sente-se o mal, revive-se a quebra da lei universal da

---

[9] Acerca disso, deixo claro que o Superego está sendo colocado como "Deus" apenas neste contexto específico do texto, pois em outros aspectos, quando o Superego é castrador e rígido, também se faz como um Diabo, no sentido de acusador. Portanto, depende dos contextos.

Unidade vivenciada no nascimento. Na aproximação da Humanidade que reside em si e no outro-social, ocorre o restabelecimento do princípio: *"Eu sou no outro e o outro é em mim – somos Um"* e, consequentemente, encontra-se o Bem Universal.

Colaborando com essa forma de ver, podemos pensar na condição esquizoparanóide e posição depressiva do bebê, segundo a teoria de Melanie Klein. Ora, o que o bebê faz quando o seio ou o colo da mãe se afasta, quando o acolhimento lhe é rejeitado? O bebê chora, odeia aquele seio que se afasta e entra numa posição depressiva, como relata os estudos da psicanalista. Esse fenômeno é psíquico e orgânico cerebral. Ativa-se o córtex orbitofrontal, a região responsável pela crítica, pelo julgamento e pelo juízo. Subentende-se que o bebê produz uma clivagem, em que o seio divide-se em dois: seio bom e seio mau. O primeiro é o seio que *une*, o segundo é o seio que *separa/afasta*. O bem, portanto, é sentido na ideia de união e o mau, em contrapartida, é sentido na ideia de separação.

Assim, toda lei, para que seja Divina ou Boa, trazer-nos-á novamente para a compreensão de Unidade, para a ideia de que nos afetamos mutuamente, de que estamos unidos por laços invisíveis. Seria essa a essência na oração messiânica descrita no livro de João?

> Não oro somente por estes discípulos, mas igualmente por aqueles que vierem a crer em mim, por intermédio da mensagem deles, **para que todos sejam um**, Pai, como Tu estás em mim e Eu em Ti. Que eles também estejam em nós, para que o mundo creia que Tu me enviaste. Eu lhes tenho transferido a glória que me tens dado, **para que sejam um, como nós o somos**: Eu neles e Tu em mim, a fim de que sejam **aperfeiçoados na unidade**, para que o mundo conheça que Tu me enviaste e os amaste, como também amaste a mim. (João 17.20-23, grifos meus).

Acredito que sim. Penso que essa oração de sabedoria mostra-nos que o Mundo e as relações experimentarão o tempo messiânico de Ordem quando entenderem que a voz do Messias convida ao "sejam um" como Princípio Divino da Lei. Assim, somos aperfeiçoados na unidade. Seguindo o mesmo princípio, em outro momento, a voz do Messias, diz:

> Não julgueis, para que não sejais julgados. Porque com o juízo com que julgais, sereis julgados; e com a medida com que medis vos medirão a vós. E por que vês o argueiro no olho

> do teu irmão, e não reparas na trave que está no teu olho? Ou como dirás a teu irmão: Deixa-me tirar o argueiro do teu olho, quando tens a trave no teu? [...] Portanto, tudo o que vós quereis que os homens vos façam, fazei-lho também vós a eles; porque esta é a lei e os profetas. (Mateus 1-4;12).

De igual modo, esse texto expressa o princípio divino, isto é, há uma unidade. Se eu julgo, sou julgado; o que vejo no outro também vejo em mim; tudo o que eu quero para mim também devo querer ao outro; há um afeto mútuo em nossas ações. Esse é o princípio da Lei/*Torah* e dos Profetas. Também diz:

> Pois isto: Não adulterarás, não matarás, não furtarás, não cobiçarás, e, se há qualquer outro mandamento, tudo nesta palavra se resume: **Amarás** (ἀγάπη – **ágape**) o teu próximo como a ti mesmo. O **amor** (ἀγάπη – **ágape**) não pratica o mal contra o próximo; de sorte que o cumprimento da lei é o **amor** (ἀγάπη – **ágape**). (Romanos 13.9,10, grifos meus).

O amor, descrito nesses versos, é o amor *ágape*, o amor mais maduro entre as várias expressões de amor na cultura grega. Em contraste com o amor infantil e imaturo do *Eros* (erótico – falta), *Ludus* (lúdico – fantasia) e *Porneia* (pornográfico – descompromissado), que existem na anulação do outro, ágape é um compromisso que não se move pela emoção ou pela falta, e só pode existir na compreensão de Unidade.

No *ágape*, o outro é percebido como um outro indissociável de mim; somos participantes do mesmo processo vital e, por assim ser, são exigidos um compromisso e uma responsabilização de ambos para que a vida seja mais saudável. No *eros*, *ludus* e *porneia*, o outro não é percebido como alguém participante da minha vida, em Unidade, é visto apenas como um outro que existe para me satisfazer. Melhor dizendo, o outro é inexistente, invisibilizado. Existe, dessa forma, apenas um *Eu Desejante*, num narcisismo primário, o qual, em grande parte, pode ser visto nas estruturas da Psicose, da Perversão ou do Borderline.

Essas formas psíquicas são acometidas por uma deficiência no Superego/consciência moral e utilizam mecanismos de defesas, como: Foraclusão, Cisão, Denegação e Clivagem. Mecanismos que provocam uma divisão, isto é, uma visão cindida de si ou do objeto externo. Por exemplo, "O outro é mau, eu sou bom"; "Eu sou mau, o outro é bom". Geram-se, nessa dicotomia, dificuldades de personalidade e de socialização, sendo, desse modo, muito mais dificultosa a compreensão da Unidade.

A Neurose, entretanto, por não se utilizar dessas defesas de forma sobressalente, tem mais facilidade para entender a Unidade, pois o outro ainda é percebido como parte de si. O neurótico consegue pensar o outro como parte da mesma natureza, porém, obviamente, como em qualquer estrutura, ao passar o limite do torno, o transtorno pode ser vivenciado. Mas, tendo um Superego mais sólido, constituído pela presença da Função Paterna e pela inscrição do "nome do Pai" em sua psique, consegue vivenciar o Princípio da Lei, expresso nessa Unidade.

Sobre isso, podemos fazer uma junção com a teoria do sociólogo Zygmunt Bauman, que afirma estarmos vivendo em uma *Modernidade Líquida*, na qual há um afastamento da Unidade essencial; isto é, hoje temos um sujeito que não busca uma identificação na igualdade com o outro, no âmbito social; ele busca uma autoidentificação na diferença com o outro, num individualismo. Leiamos:

> Esse é, essencialmente, o modelo republicano de unidade, de uma unidade emergente que é uma realização conjunta de agentes engajados na busca de autoidentificação; uma unidade que é um resultado, e não uma condição dada a priori, da vida compartilhada; uma unidade erguida pela negociação e reconciliação, e não pela negação, sufocação ou supressão das diferenças. Essa, quero propor, é a única variante da unidade (a única forma de estar juntos) compatível com as condições da modernidade líquida, variante plausível e realista. Uma vez que as crenças, valores e estilos foram "privatizados" – descontextualizados ou "desacomodados", com lugares de reacomodação que mais lembram quartos de motel que um lar próprio e permanente –, as identidades não podem deixar de parecer frágeis e temporárias, e despidas de todas as defesas exceto a habilidade e determinação dos agentes que se aferram a elas e as protegem da erosão. A volatilidade das identidades, por assim dizer, encara os habitantes da modernidade líquida. E assim também faz a escolha que se segue logicamente: aprender a difícil arte de viver com a diferença ou produzir condições tais que façam desnecessário esse aprendizado. Como disse recentemente Alain Touraine, o presente estado da sociedade assinala "o fim da definição do ser humano como um ser social, definido por seu lugar na sociedade, que determina seu comportamento ou ação", e assim a defesa, pelos atores sociais, de sua "especificidade cultural e psicológica" só pode ser conduzida com "consciência de que o princípio de sua combinação pode ser encontrado

dentro do indivíduo, e não mais em instituições sociais ou princípios universais". (Bauman, 2000, p. 166).

Na perspectiva da Física, temos o processo da transformação do sólido ao líquido e do líquido ao gasoso. Seguindo essa linha de raciocínio, a sociedade passada caracteriza-se como *sólida*, a atual, *líquida*, e, pelo caminho lógico, a futura, *gasosa*. No campo da Física, o estado *sólido* consiste em moléculas unidas, o que, metaforicamente, simboliza uma sociedade neurótica, em que as pessoas interagem entre si num conceito de afeto mútuo. Do *sólido* ao *gasoso*, as moléculas movem-se para a separação, para a desunião. Psiquicamente, seria um movimento da Neurose para a Perversão. O afastamento das moléculas seria como a ausência de interação entre os indivíduos, as partículas deixam de interagir entre si, mas não só deixam de interagir como também conflitam entre si. A aceleração é um fator que produz energia e, sendo assim, um aquecimento que leva ao distanciamento entre as moléculas. No âmbito coletivo, precisamos desacelerar, diminuir a pressão e a temperatura social para não entrarmos em *ebulição*.

Inclusive, percebo esse caminho histórico no processo educacional, o qual, acredito ser de comum acordo, que nos anos 80 e 90, época da minha infância, caminhava por trilhos mais sólidos no que diz respeito à disciplina e à responsabilidade, tanto por parte do sistema quanto por parte dos alunos. Minhas memórias e lembranças são de aulas circundadas por mais temor e sacralização acerca da imagem dos professores. Na minha percepção, os alunos compreendiam melhor o princípio de autoridade, eles ainda presenteavam os professores com uma "maçã". Penso que essa relação é transferida da relação com os pais que, naquele tempo, consistiam em personagens dentro de uma configuração ou dinâmica familiar edipiana. Em outras palavras, a estrutura familiar ainda era formada no contexto da Neurose, da estrutura que produzia filhos que visavam agradar aos pais e, consequentemente, às figuras de autoridade da sociedade.

A "rigidez" dos moldes da família burguesa (do séc. XIX) faziam-se presentes na maioria dos alunos, pelo menos no meu círculo de convivência. Aos poucos, na minha visão, os padrões foram mudando: a rigidez foi afrouxando; os pais foram se separando; a triangulação do Édipo foi dando lugar ao individualismo de Narciso; o princípio da Lei se desestruturando na ausência da função paterna; a função materna, envolvida no medo e na carência, foi sufocando a voz da infância, não permitindo o crescimento; o padrão da família burguesa deu lugar à revolução sexual; o discurso feminista e femista, disseminando a "misandria" (ódio aos homens), provoca uma invalidação do papel do homem na sociedade e, desse modo, desfigura o andamento social. Por fim, uma transição está em andamento.

Nesse ponto, acerca do "colapso comportamental" presenciado nessa transição social, penso ser relevante fazer referência ao experimento do psicólogo e etólogo John B. Calhoun (1917-1995). Sua experiência com ratos/camundongos, realizada nas décadas de 50/60/70, popularizou-se em 1972, porém a *Scientific American* (1962) já havia publicado um importante artigo — *Population Density and Social Pathology* — sobre a série de experimentos.

No campo comum, essa série ficou conhecida como a "Utopia dos Ratos" por fazer alusão ao "mundo ideal/Paraíso", criado para que os ratos não tivessem necessidade alguma. A experiência de 1972, em especial, ficou conhecida como "Universo 25", por ser a vigésima quinta edição das "utopias". Pois bem, devido às preocupações sociais — vigentes na época — em relação ao crescimento da densidade populacional, o cerne do experimento consistia em fazer um paralelo das consequências do alto índice populacional dos ratos com as consequências de um possível ápice demográfico da humanidade, que se constataram alarmantes e assustadoras, visto que o resultado foi a autoextinção. Obviamente, existem inúmeros fatores que distanciam a humanidade dos ratos, entre eles a capacidade humana de reinventar-se e mudar o seu "destino". Acredito que, sobre isso, o experimento serve de alerta para que usemos as nossas funções corticais (base do processo de aprendizado) antes que provoquemos a nossa própria extinção, tal como os ratos/camundongos.

Calhoun, na década de 70, no "Universo 25", colocou quatro pares de ratos num ambiente higienizado de aproximadamente 3 metros², com 1,37 metros de altura, sem a presença de predadores, apartamentos para ninhos e com alimento e água à vontade. Seria, assim, um paraíso. No passar dos dias, a população foi se multiplicando, chegando a dobrar a cada 55 dias. Na fase C, em 315 dias havia cerca de 620 ratos, porém a reprodução passou a ser mais lenta. Por volta do dia 600, na fase D, a população começou a declinar e a desestabilizar-se, até a extinção total. Em semelhança, Calhoun (1962, p. 139), diz:

> [...] ao final de 27 meses, a população havia se estabilizado em 150 adultos. Ainda, a mortalidade adulta era tão baixa que 5.000 adultos poderiam ser esperados [...]. A razão pela qual esta população maior não se concretizou foi que a

> mortalidade infantil era extremamente elevada. Mesmo com apenas 150 adultos no recinto, o estresse da interação social levou a tal perturbação da vida materna, comportamento ao qual poucos jovens sobreviveram.[10]

Conforme o que foi relatado, houve uma perturbação na maternagem, provocando a morte de muitos jovens após o desmame. Calhoun (1962, p. 139), prossegue:

> As consequências da patologia comportamental que observamos foram mais evidentes entre as fêmeas. Muitas [ratas] eram incapazes de levar uma gravidez até o fim ou, quando conseguiam, de sobreviver ao parir a ninhada. Um número ainda maior, após dar à luz com sucesso, decaia em suas funções maternas. Entre os machos, os distúrbios de comportamento iam desde desvios sexuais até canibalismo e de hiperatividade frenética até um quadro patológico no qual os indivíduos emergiam para comer, beber e se mover apenas quando outros membros da comunidade estivessem dormindo. A organização social dos animais mostrou igual ruptura. Houve uma divisão em vários grupos, em cada um dos quais as proporções sexuais foram drasticamente modificados. Um grupo passou a ser composto por seis ou sete fêmeas e um macho, enquanto outro teria vinte machos e apenas dez fêmeas.[11]

Com a disfuncionalidade na maternagem, outros agravantes foram percebidos, como o surgimento de machos menos ativos, agressividade gratuita, distúrbios sexuais e mudanças na forma de relacionamentos. De acordo com

---

[10] By the end of 27 months the population had become stabilized at 150 adults. Yet adult mortality was so low that 5,000 adults might have been expected from the observed reproductive rate. The reason this larger population did not materialize was that infant mortality was extremely high. Even with only 150 adults in the enclosure, stress from social interaction led to such disruption of maternal behavior that few young survived. (Population Density and Social Pathology). Disponível em: https://gwern.net/doc/sociology/1962-calhoun.pdf. Acesso em: 25 nov. 2023.

[11] "The consequences of the behavioral pathology we observed were most apparent among the females. Many were unable to carry pregnancy to full term or to survive delivery of their litters if they did. An even greater number, after successfully giving birth, fell short in their maternal functions. Among the males the behavior disturbances ranged from sexual deviation to cannibalism and from frenetic overactivity to a pathological withdrawal from which individuals would emerge to eat, drink and move about only when other members of the community were asleep. The social organization of the animals showed equal disruption. Each of the experimental populations divided itself into several groups, in each of which the sex ratios were drastically modified. One group might consist of six or seven females and one male, whereas another would have 20 males and only 10 females. (Population Density and Social Pathology)". Disponível em: https://gwern.net/doc/sociology/1962-calhoun.pdf. Acesso em: 25 nov. 2023.

Calhoun, o declínio da população dos ratos teve o seu início no momento em que as fêmeas foram acometidas pela disfunção na maternagem, isto é, quando passaram a rejeitar os filhotes, não lhes dando o suporte necessário para a sobrevivência, e os que sobreviviam foram chamados de "os belos", pois eram aqueles que tinham os pelos mais brancos e pouca força de ação. Por fim, os machos "belos" morreram de velhice, sobrando apenas as fêmeas que, sem os machos, morreram sem dar continuidade à população. Concluiu-se a extinção.

De forma geral, é possível pensar que isso se deu pelo fato de que a ordem da natureza foi privada, ou seja, no momento em que os ratos machos deveriam emigrar a fim de buscarem outros lugares de procriação e expansão, eles não o puderam realizar, visto que estavam confinados. Em outras palavras, não alcançaram o propósito natural. Desse modo, os machos buscaram novas posições sociais, gerando um transtorno na ordem social, atingindo todas as esferas.

Particularmente, associando com a humanidade, entendo que esse experimento corresponde, significativamente, com os dias que estamos vivendo. Primeiramente, a necessidade é essencial para gerar um senso de busca e de propósito. Numa sociedade em que as necessidades são removidas por meio de facilidades imediatas e instantâneas, perde-se o senso de busca e aumenta-se o nível de angústia e de ansiedade. Em segundo lugar, observo que narrativas e discursos estão privando os papéis — preestabelecidos socialmente — dos homens, forçando a busca por outras posições. De igual modo, as mulheres estão sendo afetadas[12] na maternagem e, consequentemente, atingem os filhos, que adentram a sociedade de forma imatura, sem potência de vida, tal como os "ratos belos". Por consequência, as disfuncionalidades no seio familiar quanto à ordem dos papéis e das funções materna e paterna provocam agressividades gratuitas, desordens sexuais e psicoses.

Na atualidade, ao dar aula no ensino fundamental para crianças do 5º ano, percebi, muito claramente, tal transição, isto é, alunos não mais neuróticos, mas tendendo à Psicose, ou seja, sem muito respeito pelas figuras de autoridade; pelo contrário, adotando uma postura de confronto. Nas minhas classes, muitas crianças tinham sofrido abusos, não conheciam o pai, estavam afastados da mãe, viviam com avós ou tios e sofriam com conflitos familiares. Tudo isso influencia na relação do aluno em relação ao professor, bem como na do professor com o aluno. Portanto, na minha experiência, muitas coisas mudaram desde a minha infância.

---

[12] Negando, não dando o devido valor ou excedendo na função materna.

Por fim, à vista do que foi dito até o momento, evidencia-se que o discurso social, em sua amplitude histórica, tende a propagar a lei diabólica da competição e, consequentemente, da separação, em oposição à consciência da Unidade-do-Ser. Deve-se ater, contudo, que a compreensão da Unidade, aqui, não diz respeito a um igualitarismo que não permite o crescimento ou o avanço da potência individual; ela compreende o entendimento do zelo e do cuidado que devemos ter mutuamente, visto que estamos interligados pela mesma natureza, participantes da mesma estrutura, partes de cada coisa existente, sob o mesmo movimento criador do *Nous* (mente criadora), como diria o filósofo pré-socrático Anaxágoras (500-429 a.C.). Em concordância, Feracine (2011, p. 91, grifo do autor), na coletânea *Sêneca: filósofo estoico e tutor de Nero*, partilha:

> Na mesma carta (carta XV), Sêneca afirma que todos nós somos como membros do mesmo corpo (*"membra sumus corpori magni"*).
>
> A natureza criou-nos como sócios dos mesmos meios e para os mesmos fins. Ela colocou em nós o seu estímulo do mútuo amor (*"amor mutuus"*), fonte que realça no homem a socialidade. Assim deu para a vida uma lei de justiça e de equidade. Decreta ainda que nossas mãos estejam prontas para beneficiar o próximo.

Toda relação, seja no casamento, no trabalho ou na família, é uma simbiose, isto é, é um viver junto. De forma geral, todos os seres vivem juntos nesta grande sociedade chamada mundo. Contudo, é preciso ter essa consciência, a fim de produzirmos relações saudáveis. Conforme a biologia, existem dois tipos de simbiose: mutualismo e parasitismo. A simbiose, enquanto mutualismo, consiste em uma relação mútua, na compreensão do vínculo afetivo de seres que se afetam. No mutualismo somos aperfeiçoados na Unidade. Assim como expressa a oração messiânica, em João 17.22,23: "E eu dei-lhes a glória que a mim me deste, para que SEJAM UM, como nós SOMOS UM. Eu neles, e tu em mim, para que eles sejam APERFEIÇOADOS NA UNIDADE [...]". Por outro lado, a simbiose, enquanto parasitismo, não compreende apenas a Unidade/Vínculo afetivo, ela estabelece uma relação em que uma das partes é prejudicada, pois o outro é visto apenas como alimento, suprimento e sustento. Isso produz uma relação infecciosa. Por isso o processo natural da Vida constitui-se em afastamento ou distanciamento, na promoção de uma liberdade parcial, para que ambos possam viver juntos sem perderem, entretanto, a consciência do Vínculo/Unidade.

Jesus, por exemplo, ao fazer a oração citada, está se distanciando dos discípulos para que eles possam crescer e desenvolverem-se sem perderem a Unidade. Assim é o processo de desenvolvimento, desde a saída do útero, quando sempre haverá um afastamento/libertação da simbiose nociva do parasitismo, objetivando a vivência de uma simbiose saudável do mutualismo. O bebê, em outro exemplo, precisa deixar de alimentar-se da mãe e a mãe de sustentar-se no filho, para que ambos cresçam, caso contrário, sufocam-se. Os casais, no casamento, de igual modo, precisam distanciarem-se/libertarem-se para não se sufocarem, porém mantendo a consciência da Unidade/Vínculo afetivo (*Affectus* lt. – Unir). Por essa ótica, o viés histórico do Romantismo transita na simbiose do parasitismo, em que os seres alimentam-se excessivamente um do outro e, não à toa, os grandes romances shakespearianos resultam em mortes trágicas, visto que tal simbiose só pode gerar relações infecciosas.

Precisamos compreender a "*doação mútua*", conforme a fala do poeta Zetti[13] durante a vivência com um grupo reflexivo. Do seu livro *Somos 1* (2016, p. 21-22), transcrevo alguns versos que nos convidam à consciência da beleza no Uno, pois como o autor mesmo diz, "não é simplesmente uma questão de verdade e, sim, de beleza":

> Na unidade e na diversidade somos um, Agenda Um, a suprema realidade que reintegra os arrogantes *homo sapiens* à beleza real e diferente de cada por de sol. Estar ciente da nossa história é ver que o Um se expandiu em diversidade pelo cosmos: o Uni-verso. Apreender de uma só vez esta unidade fundamental é dar sentido ao "estar no mundo". No pico evolutivo, podemos sair da solidão antropocêntrica e da sua limitante prisão e adentrar no portal do uno. Em liberdade, igualdade e fraternidade, deixarmos o rio fluir por entre as montanhas e o amor fluir entre nós.

---

[13] Zetti Nunes (1943), nascido em Mangueirinha – PR, é um pensador e poeta, com três livros publicados com o tema "SOMOS UM". Contato: e-mail: zettinunes@yahoo.com.br. Para conhecer mais os seus textos: Blog: zettinunes.blogspot.com e/ou Facebook: ZettiNunes.

A LIBERDADE QUE NÃO TEMOS

Ao tratarmos de Lei, Bem e Mal, torna-se difícil não haver uma associação com a temática da "liberdade e escolhas". Pois bem, para fins de curiosidade, "Escolha", no hebraico, é "*Bachar* בחר", cujo significado também é "selecionar". Podemos, dentro dessa palavra, passear pela etimologia e, assim, alcançaremos um maior entendimento de "escolha". "*Bachar* בחר", portanto, procede de uma palavra com a raiz de duas consoantes (ב *beit* e ח *cheit*). Dela surgem duas palavras "*Bochan* בחן" (teste) e "*Bachan* בחן" (manter em vigilância, examinar, testar, provar). Dessa forma, para haver uma escolha, ou seja, uma seleção, é preciso examinar, manter a vigilância e provar.

Posto essa curiosidade, o que dizer? Somos livres? Temos liberdade de escolha? Tudo o que vivemos até o momento foi, de fato, resultado das nossas escolhas conscientes ou simplesmente uma reação natural aos pensamentos e às sensações que aparecem em nossa mente? Estou onde estou e sou o que sou porque "Eu", em consciência, examinei e provei as possibilidades? Ou alguém pensou e decidiu, dentro de mim, sem o meu consentimento, como diria Nietzsche, em *Além do Bem e do Mal* (1886), "*Es denkt*" — "algo pensa", algo que não sou "eu"?

> É o fato de que um pensamento ocorre apenas quando quer e não quando "eu" quero, de modo que é falsear os fatos dizer que o sujeito "eu" é determinante na conjugação do verbo "pensar". "Algo" pensa, porém não é o mesmo que o antigo e ilustre "eu", para dizê-lo em termos suaves, não é mais que uma hipótese, porém não, com certeza, uma certeza imediata. Já é demasiado dizer que algo pensa, pois esse algo contém uma interpretação do próprio processo. (Nietzsche, 2001, p. 26)

Desse modo, os acontecimentos vieram a existir sem que fôssemos protagonistas? As situações e os eventos são apenas uma sucessão de fatores sobre os quais não temos controle? Essas e outras questões acerca da liberdade ou do conceito de livre-arbítrio são demasiadas dificultosas e profundas, perturbam a mente humana, visto serem causas de muitas problemáticas. Os filósofos e pensadores, desde os primórdios, debruçaram-se sobre esse tema a fim de produzirem reflexões que, certamente, não são finitas.

É na teologia cristã, em especial no estudo da salvação do Homem (soteriologia), com Agostinho, em *O livre-arbítrio/De libero arbitrio* (387-395 d.C.), que o questionamento sobre a liberdade ou livre-arbítrio do Homem sobre os seus próprios atos começa a surgir no mundo ocidental cristão. Em suma, após a sua conversão ao cristianismo, acredita-se que Agostinho tenha focado em escrever em prol de "abrir os olhos" daqueles que seguiam a doutrina maniqueísta,[14] que outrora seguia. Assim, ele elabora o seu pensamento sobre a liberdade e o mal moral. Nessa mesma indagação cristã acerca da liberdade ou livre-arbítrio, muitos outros aparecem em cena, tais como Calvino (séc. XVI) e Lutero (séc. XVI), buscando compreender a predestinação, o determinismo, a sujeição ao pecado e a soberania de Deus, ou seja, seria o ser humano predestinado a ser ou a não ser salvo — conforme o conceito cristão de viver uma eternidade com Deus, sem o algoz do tempo e da matéria? Deus interfere no livre-arbítrio do Homem, sendo onisciente e conhecedor do tempo e dos atos humanos e, por consequência, dos que são ou não salvos? Antes de vir ao mundo concreto foi dado ao Homem um destino? Estaria destinado ao Céu ou ao Inferno? E se o Homem for predestinado, teria alguma escolha sobre as suas ações, teria algum poder de decisão? E se o Homem tem o livre-arbítrio, como poderá ser condenado por Aquele que lhe deu a liberdade? Não seria injusto ou contraditório? Esse Poder Criador, diz: "Você está livre, mas não matarás, não roubarás [...], pois se isto fizer, sofrerás punições".[15] Bom, se há condições há livre-arbítrio ou estou condicionado a uma determinada escolha; sou induzido a tomar uma decisão e seguir um caminho imposto?

Tal indução parece transparecer no verso: "Os céus e a terra tomo hoje por testemunhas contra vós, de que te tenho proposto a vida e a morte, a bênção e a maldição; **escolhe, pois**, a vida, para que vivas, tu e a tua descendência [...]" (Deuteronômio 30.19, grifo meu). Ora, se sou livre para decidir, como haverá uma punição se caso não decida pela proposição de Deus? Estaria, portanto, condicionado e, logo, sem poder real de escolha? Como posso ter o livre-juízo ou ser juiz sobre minhas ações se diante de mim há dois caminhos, um bom e um mal, cada qual com condições punitivas? Pelo simples fato de ter de escolher e decidir, já não implica na

---

[14] Para os maniqueus havia duas divindades supremas a presidir o universo: o princípio do Bem e o do Mal – A luz e as trevas. Como consequência moral, afirmavam ter o homem duas almas cada. Cada uma presidida por um desses dois princípios. Logo o mal é metafísico e ontológico (Agostinho. *O livre-arbítrio*. 3. ed. São Paulo: Paulus, 1995, p. 15).

[15] A fala que declara um Deus que traz "punições" está atrelada ao discurso cristão ou outras denominações, no entanto podemos apenas ver como consequências e não punições.

ausência de liberdade e, sim, na presença de uma prisão em condições, desejos, vontades, imagens do passado e futuro?

Para o filósofo Sartre (1905-1980), o próprio ato de escolher evidencia a liberdade da qual o Homem não pode se esquivar. Será? Ou o Homem livre é aquele que não precisa escolher, ele simplesmente age pelo impulso instintivo ou pelo princípio do prazer/Id? No entanto esse tipo de humano-livre é considerado, de fato, um Homem livre, um insano ou um subversivo? Como a Sociedade o vê? Provavelmente, como um insano, surtado ou infrator. É certo que o livre, em sua plenitude, torna-se um irracional diante do código legal social. A racionalidade do neocórtex cerebral, diferente dos outros animais, restringe os impulsos instintuais e a liberdade de expressá-los totalmente, pois promove questionamentos e crenças, tais como a existência do bem e do mal, base das escolhas.

Diante de tantas incógnitas complexas que circundam a Liberdade, a crença absoluta e firme em ser livre pode ser angustiante. A meu ver, o Ser humano é angustiado pela suposta liberdade que lhe é apresentada ou que acredita ter, por isso não a busca conscientemente, ela lhe é imposta em situações críticas, em que o indivíduo percebe-se sozinho, onde a sua vida depende somente de si mesmo e da escolha que é só sua. É como se alguém te levasse para a beira de um abismo e dissesse "Voe!", mas ao olhar para baixo percebe-se sem asas para voar. Frustra-se, angustia-se e proclama: "E agora? O que eu faço?". Esse clamor por socorro não cabe a quem sabe voar nem ao que é livre. É possível que essa sensação diante do abismo equipare-se à sensação do perceber-se *não livre* diante do escuro da existência. Diante das bifurcações da vida, o Ser Humano percebe-se preso em muitas coisas, vontade e desejo conscientes e inconscientes

O Homem afirma querer a liberdade, discursa intensamente acerca dela, revelando a prisão em que vive. Contudo, ao aproximar da liberdade, em seu íntimo não a deseja, visto que a liberdade não traz felicidade e bem-estar e, sim, a angústia da solidão. O que o Homem realmente deseja é algo que o prenda, que o faça dependente, e quando aceitar isso, quem sabe, será verdadeiramente liberto; liberto da cobrança de ser totalmente livre; liberto da busca infantil pela independência. Sim, a liberdade caminha juntamente com a independência.

Torno a enfatizar como é interessante pensar que a sensação do *não-ser-livre* diante da liberdade proposta é angustiante. Quando nos encontrávamos no útero, no nosso momento primordial, estávamos "presos" em uma força que nos removia a responsabilidade pela própria vida e mantinha-nos completos e dependentes. Ao sairmos, contra a vontade, impelidos por uma pulsão de vida, em direção ao crescimento — conforme Freud —, rompeu-se o elo, cortou-se o cordão da isenção. Fomos, assim, "forçados" a assumirmos a responsabilidade e o manche da nossa própria existência; fomos forçados a ter uma resposta (= responsabilidade) sobre quem somos, o que estamos fazendo aqui e para onde vamos. Percebemo-nos libertos, sozinhos, angustiados e assustados.

Para amenizar a mente solta e solitária, prendemo-nos novamente no seio materno, impelidos pelo desejo gerado na angústia que habita a pressão de ter que responder sobre si próprio. Seio que se ausentará, lançando-nos novamente para a lembrança de que existimos. Esse é um processo cíclico, como o do mito de Sísifo, cujo viver resume-se em subir e descer a mesma montanha todos os dias, rolando uma rocha. Simbolicamente, seu viver caminha entre a liberdade da subida — pois a força e a responsabilidade estão *nele* para carregar a rocha até o topo da montanha — e o aprisionamento e prazer da descida — visto que a força está na rocha, ela o conduz no descer —, do mesmo modo, caminhamos na dicotomia entre a subida e a descida; crescimento e inércia; liberdade e aprisionamento; responsabilidade e isenção de responsabilidade; lembrança de nós e esquecimento de nós.

Somos impelidos em direção à liberdade quando aprisionados num objeto de prazer e desejo; e, quando libertos, buscamos ardentemente o aprisionamento num objeto de prazer e desejo. No exemplo comum do matrimônio, quando você está em compromisso, uma força interior te conduz a pensar na condição de solteiro; quando está solteiro, deseja o compromisso. Em decorrência dessa indução de pensamento, jamais nos permitiremos ao pleno estado de liberdade.

Esse, portanto, é um princípio natural que não nos permite viver plenamente o estado de liberdade, pois precisamos *descer* a montanha, como Sísifo, ou, como Moisés, que sobe o Sinai ao assumir a sua responsabilidade, respondendo o chamado da sua voz divina interior, porém depois *desce* para "aprisionar"-se ao povo, expressão do seu desejo.

Mesmo sendo um processo natural, é preciso uma dose de consciência sobre ele para que não nos prendamos em objetos nocivos de prazer. Compreendendo o momento em que estamos vivendo, temos um maior domínio sobre o desejo gerado na liberdade angustiante. Em outras palavras, quando estamos mais conscientes da convocação da liberdade, "forçados" a assumirmos a responsabilidade sobre nós mesmos, aceitamos com menos peso a responsabilidade e não nos isentamos simplesmente, escondendo-nos no desejo pelo seio tranquilizante, que é a imagem oculta do esconderijo uterino.

Vivemos, dessa forma, numa liberdade condicional? Em que o livre--arbítrio é uma ilusão? Você pode escolher tudo o que lhe é proposto? É você quem escolhe? Você está onde escolheu estar, conscientemente? Se, verdadeiramente, você pudesse escolher, estaria onde, fazendo o quê? Somos induzidos e sugestionados o tempo todo a escolher por algo? As publicidades das grandes indústrias e fábricas induzem o nosso olhar sobre nós mesmos? Por exemplo, a indústria de cosméticos precisa vender, logo precisa de pessoas insatisfeitas consigo para que consumam os produtos. O que faz? Sua publicidade gera um padrão de beleza quase inalcançável, cujo processo comparativo produz mulheres insatisfeitas com seu corpo, seu cabelo, sua pele. Olham no espelho e veem-se em falta. A necessidade é semeada nos olhos. As mulheres, em sua maioria, aceitam a proposta, percebem-se necessitadas, e isso as leva a consumirem o produto da indústria que promete a aproximação do padrão estético. Muitas vezes não é consciente, mas uma psicoesfera social inconsciente. Não é preciso que a mulher veja a propaganda, entretanto a mentalidade foi introjetada na sociedade e afeta os que nela estão inseridos e aceitam a sugestão. É um mecanismo hipnótico. Esse é apenas um dos muitos exemplos que podemos citar.

Ainda mais um pouco, você tem a escolha de parar o seu coração neste momento? Se lhe for dada uma faca para isso, o que faria? Conseguiria parar o seu próprio coração ou o mecanismo cerebral da sobrevivência impedi-lo-ia? Talvez você diga: "Não, eu não perfuro o meu coração porque eu não quero". Certo, mas por que não quer? O que te faz não querer? Que condições lhe são impostas para que decida por isso? Você realmente foi livre para tomar essa decisão ou foi determinado a essa reação? A lei religiosa, moral ou penal te condiciona a não realizar tal ato? Assim compreende a linha filosófica do determinismo, cujo movimento da vida é determinado pelas causas e pelos seus efeitos.

Nessa perspectiva, tudo é uma construção que leva a um determinado *telos* (*fim*), de acordo com os gregos. Hoje, neste dia, por exemplo, as suas posições não poderiam ser outras, a não ser se mudasse ou fosse alterada alguma situação do seu passado, como num efeito borboleta, pois tudo o que hoje você faz é resultado de uma sucessão de acontecimentos internos e externos. Sendo assim, você decide não parar o seu coração não porque não quer exatamente e, sim, porque foi induzido ou determinado a não querer, seja por forças orgânicas cerebrais ou por forças psíquicas criadas na interação social. Estamos, desse modo, dominados por forças que desconhecemos, sejam intrapsíquicas (medos, desejos, vontades, pulsões, instinto, pensamentos, crenças...) ou externas (sociedade)? Possivelmente.

No campo social cabe uma reflexão. Sabe-se que o sistema político do Estado exerce uma característica de dominação dos mais fortes sobre os mais fracos, ou seja, é preciso enfraquecer uma determinada classe com o objetivo de gerar um sentimento de inferioridade. Assim como no período da escravidão, em que os "senhores" diziam que os negros não tinham alma, por isso podiam ser escravizados.

Uma classe superior fundamentou-se sobre uma classe colocada como inferior. Para o filósofo Karl Marx (1818-1883), essa é a luta de classes. Luta que, para mim, não ocorre apenas no capitalismo, é parte do modo operante social da humanidade desde os primórdios, em que o "menor" tende a lutar pelo lugar do "maior" e o "maior" tende a lutar para permanecer na sua posição. É, inconscientemente, um complexo de Caim e Abel, uma luta de irmãos pela primogenitura, pelo poder da Casa e pelo amor do Pai.

Sobre esse sistema regente de dominação exemplifica-se o episódio bíblico (Êxodo 11;12) acerca do Êxodo hebreu que, pelo alimento, colocou-se sob o jugo tirânico do Egito e, assim, sob ele permaneceu por 400 anos, numa "servidão voluntária", debaixo dos métodos "educativos" dos tiranos, como diria Etienne de lá Boutie (2006, p. 29), em o *Discurso sobre a Servidão Voluntária* (1549).

> É natural no homem o ser livre e o querer sê-lo; mas está igualmente na sua natureza ficar com certos hábitos que a educação lhe dá. Diga-se, pois, que acaba por ser natural tudo o que o homem obtém pela educação e pelo costume; mas da essência da sua natureza é o que lhe vem da mesma natureza pura e não alterada; assim, a primeira razão da servidão voluntária é o hábito: provam-no os cavalos sem rabo que no princípio mordem o freio e acabam depois por brincar com ele; e os mesmos que se rebelavam contra a sela acabam por aceitar a albarda e usam muito ufanos e vaidosos os arreios que os apertam. Afirmam que sempre viveram na sujeição, que já os pais assim tinham vivido. Pensam que são obrigados a usar freio, provam-no com exemplos e com o fato de há muito serem propriedade daqueles que os tiranizam.

Mas como enfraquecer o Sistema "egípcio"? Lançando a última praga, matando o primogênito do Faraó, o Príncipe, o herdeiro. Surge, então, a questão: qual a representação possível acerca do príncipe? Seria a imagem do primordial, da célula inicial, da potencialidade que produz a *continuidade* do Sistema de dominação; seria tudo o que promove a continuação do sistema? Sim. Essa potencialidade, que precisa adormecer/morrer e ser tirada da consciência do povo, é: a privação do conhecimento; a privação da identidade; a privação de recursos financeiros; a imposição de medo e da criação de crenças sofismáticas de esperança, as quais só o sistema pode sanar. Assim, observamos em todos os sistemas de dominação.

Portanto, estenda ao povo as fronteiras do conhecimento; trabalhe a identidade do indivíduo e mostre que ele pode Ser e ter Voz; expanda a acessibilidade aos recursos financeiros; remova o medo e as crenças sofismáticas de esperança e o Faraó enfraquecer-se-á; as fronteiras e os limites serão alongados; a liberdade alcançará novos espaços. Esses, os que assim alongam as tendas do pensamento, tornam-se como Ulisses, de *Odisseia*, de Homero (IX – VII a.C.), como afirma Boutie (2006, p. 29-30):

> Sempre haverá umas poucas almas melhor nascidas do que outras, que sentem o peso do jugo e não evitam sacudi-lo, almas que nunca se acostumam à sujeição e que, à imitação de Ulisses, o qual por mar e terra procurava avistar o rumo de sua casa, nunca se esquecem dos seus privilégios naturais, nem dos antepassados e de sua antiga condição. São esses dotados de claro entendimento e espírito clarividente; não se limitam, como o vulgo, a olhar só para o que têm adiante dos pés, olham também para trás e para frente e, estudando bem as coisas passadas, conhecem melhor o futuro e o presente. Além de terem um espírito bem formado, tudo fazem para aperfeiçoá-lo pelo estudo e pelo saber. Esses, ainda quando a liberdade se perdesse por completo e desaparecesse para sempre do mundo, não deixariam de imaginá-la, de senti-la e saborear; para eles, a servidão, por muito bem disfarçada que lhes aparecesse, nunca seria coisa boa.

Sendo assim, comece por abrir a caixa do conhecimento, pois, como afirma a frase atribuída ao filósofo Francis Bacon, "*Scientia potentia est* (lt.)" — "conhecimento é poder". De igual modo, num texto hebreu mais antigo, diz o sábio: "O homem sábio é poderoso, e quem tem conhecimento aumenta a sua força" (Provérbios 24.5). Ainda, nessa linha de raciocínio, o Mestre Galileu, declara: "[...] conhecereis a Verdade e Verdade vos libertará" (João 8.38, grifo meu). Esse verso mostra que o caminho para a ampliação da liberdade começa pelo conhecimento. A palavra "conhecer", no grego (γινωσκω *ginosko*) e no hebraico (ידע *yada*), denota um conhecimento por meio de uma experiência pessoal, por meio de um contato íntimo, como uma relação sexual que é capaz de gerar uma vida e dar à luz. Portanto você jamais será liberto pelo conhecimento que o outro tem da Verdade, mas pelo conhecimento pessoal e particular da Verdade, da sua verdade, entendendo que a Verdade, nesse texto, é "*aletheia* gr." e indica algo que está oculto e é revelado, que vem à luz.

Assim sendo, o conhecimento que produz luz sobre o que está ocultado e escondido dentro de você conduz a um caminho de alargamento da liberdade. Se desejamos, à vista disso, uma Sociedade mais justa e liberta, precisamos reavaliar e começar a trilhar outros caminhos para além dos limites do Palácio de Faraó. É uma utopia? Talvez, se pensarmos em algo eterno, porém, por um momento, na história, é possível abster-se de um sistema de dominação, como assim vem ocorrendo ao longo das Eras da humanidade, em cada revolução de reivindicação de direitos.

Dito tudo isso acerca da liberdade que não temos, proponho, ainda, um olhar para o inconsciente — uma instância automática e autônoma na qual não somos livres; um lugar onde somos conduzidos por deveres, sem um querer específico. Pois bem, a nossa psique é constituída por muitas forças. Na estruturação dos estudos freudianos temos três forças com propósitos específicos: Id, Ego e Superego. Associando com a observação arquetípica de Jung, posso entender que junto ao Superego está a força autônoma dos Arquétipos. Para o leigo, soam como palavras estranhas, mas o que vale ao entendimento é que o superego (leis internalizadas) e os arquétipos (modelos da civilização humana: herói, mestre, vilão...) estão no campo do DEVER, bem como o Id (pulsões primitivas que objetivam o princípio do prazer e sobrevivência). Por outro lado, o Ego (força que conecta com a realidade presente) está no campo do QUERER. O Ego é a força do QUERER. E o que quer? Quer apenas o EQUILÍBRIO na realidade. Quando estou acordado, o único propósito do Ego é manter-me equilibrado. O equilíbrio diz respeito ao equilíbrio entre os DEVERES impostos pelos arquétipos (modelos de vida) firmados pelas leis do superego e os DEVERES do Id (princípio primitivo do prazer).

Nesse ponto de vista, os arquétipos que adquirimos decidem por nossas vidas, decidem as escolhas do dia a dia, e o Ego simplesmente visa equilibrar e amenizar os conflitos entre os deveres dos arquétipos e do Id.

Portanto a nossa mente não conflita entre o querer e o dever e, sim, entre os deveres. Pois a voz do QUERER não é uma voz autoritária que provoca conflito, mas as vozes do DEVER são e, dessa forma, geram conflitos. Em síntese, temos a FALSA SENSAÇÃO de conduzirmos nossas escolhas, entretanto somos conduzidos. Não temos um QUERER específico, os arquétipos apenas nos propõem as opções de escolhas e o nosso Ego visa à opção que menos desequilibrará nosso organismo no agora. Entretanto o equilíbrio não é sinônimo de não prejudicial, pois o Ego age pela lei mais forte do Superego, a menos que haja um bom nível de consciência.

Sendo assim, para que o Ego aja visando ao equilíbrio menos prejudicial, é preciso compreender as leis do superego que evidenciam a proposta desse ou daquele arquétipo para que, assim, não seja induzido. Por exemplo, se a pessoa tem um arquétipo que caminha "em favor dos outros", cuja posição é de servo (médico, Salvador, herói, terapeuta, bonzinho...), terá mais dificuldade para dizer "não" em determinadas situações e isso pode prejudicar o indivíduo. Esse comportamento arquetípico estabelece-se sobre uma lei infantil, como: "Preciso da aprovação e amor do pai ou mãe". No momento da decisão, o Ego tende a agir dizendo "Sim", para ter o equilíbrio e evitar o conflito psíquico entre os DEVERES propostos pelos arquétipos, pois um diz "Fale não" e o outro lado diz "Fale sim". A lei deixa a voz do "Sim" mais alta, ou seja, o lado arquetípico do "servo" — em favor dos outros —, evidencia-se. Desse modo, o Ego diz "Sim", contudo pode prejudicar o indivíduo, fazendo-o entrar em situações desagradáveis. Nesse entendimento, a liberdade habita o Ego (parte consciente da mente) e expande-se na consciência dessas forças, de modo que o Ego tenha mais autonomia para equilibrar o Id e o Superego, compreendendo de onde vêm as suas imposições relacionadas ao prazer ou à lei moral, adquiridas nas relações familiares e sociais.

Visto a complexidade do tema, não há um fim para esta reflexão, todavia há uma finalidade. Caso você entenda que a liberdade é uma ilusão e que sua vida está determinada por inúmeros fatores e sucessão de eventos sobre os quais você não tem nenhum controle, então você pode lidar com as culpas decorrentes das situações indesejáveis na sua história, pois você não foi o protagonista absoluto. Cabe, apenas, a aceitação e a compreensão dos eventos sucessivos, a fim de alterar o fluxo e promover novas situações mais desejáveis. Porém é provável que nesse processo de consciência haja uma crise, porque você será conduzido a uma suposta liberdade que te levará ao estado de solidão e a ter que responder por si. Esse fenômeno relembrá-lo-á do momento angustiante do rompimento do cordão umbilical e da ciência do *não-ser-livre*.

Entretanto não fuja da liberdade quando ela lhe bater à porta, enfrente-a e discirna as forças que te conduzem e as privações que limitam a tua liberdade (conhecimento, renda, identidade, crença, medo...). Amplie as fronteiras do Ego e os direitos que te fazem mais livre. Nesse raciocínio, uma das palavras usadas para liberdade no grego é *"exousia"*, que significa "autoridade, liberdade para ser e fazer ou direito adquirido para ser ou fazer". A liberdade, nesse prisma, é ampliada a partir de uma autorização ou de um direito adquirido. Por exemplo, o indivíduo que faz uma faculdade de Medicina tem uma autorização para realizar uma cirurgia, ao contrário daquele que fez uma faculdade de Contabilidade, que não tem o direito e a liberdade para realizá-la. Logo, a liberdade condiciona-se aos direitos que adquirimos. Assim como as mulheres, atualmente, num movimento libertário, vêm adquirindo direitos para ampliar a liberdade. Observamos que não há liberdade sem conflitos, pois há uma saída de um domínio que não permite espontaneamente a saída, assim exemplificado no Mito hebreu do Êxodo.

Em suma, a liberdade é-nos apresentada, mas somos confrontados pela sensação de não podermos corresponder às escolhas e às decisões, somos perturbados pela falta de controle e pelas incertezas. Angustiados, nosso aparelho psíquico defende-se, buscando um objeto de prazer para aliviar a angústia. Nesse processo, tendemos a entregar a liberdade e a responsabilidade nas mãos de Deus, crença, algo ou alguém. Contudo é necessário observarmos os objetos nos quais nos prendemos e tornamo-nos servos. Assim, a questão não é o ser livre ou preso, pois são estados que sempre estarão no nosso caminho; a questão é "em que nos atamos, em quais anzóis nos prendemos?".

De qualquer forma, estamos numa liberdade condicional, sujeitos a uma série de condições inconscientes, conscientes e sociais, acreditando que estamos sempre fazendo as nossas escolhas. No entanto nunca haverá plena liberdade ou livre-arbítrio. A plena liberdade, numa sociedade repressora levar-nos-á à prisão ou a um hospital psiquiátrico. O outro será sempre o limite da minha liberdade.

Em virtude dessa liberdade condicional, o princípio da Unidade-do--Ser que compõe a divindade da Lei pode conduzir-nos a termos melhores condições para usufruirmos da parcialidade da liberdade que temos.

A HARMONIA COMO PRINCÍPIO DAS ESCOLHAS

Para colaborar com a explanação anteriormente dada, relembremos da máxima social: "A vida é feita de escolhas". De fato, as escolhas estão presentes em todos os nossos momentos, desde o amanhecer. Decisões e dúvidas circundam a nossa mente, sobretudo a mente neurótica, que se divide e forma questões, como: "Não sei se caso ou compro uma bicicleta". Essa questão, obviamente, carrega um tom de humor, porém é verdadeira quanto à indecisão do neurótico.

Bom, o que está nos bastidores das escolhas? O que nos conduz nas decisões? Por que nos perturbamos nas dúvidas? De primeira instância, por trás de cada escolha habita uma prospecção do futuro, baseada nas experiências já vividas. Levando em consideração que, no âmbito cerebral, conforme experimentos científicos de neuroimagens, a memória interliga-se à imaginação, passado e futuro funcionam na mesma área do cérebro, ou seja, a visão do vivido estabelece a visão da possibilidade do que será vivido. Friso que a mente lança possibilidades, não certezas. Caso o vivido continue da mesma forma, a possibilidade prospectada do destino se confirmará, contudo, se o vivido for revisto, a prospecção não se confirmará, pois cada movimento muda a prospecção. Além disso, cada escolha carrega a ideia de haver um caminho que se considera "o melhor". Nisso, a dúvida gera a angústia, visto surgir o medo de errar o suposto "melhor caminho".

A dicotomia e a teoria do mundo dualista de Platão por muitos séculos adestraram os nossos olhos para vermos a existência de dois Mundos distantes entre si: o Ideal (perfeito) e o Sensível (percebido pelos sentidos – imperfeito). Isso faz com que em cada escolha procuremos o *ideal-perfeito* e o *real-imperfeito*, ou, como proponho no meu livro *O Éden perdido: onde está o teu paraíso* (2020), busquemos a sensação de ausência de dor e sofrimento, experienciada na vida intrauterina. Mas isso se torna difícil e angustiante, pois o perfeito e o imperfeito coexistem no caminho vital.

Ainda nesse prisma dual, o *bom* e o *mau*, conforme a nossa interpretação, habitam o nosso inconsciente desde a gestação e o nascimento. O "Bom" é representado na ausência de tensão, isto é, no conforto, no útero, sem movimento, sem esforço, sem sofrimento ou dor. Por sua vez, o "Mau" registra-se na tensão da falta, na saída do útero, no desconforto, na dor, no sofrimento. Respectivamente, pulsão de morte e pulsão de vida sob a ótica psicanalítica.

A ideia do Bom e do Mau existe dentro de cada Ser. É possível pensar que não há uma dualidade e, sim, uma unicidade. Em todos os caminhos haverá o Bom e o Mau, o alívio e a tensão, o Ideal e o Real, o conforto e o desconforto. Entretanto a escolha, na mentalidade dos dias atuais, consiste na direção de apenas um caminho: de anulação do desconforto, tensão, dor ou sofrimento. Esse, no caso, seria "o melhor caminho ideal e bom", com a exclusão e negação do "mau" (desconforto e tensão).

A meu ver, essa seria uma decisão equivocada, compreendendo que para que a vida exista, conforme o raciocínio anterior, o Bom e o Mau andam de mãos dadas e nem sempre o confortável levar-nos-á para a Vida. Sobre isso segue uma afirmação do livro antigo de Provérbios: "Há caminhos que ao homem parece direito, mas o fim deles é a morte" (Provérbios 14.12-13). Da mesma forma, nesse raciocínio, nem sempre o desconfortável conduzirá à morte. Vejamos o que diz a sabedoria do Cristo: "Estreito é o caminho que conduz a vida" (Mateus 7.13-14). Interessante que a palavra *angústia*, em sua etimologia latina "*angustus*", está conectada ao sentido "estreito". Isto é, muitas vezes, no caminho que conduz a vida, teremos que atravessar o vale estreito e apertado da angústia, tal como o bebê que, para vir à luz, precisa atravessar o desconhecido e enfrentar a sensação de desamparo e o medo de perder a si mesmo.

Cabe pensar, em meu entendimento, que a existência de um *Bem* reside entre o *Bom* e o *Mau*, o qual denomino "caminho harmônico". Penso que esse deveria ser o foco de nossas escolhas, ou seja, a Harmonia que se faz no caminho, na luta, no encontro e no confronto, como declara o filósofo Heráclito: "Da luta dos contrários (opostos) nasce a Harmonia". Portanto o *Bom* e o *Mau* não podem ser anulados. Seja qual for a nossa escolha, estarão sempre presentes em nossa mente, porém, a nossa maior decisão deve ser por decidir pela Harmonia, ou melhor, ter uma **percepção** ou um **olhar** capaz de gerar a **harmonia**/BEM das situações e experiências produzidas pelas escolhas. Isso só é possível quando ampliamos a consciência do que nos habita. Caso contrário, os pontos negativos do inconsciente nos guiarão e não seremos capazes DE DECIDIR PELO CAMINHO HARMÔNICO/BEM, sendo esse a essência do propósito natural da vida de todos os seres. Em outras palavras, seria o caminho para o desenvolvimento, o crescimento e a expansão.

Vejamos, a natureza empurra todos os seres, inclusive o bebê, para o desenvolvimento, para o crescimento e para a expansão. Nas palavras bíblicas do Genesis, falaríamos que a vida leva para a frutificação e para a multiplicação. Creio que essa ordem divina deve estar no centro das nossas escolhas conscientes: "Deus os abençoou e lhes disse: '**Sejam férteis e multipliquem-se!** Encham e subjuguem a terra! Dominem sobre os peixes do mar, sobre as aves do céu e sobre todos os animais que se movem pela terra'" (Gênesis 1.28, grifo meu). Desse modo, as escolhas não deveriam ser se isso ou aquilo é bom ou mau e, sim, se faz-me expandir e torna-me maior; se conecta-me à minha humanidade fértil (*humus* lt. – terra fértil). Para tal, precisamos exercitar, educar e ampliar o olhar, pois o olhar puro, firmado no princípio divino da Lei, conduz a esse caminho de Harmonia.

O OLHAR E AS MARAVILHAS DA TORAH

A percepção ou o olhar, como visto, é a essência para tomarmos decisões assertivas que visam a uma vida harmônica. Porém não é qualquer olhar e, sim, um olhar construído sobre boas palavras, pois o que eu ouço determina o que e como eu vejo. O salmista hebreu, tendo essa consciência, afirma: "Desvenda os meus olhos, para que eu contemple as maravilhas da tua lei" (Salmos 119.18). A sua oração é para que as vendas sejam removidas dos seus olhos e, assim, haja lucidez para que ele perceba as boas consequências oriundas do praticar a Lei divina (*Torah/Instrução Paterna*). Partilho dessa oração. Tenho em mim o mesmo desejo e convido o caro leitor a recitá-la e a praticá-la do mesmo modo.

A visão, um dos cinco sentidos do corpo humano, é algo extremamente fantástico e considerado a janela da alma, a conexão do mundo interior com o mundo exterior, e citado pelo Sábio como a lâmpada do corpo (Mateus 6.22), tal a sua importância na iluminação ou na escuridão da vida. Vale, portanto, a reflexão sobre como olhamos a nós mesmos e o que está a nossa volta e como esse olhar nos afeta.

Sobre isso, o grande educador e pensador Rubem Alves[16] (2002), em sua pedagogia do afeto, manifestada no texto *A arte de educar*, colabora ao realizar um paralelo entre a educação e a relevância do olhar profundo, pois, na essência, todos nós estamos nesse processo pedagógico da Vida, cujo objetivo é ver melhor.

> A primeira tarefa da Educação é ensinar a ver... É através dos olhos que as crianças tomam contato com a beleza e o fascínio do mundo... Os olhos têm de ser educados para que nossa alegria aumente. [...] As palavras só têm sentido se nos ajudam a ver o mundo melhor. Aprendemos palavras para melhorar os olhos. Há muitas pessoas de visão perfeita que nada veem... O ato de ver não é coisa natural. Precisa ser aprendido. Quando a gente abre os olhos, abrem-se as janelas do corpo e o mundo aparece refletido dentro da gente. São as crianças que, sem falar, nos ensinam as razões para viver. Elas não têm saberes a transmitir. No entanto, elas sabem

---

[16] Rubem Alves nasceu em 15 de setembro de 1933, em Boa Esperança, Minas Gerais. Mestre em Teologia, Doutor em Filosofia, psicanalista e professor emérito da Unicamp. Tem três filhos e cinco netas.

o essencial da vida. Quem não muda sua maneira adulta de ver e sentir e não se torna como criança, jamais será sábio.

Algumas passagens bíblicas também podem enriquecer a nossa investigação acerca do olhar. Em *Bereshit*/Gênesis, no episódio da queda do homem (Gn. 3.6), após uma conversa com a serpente, a mulher **VIU** que a árvore era boa para se comer e agradável aos **OLHOS**. No verso seguinte, os **OLHOS** de ambos (homem e mulher) foram abertos. As palavras que a mulher ouviu da serpente fizeram com que ela **OLHASSE** de forma diferente, tendo por consequência a queda, a dor. Existem palavras que nos levam a sair de lugares seguros e a ter más consequências; assim nos mostra a *aggadah* (conto) do Éden:

> **A serpente então alegou à mulher:** "Com toda a certeza não morrereis! Ora, Deus sabe que, no dia em que dele comerdes, **vossos olhos se abrirão**, e vós, como Deus, sereis conhecedores do bem e do mal!" Quando a **mulher observou** que a árvore realmente parecia agradável ao paladar, muito atraente aos olhos e, além de tudo, desejável para dela se obter sagacidade, tomou do seu fruto, comeu-o e o deu a seu marido, que estava em sua companhia, e ele igualmente comeu. Então **os olhos dos dois se abriram**, e perceberam que estavam nus; em seguida entrelaçaram folhas de figueira e fizeram cintas para cobrir-se. (Gênesis 3.4-7, grifos meus).

O caso do Rei David, relatado em 2 Samuel 11, é outra ocasião que nos auxilia:

> Um dia, após o almoço, Davi levantou-se depois de ter dormido um pouco, e foi passear no terraço do palácio real. **Do terraço avistou uma mulher que banhava-se**. E notou que era uma mulher muito bonita. Davi desejou saber quem era aquela mulher. Ao que lhe informaram: "O nome dela é Bat-Shéva, Bate-Seba, filha de Eliã e esposa de Urias, teu servo heteu. Então Davi mandou que a trouxessem para ele, e teve relações sexuais com ela, que havia concluído o tradicional ato de purificação em função do ciclo menstrual. Depois ela retornou para sua casa. Passado algum tempo, a mulher descobriu que havia engravidado e mandou um recado a Davi, contando-lhe: "Eis que estou grávida!" (2 Samuel 11.2-5, grifo meu).

Nesse relato, David não estava onde deveria estar, pois era a época de os reis irem para a guerra. Porém David não foi e, como consequência, teve um olhar mal direcionado. Ele **VIU** a mulher de Urias e desejou-a. Por conta disso, a mulher engravidou, houve a perda de um filho e o assassinato de Urias. É possível pensar que David teve um olhar altivo, com base em sua soberba, visto que ele estava no "terraço" que, simbolicamente, é um lugar alto. Com isso podemos aprender que a nossa posição pode interferir em nossa visão e despertar desejos que não convêm. Assim, qual é a sua posição? Você tem negligenciado o seu dever, assim como David?

Ainda, acerca da importância do olhar, de acordo com o livro de Mateus 6.22-33, o Mestre Galileu fala que se os nossos **olhos** forem bons (no grego "*haplous*" – "simples, saudável, livre de misturas, sem engano"), todo o nosso corpo será luz. Precisamos, portanto, olhar por uma perspectiva boa ("simples, saudável, livre de misturas, sem engano"). É preciso limparmos a nossa mente para não termos um olhar misturado com as nossas dores e traumas. Caso contrário, teremos um olhar que nos levará para a escuridão porque não veremos nada além das nossas culpas, das nossas injustiças e dos nossos sofrimentos.

Jesus continua e segue falando sobre a ansiedade e os cuidados da vida: "**Olhai** para as aves do céu […] não tendes vós muito mais valor do que elas? […] **olhai** para os lírios do campo […] Vosso Pai, não vos vestirá muito mais a vós?" (Mateus 6.26-30, grifo meu). Isso implica, também, em ter um olhar intersubjetivo, ou seja, olhar para a Vida — e tudo o que a compõe —, percebendo o Princípio Divino da Lei que a sustenta. Lembremos de que a maneira que olhamos é como tudo será.

É interessante, neste ponto, percebermos que as palavras hebraicas correspondentes à palavra "olhar" não estão muito ligadas simplesmente ao ato de ver, mas a uma atitude de atenção, de vigilância, de percepção, de observância e de contemplação. Observe algumas dessas palavras:

ראה *ra'ah* / - נבט *nabat*/- שעה *sha à h* / - צפה *tsaphah* /- שמר *shamar*

Levando em consideração as reflexões aqui propostas, é importante exercitar um **olhar** atado ao princípio divino da Lei, às Palavras que elevam a consciência, conforme simbolizado nos versos do livro de Deuteronômio 6.6-8 (grifo meu):

> Que todas estas palavras que hoje te ordeno estejam em teu coração! Tu as ensinarás com todo o zelo e perseverança a teus filhos. Conversarás sobre as Escrituras quando estiveres sentado em tua casa, quando estiveres andando pelo caminho, ao te deitares e ao te levantares. Também atarás estas palavras como um sinal na tua mão e em teu braço e **as prenderás à tua testa como Tefilin**, filactérios. Tu escreverás as palavras do SENHOR nos umbrais da tua casa, e em teus portões, mezuzotes.

Segundo esse texto, as Palavras de sabedora e Instrução Paterna devem estar regendo todas as esferas da vida: o coração, a criação dos filhos, o caminhar, o deitar, o levantar, as ações e, inclusive, o olhar — atadas entre os nossos olhos e o mundo; entre o interior e o exterior, como um filtro. Quando as leis do Alto estão em nossos olhos, vemos o que é do Alto.

Nessa linha de raciocínio, Jesus nos fala, em João 3.3, que quem não nascer de novo não pode **ver** o Reino. A palavra "novo", no grego, é *"anothen"*, cujo significado é "de cima, de um lugar mais alto". Portanto, para ter um olhar do alto, para além do superficial, é preciso ouvir as palavras do alto, nascer do alto e deixar as palavras que são de baixo, aquelas que não nos expandem, que nos restringem e nos afastam do propósito essencial de multiplicação.

TORAH DA LIBERDADE

Neste ponto, desejo transmitir o entendimento extraído do pensamento do rabino messiânico Joseph Shulam, durante uma aula no Ministério Ensinando de Sião, em Belo Horizonte - MG. Na minha compreensão, tal entendimento está intimamente ligado ao tema da Lei e da liberdade que temos abordado. Parafraseando o comentário rabínico, a Lei, ou melhor, a *Torah*, enquanto Instrução Paterna, não deve estar conectada ao conceito de prisão — como alguns cristãos pensam — e, sim, de Liberdade. Em conformidade, Tiago, em seu livro, fala de uma Lei da Liberdade. Vejamos: "Mas aquele que considera, atentamente, na lei perfeita, **lei da liberdade**, e nela persevera, não sendo ouvinte negligente, mas operoso praticante, esse será bem-aventurado no que realizar" (Tiago 1.25, grifo meu). Mas de onde Tiago tira essa Lei da Liberdade?

No contexto rabínico, a resposta pode estar no livro de Êxodo 32.16, em que está escrito: "As tábuas eram obra de D'us; também a escritura era a mesma escritura de D'us, **esculpida** nas tábuas". Precisamos, agora, analisar a palavra "esculpida", em hebraico. Para tal, é necessário relembrar que o hebraico não tem vogais. Hoje, porém, utilizam-se os pontos massoréticos para fins de aprendizagem, mas não existiam nas épocas remotas. Sendo assim, sabendo disso, há um jogo de palavras, pois tanto "esculpir חָרוּת" como "liberdade חֵרוּת", em hebraico, têm as mesmas consoantes. Portanto, por causa da não vocalização na escrita, podemos ler tanto como sendo "*charut*" (esculpir) quanto "*cherut*" (liberdade). Assim, os sábios ensinavam: não leiam apenas "*Torah esculpida*", leiam "*Torah da liberdade*"

Pelo viés mítico, Deus tira o povo da escravidão do Egito e, após esse fato, ratifica a liberdade no Sinai, dando-lhes a *Torah*, como uma Constituição que consolida a liberdade de Israel. O Brasil, por exemplo, foi declarado independente de Portugal em 7 de setembro de 1822, ou seja, adquiriu a sua liberdade, mas somente em 1824, com a primeira Constituição/conjunto de leis, é que foi ratificada e consolidada a separação de Portugal. O Brasil inscreveu as suas próprias leis que o tiraram da condição de Colônia.

É importante ressaltarmos que um conceito entre os antigos gregos a respeito da liberdade é **ausência de limitações e obrigações** Penso que esse conceito ainda existe em nossas mentes contemporâneas. Porém, como já dito, dentro de um conceito hebraico, a Liberdade está ligada ao cumprimento de uma Constituição, a saber, a *Torah*, ou seja, um conjunto de leis que promovem um modo saudável de vida em comunidade.

"...QUE É A VERDADE?" ...COMO VÊS?

Frente às questões relacionadas a Lei, moral e ética: o que você vê é realmente o que você vê? Você realmente pode confiar em seus sentidos? Tudo isso que se apresenta é, de fato, uma realidade ou verdade absoluta? O seu sofrimento e o seu medo têm sido baseados no que você considera real ou no que os outros te impõem? Faço tais questionamentos porque estamos no meio de um caos — mistura — social, segundo as muitas palavras afirmadas e infinitas imagens mostradas. Diante de todo o bombardeio de informações, podemos considerar e aceitar tudo como uma verdade ou mentira absoluta e inquestionável?

Pois bem "[...] que é a verdade?" (João 18.38), perguntou Pilatos a Cristo, sem obter uma resposta audível. Essa questão ecoa desde os primórdios da humanidade. Para o filósofo Nietzsche, a verdade é um ponto de vista; para o relativismo, a verdade é relativa; para a filosofia sofista, algo declarado com convicção e por longo tempo torna-se uma verdade. Em outro aspecto, a verdade é apenas uma crença. Suponhamos que alguém encontre um corpo e uma faca ao seu lado e, ao pegar a faca, alguém fotografe. A cena mostra a verdade? Como explicar que não se trata do assassino, mas de um inocente? A verdade, então, nesse olhar da justiça, é tratada como interpretação.

Na palavra grega (*aletheia*) ou hebraica (*emet*), temos um sentido interessante: algo oculto que foi revelado. Sob esse conceito fica a incógnita: a humanidade suportaria a inexistência do oculto? E se tudo fosse revelado? Penso que o oculto mantém viva a raça humana. Seríamos feitos para toda a verdade? Suportaríamos descobrir toda a verdade sobre nós mesmos?

Hoje compreende-se que a mente trabalha com pouca verdade/revelação. Grande parte dela está oculta em cerca de 95% no campo psíquico inconsciente, de acordo com a neurociência e a psicanálise, ou na energia e na matéria escura do Universo, segundo a física. E nas relações pessoais? Haveria alguma relação que suporte toda a revelação do oculto (verdade)? Haveria alguém capaz de cobrar a verdade de alguém se não houver contato com a sua própria verdade? Outra questão surge: a verdade liberta? A mente revelada conduz para fora do inconsciente e torna-nos mais esclarecidos a ponto de compreendermos que a noite precisa existir e faz parte do dia.

Ao observarmos o quanto de oculto existe na vida é possível conjecturar que não nascemos para a verdade plena ou que ainda não estamos preparados para ela. Nossa mente não está configurada para a "*aletheia* gr.*" —* oculto revelado, pois carrega em si um entendimento de maldade, por isso declaramos "a verdade dói", tornando-a hostil à nossa visão. Nesse entendimento comum de que a verdade é algo que causa e gera dor, tendemos ao caminho da ilusão, contudo travestida de verdade. Preferimos a "mentira" sobre nós mesmos à revelação de quem realmente somos. Preferimos a "mentira" expressa na boca da multidão à verdade que se revela no íntimo. Como afirmou o filósofo Platão, no livro VII de a *República*, no diálogo entre Sócrates e Glauco, muitas são as sombras que se projetam no interior da caverna:

> Sócrates – Agora imagina a maneira como segue o estado da nossa natureza relativamente à instrução e à ignorância. Imagina homens numa morada subterrânea, em forma de caverna, com uma entrada aberta à luz; esses homens estão aí desde a infância, de pernas e pescoço acorrentadas, de modo que não podem mexer-se nem ver senão o que está diante deles, pois as correntes os impedem de voltar a cabeça; a luz chega-lhes de uma fogueira acesa numa colina que se ergue por detrás deles; entre o fogo e os prisioneiros passa uma estrada ascendente. Imagina que ao longo dessa estrada está construída um pequeno muro, semelhante às divisórias que os apresentadores de títeres armam diante de si e por cima das quais exibem as suas maravilhas. [...] Sócrates – Assemelham-se a nós. **E, para começar, achas que, numa tal condição, eles tenham alguma vez visto, de si mesmos e dos seus companheiros, mais da que as sombras projetadas pelo fogo na parede da caverna que lhes fica defronte?** (Platão, p. 297, grifo meu).[17]

Nessa alegoria da caverna platônica revelam-se as nossas posições habituais pessoais e sociais, nas quais preferimos as sombras projetadas à imagem externa revelada, pois a verdade conduz ao desconforto da mudança, ao sofrimento da readaptação, assim confirmado na fala socrática:

> Sócrates — Considera agora o que lhes acontecerá, naturalmente, se forem libertados das suas cadeias e curadas da sua

---

[17] E-book. Disponível em: https://www.eniopadilha.com.br/documentos/Platao_A_Republica.pdf. Acesso em: 18 nov. 2023

> ignorância. Que se liberte um desses prisioneiros, que seja ele obrigado a endireitar-se imediatamente, a voltar o pescoço, a caminhar, a erguer os olhos para a luz: **ao fazer todos estes movimentos sofrerá**, e o deslumbramento impedi-lo-á de distinguir os abjetos de que antes via as sombras. (Platão, p. 296, grifo meu).[18]

No campo psicanalítico, para que se evite esse desprazer psíquico, assim elucidado por Sócrates, a Verdade, enquanto revelação do que ainda não se conhece de si e do mundo, oculta-se ou reprime-se em nosso inconsciente, como na caixa[19] dada por Zeus a Pandora que, ao abri-la, descobre os males do mundo; porém ali também habita uma boa esperança. Na ocultação (recalque) da verdade sobre nós mesmos (também necessária para proteção provisória de nossa psique) reside somente a pseudoesperança, geradora de frustração e sintoma. Quem deseja a Esperança, ou seja, quem deseja o que de fato esperar, precisa estar disposto a abrir, em algum momento da vida, a sua caixa de Pandora e libertar seus males.

Contudo a verdade, nesse ângulo, trata-se apenas de fragmentos que se espalham pelo mundo e, aos poucos, emergem do mar dos pensamentos da humanidade. A vida não pode receber toda a verdade num único momento. Dessa forma, penso que nem tudo precisa e pode ser revelado no convívio social. Caso contrário não haveria relações sociais. Como indaga Freud, uma *hipocrisia* (*hypocrisis lt.:* fingir como um ator) precisa haver, isto é, uma atuação teatral é necessária em uma sociedade que não admite profundas mudanças? Observemos:

> Quem é assim obrigado a reagir continuamente segundo preceitos que não são expressão de seus pendores instintuais vive acima de seus meios, psicologicamente falando, e pode

---

[18] E-book. Disponível em: https://www.eniopadilha.com.br/documentos/Platao_A_Republica.pdf. Acesso em: 18 nov. 2023

[19] "Antes, de fato, as tribos dos humanos viviam sobre a terra (90) sem contato com males, com o difícil trabalho ou com penosas doenças que aos homens dão mortes. {Rapidamente em meio à maldade envelhecem os mortais.} Mas a mulher, removendo com as mãos a grande tampa de um jarro, espalhou-os, e preparou amargos cuidados para os humanos. (95) Sozinha ali ficava a Antecipação, na indestrutível morada, dentro, abaixo da boca do jarro, e para fora não voou. Pois antes baixou a tampa do jarro por vontade de Zeus que ajunta nuvens, o detentor da égide. Mas outras incontáveis tristezas vagam entre os homens. (100) Na verdade, a terra está cheia de males, cheio o mar; doenças para os humanos, algumas de dia, outras à noite, por conta própria vêm e vão sem cessar, males aos mortais levando em silêncio, já que privou-as de voz Zeus sábio. Assim, de modo algum pode-se escapar à inteligência de Zeus" (HESÍODO. Os trabalhos e os dias. 750-650 a.C. Disponível em: https://biosphera21.net.br/CRONOS/1-E-750-539%20(Assiria%20e%20Babilonia)/GRECIA/750-650aC--HES%C3%8DODO-OSTRABALHOSEOSDIAS.pdf. Acesso em: 18 nov. 2023

objetivamente ser designado como um hipócrita, esteja ele consciente ou não dessa discrepância. É inegável que nossa atual civilização favorece de maneira extraordinária a produção de tal espécie de hipocrisia. Podemos ousar afirmar que **ela está edificada sobre essa hipocrisia,** e que teria que **admitir profundas mudanças,** caso as pessoas se propusessem **viver conforme a verdade psicológica.** Portanto, existem muito mais hipócritas culturais do que homens realmente civilizados, **podendo-se mesmo considerar o ponto de vista de que um certo grau de hipocrisia cultural seja indispensável para a manutenção da cultura, porque a aptidão cultural já estabelecida nos homens de hoje talvez não bastasse para essa realização.** (Freud, [1915] 2010, p. 166-167, grifos meus).

Nem todo pensamento é expresso, nem todo sorriso corresponde ao interior, nem toda palavra é verídica, nem toda ação está de acordo com o que se pensa... Mas não tem problema, isso não é simplesmente maldade ou falsidade, também faz parte do nosso mecanismo de sobrevivência. Permita que as pessoas não revelem toda a verdade. Permita que uma parte permaneça oculta. Da mesma forma, não revele toda a sua verdade, para o bem do outro. O outro nem sempre precisa da sua verdade. Nem mesmo a sua mente revela a você toda a sua verdade, pois seria muito incômodo, por isso grande parte dela é inconsciente.

Acerca disso, sobre tudo o que temos visto e ouvido no âmbito social, não importa o que é verdade plena ou mentira absoluta, pois desconhecemos o todo, apenas temos imagens fragmentadas e nebulosas. Há um grande abismo de incógnitas. Tudo o que possuímos são as nossas interpretações e os olhares estabelecidos a partir do local em que nos encontramos, a partir de nossas experiências, conteúdos psíquicos e intelectuais. No entanto a interpretação do que adentra os sentidos pode provocar saúde ou adoecimento, movimento ou inércia. A criança, por exemplo, que interpreta ter um bicho-papão debaixo de sua cama, pode paralisar pelo medo de algo que não está sob a sua cama e, sim, em sua percepção. Nisso, portanto, está a importância: na percepção e na interpretação.

Por esse ângulo de visão, conforme Spinoza, é pela percepção nascida dos sentidos ou afecções do corpo que o meu ser tem a potência de agir aumentada ou diminuída. Em conformidade com o pensamento do Mestre Galileu, descrita no livro bíblico: "A candeia do corpo são os olhos; de sorte que, **se os teus olhos forem bons, todo o teu corpo terá luz;** Se, porém, os **teus olhos forem maus, o teu corpo será tenebroso**" (Mateus 6:22,23, grifo meu). Nesse texto, os "*olhos*", de acordo com o grego, é "οφταλμος *ophthalmos*", que diz respeito aos olhos mentais e à faculdade de conhecer, isto é, os olhos são símbolos da percepção e da consciência. A condição de uma percepção boa ou má corresponde ao nível de consciência que estabelecerá os estados de luz/ação ou trevas/inércia.

Interessante pensar que a palavra "bons", usada no texto grego, é "απλους *haplous*", cujo sentido está entrelaçado à ideia de simplicidade e pureza. E o que é o puro senão aquilo que está livre de artificialidade, sem misturas? Quando falamos que algo é puro, estamos falando que nele não há mistura. Desse modo, a percepção boa está num nível de consciência pura, que não se mistura com o que lhe adentra os sentidos. Há uma boa capacidade de discernimento. Em outra forma, se o seu nível de consciência e lucidez te permitir não se misturar com as afecções que advém dos sentidos, então seu ser não terá a potência diminuída nos afetos de tristeza e, sim, aumentada nos afetos de alegria. Assim sendo, tenha discernimento e não entregue os seus ouvidos a tudo o que lhe é falado, nem os seus olhos a tudo o que lhe é mostrado. A verdade ou a mentira não seria você quem faz, segundo a sua interpretação e percepção?

REVIVENDO O MITO DAS AMAZONAS: O CAMINHO ANTIPATRIARCAL

As heurísticas e os viesses cognitivos

Por qual razão dedico algumas páginas a este tema? Pelo simples fato de que as mudanças sociais influenciam diretamente no nosso modo de pensar a Lei e, por conseguinte, afeta consideravelmente o nosso modo de vivê-la. Dessa forma, vale dedicar algumas palavras sobre o momento antipatriarcal (quase anti-homem e antilei-do-pai), que tem sido vivenciado nos dias atuais e que, sem dúvida, precisamos ponderar as consequências.

Dentro desse pensamento inicial, creio ser interessante trazer as teorias do viés da confirmação, da heurística da representatividade e a heurística da disponibilidade, três conceitos entre os vários colocados por Amos Tversky e pelo psicólogo israelense Daniel Kahneman, em seu livro *Rápido e devagar: duas formas de pensar* (2011).

As heurísticas, a princípio, para um melhor entendimento, são processos cognitivos simplificados e intuitivos, atalhos mentais ou estratégias mentais que auxiliam nas tomadas de decisões mais rápidas no cotidiano (Kahneman, 2011, p. 14); e os vieses[20] são erros sistemáticos no processamento da informação que se repetem de forma previsível em circunstâncias específicas (Kahneman, 2011, p. 30).

Segundo Kahneman (2011, p. 26), esses mecanismos manifestam-se no Sistema 1 do Cérebro, pois, para ele, o Cérebro tem dois Sistemas. O primeiro é o Sistema rápido, imediato, automático, impulsivo, irracional e inconsciente, que visa à preservação da energia vital e está no campo mais primitivo da sobrevivência; o segundo, por sua vez, é o Sistema mais lento, reflexivo, consciente, racional e pensante.

---

[20] "O campo de pesquisa sobre vieses cognitivos iniciou-se na década de 1970, quando psicólogos começaram a estudar os erros no raciocínio humano que acreditavam ser consequência do uso de heurísticas. Amos Tversky e Daniel Kahneman foram os primeiros a estruturarem os estudos existentes sobre o assunto em um programa de pesquisa sobre heurísticas e vieses, na obra seminal *The psychology of intuitive judgment: heuristics and biases, de 1982* (Ambros; Lodetti, 2019).

De modo essencial, o Cérebro trabalha na lei do menor esforço, na economia de energia. Assim sendo, o Sistema 1 é o atalho mental mais usado. Por isso, mesmo sendo um mecanismo natural, precisamos ter cuidado, pois ele não tem julgamento de valor, isto é, seu funcionamento não se importa com o que é mais saudável ou não. Seu único objetivo é evitar esforços e gasto de energia. Sem a devida atenção, sob o domínio inconsciente do Sistema 1, podemos ter distorções da realidade e, consequentemente, más interpretações das situações triviais.

Na Heurística da Representatividade, pequenas amostras podem ser consideradas representações de uma totalidade, baseando-se em experiências ou estereótipos registrados no cérebro, enquanto na Heurística da Disponibilidade, as informações imediatas mais disponíveis e as emoções mais fáceis de serem recordadas tornam-se a base associativa para a interpretação de uma situação, decisão ou escolha. Por exemplo, dentro do tema em questão, suponhamos que, em uma semana, duas mulheres foram assassinadas numa pequena cidade e a notícia foi transmitida no jornal local. O que o Sistema 1, nas heurísticas da Representatividade e Disponibilidade, faz? Na maioria dos casos, produzirá um viés da Confirmação e, consequentemente, uma falácia ou uma realidade distorcida. Pois bem, vejamos que o atalho mental influenciará a maioria das pessoas a interpretarem numa perspectiva infantilizada e irracional, com pensamentos universalizados, radicais, generalizados e catastróficos, formando a seguinte visão dislexa: "Nossa, realmente há um aumento do feminicídio! A cada dia as mulheres estão sendo mortas! Eu vi ontem, no jornal, que em tal cidade, uma mulher também foi morta! E isso também aconteceu com a Maria, vizinha da Joana!". Observemos que, ao ouvirem um discurso corrente no dia a dia, cria-se uma crença que precisa ser confirmada, logo, no viés da Confirmação, buscam-se informações que confirmem a crença estabelecida. Além disso, a informação corriqueira de mortes de mulheres faz com que essa informação esteja mais disponível na mente e, de igual modo, seja produzida uma situação estereotipada e, assim, haja uma associação imediata (Disponibilidade – informação disponível / Representatividade – situação estereotipada).

Contudo é possível ser gerado um engano. Se você vê uma cena na rua, em outro exemplo, em que uma mulher parece estar batendo em um homem, a tendência, pela heurística da Representatividade, é que você interprete que a mulher está apenas se defendendo e não o agredindo. Se a imagem se inverter, isto é, se você vir um homem que parece estar batendo numa mulher, a tendência é que você julgue o homem como agressor e não apenas como alguém que esteja se defendendo.

Como vimos, isso ocorre pela visão estereotipada, gerada por um discurso corrente e que produz uma crença que precisa ser confirmada. E pela heurística da Representatividade, as amostras de cenas de homens agressores passam a ser consideradas uma totalidade. Em outras palavras, gera-se a ideia de que todos os homens são agressores, jamais estariam se defendendo, pois os "homens são mais fortes". Essa interpretação, por sua vez, é reforçada pela heurística da Disponibilidade, em que as emoções de experiências próprias ou empáticas com o mesmo gênero (mulher) definem a visão da situação, tornando difícil outra interpretação, pois gera um desconforto cognitivo. Assim, prefere-se confirmar a crença já existente ao invés de mudá-la, tendo em vista que isso significa usar o Sistema 2 — o mecanismo mais devagar e que demanda mais esforço e energia. Dessa forma, dificilmente alguém discordará da interpretação generalizada, a não ser que use o Sistema 2 e invista energia para refletir, pensar, pesquisar e estudar. Caso contrário, o atalho mental do Sistema 1 julgará, como no primeiro exemplo, a "amostra das mortes das mulheres" como sendo uma "totalidade de mortes das mulheres", baseando-se nas emoções de experiências e nas informações disponíveis e imediatas.

Penso que, infelizmente, o viés da Confirmação, as heurísticas da Representatividade e da Disponibilidade têm nos conduzidos às falácias e sido muito usadas para favorecer as interpretações do Feminismo ou Femismo, visto que amostras de violência contra a mulher na história têm se tornado a totalidade dela. Creio que, nos tempos em que vivemos, torna-se relevante o uso do Sistema 2 para adequarmos as interpretações da "realidade". Decerto, é isso o que proponho para os nossos tempos conflituosos.

O Mito, dinâmicas familiares e a possessão arquetípica

Pois bem, dito isso, a grande maioria já ouviu falar sobre a mulher guerreira, bela, munida de armas, escudo e laço da verdade, batizada de *Wonder Woman* (Mulher Maravilha). Desde 21 de outubro de 1941, ela habita o imaginário humano como o modelo da mulher forte da contemporaneidade, em resposta ao *Superman* (Super-Homem), nascido em 1933. Na linguagem psicanalítica, a *Persona* (máscara social – personagem) da Mulher Maravilha, assim como nos episódios das revistinhas, tem tomado um lugar de destaque na mesa da Liga da Justiça humana, participando com os Heróis de sufixo "*man*" (homem) e sendo um arquétipo do inconsciente coletivo muito vivenciado pelas mulheres atuais.

A Amazona, criada pela indústria de quadrinhos *D.C. Comics,* é uma imagem advinda do mito helênico da Idade Antiga, que ressurge na pós-modernidade para representar o movimento libertário das mulheres subjugadas pelas experiências machistas. Assim as experiências vivenciadas no advento da família proletária (séc. XVI - XVIII) e burguesa (séc. XVIII - 1960) foram interpretadas como negativas, abusivas ou repressivas. Para ajudar na elucidação de tais dinâmicas familiares, segue uma ideia geral que expressa algumas características essenciais das famílias proletária e burguesa, conforme Reis (2006 p. 99-124), um dos coautores do livro *Psicologia social: o homem em movimento:*

FAMÍLIA PROLETÁRIA
Primeira fase (séc. XVIII - XIX)

- Todos trabalham, inclusive as crianças (aproximadamente 10 anos).
- Os filhos são criados de maneira informal, sem muita fiscalização dos pais.
- Na segunda fase, a ideia por melhoria das condições da vida dos empregados traz mudanças na família.

Segunda fase (séc. XVIII - XIX)

- As mulheres passam a ficar mais tempo em casa com os filhos.
- Os homens estabelecem a fábrica e o bar como polos de gravitação social.
- As mulheres estabelecem redes de apoio feminino que integram mães, filhas e parentes.

Terceira fase (séc. XIX)

- As famílias dos operários mudam-se para os subúrbios. Rompe-se os vínculos com a comunidade.
- A mulher é afastada das redes femininas, ficando isolada no lar. O homem valoriza a domesticidade e a privacidade.
- A educação e o futuro dos filhos passam a ser prioridade da família.
- A família proletária quase não se distingue da burguesa em termos de padrões emocionais que caracterizam as suas relações internas.

FAMÍLIA BURGUESA (séc. XIX - 1960)

- Fechamento da família em si mesma.
- Separação entre as vidas pública e privada, trabalho e residência.
- A mulher fica reclusa na vida doméstica, na organização da casa e na educação dos filhos.
- A mulher perde o seu apoio da rede feminina.
- O filho deve ser educado para aquilo que a burguesia estabelece como ideal: vir a ser um homem autônomo, autodisciplinado, com capacidade para progredir nos negócios e dotado de perfeição moral.
- A mulher deve ser uma mãe perfeita para que os filhos também sejam. Caso contrário, ela é culpabilizada.
- O aleitamento materno passa a ser valorizado e cercado de medidas higiênicas, além do grande envolvimento emocional da mãe.
- Novas regras e padrões de higiene e sexualidade.
- Interdição rigorosa à sexualidade feminina fora do casamento e à restrição ao desfrute do prazer sexual.
- As mulheres são consideradas angelicais, acima de qualquer prazer animal. Há dissociação entre sexualidade e afetividade.
- Repressão da sexualidade infantil e a masturbação torna-se um horror para os pais, a ponto de ter práticas rigorosas para a repressão.
- Os filhos são levados à total dependência dos pais.
- Para ter o amor dos pais, os filhos precisam corresponder às expectativas que os pais depositam sobre eles.
- Amar é submeter-se; não amar é uma alternativa insuportável.
- Obediência absoluta à autoridade.

Vemos, conforme o comparativo, que o dinamismo familiar europeu, do qual somos herdeiros, passou por diversas alterações desde o século XVI, com a família camponesa e aristocrata, — mais descomprometidas com a criação dos filhos e mais livres a respeito da sexualidade das crianças e mulheres —, chegando à proletária até a burguesa, na qual há um excesso de leis; na visão psicanalítica, podemos entender que a burguesia constitui uma família essencialmente neurótica, com pais extremamente rígidos e castradores. Surge, nesse período, a psicanálise freudiana, com o objetivo de estudar o fenômeno da Histeria e oferecer alívio para essas mentes, cujos desejos foram reprimidos, negados e reclusos na ignorância. Por meio da "cura pela palavra", o método de Freud e seus companheiros ajudou mulheres e homens a darem entendimento e voz aos seus desejos reprimidos. É nesse período que também surge o conceito de infância que hoje conhecemos. A criança passou a ser vista e ouvida, algo que, segundo se entende, não acontecia na família aristocrata e camponesa (séc. XVI - XVIII).

Esclareço, antes de continuarmos, que o intuito é promover uma reflexão e uma análise sobre as mudanças sociais, sobretudo, no âmbito comportamental dos homens e mulheres sem, de modo algum, produzir ofensa a qualquer pessoa. A proposta, aqui, é gerar uma provocação acerca do caminho social que estamos construindo, objetivando o equilíbrio de nossas ações. Trago, no olhar psicanalítico e filosófico, uma análise e uma associação do mito grego das Amazonas com o tempo que estamos vivenciando.

Acredito que pensar se estamos recriando o mito das Amazonas é de suma importância para o nosso caminhar enquanto humanidade. Por quê? Porque, se estamos revivendo o mito, estamos sendo possuídos por arquétipos e modelos psíquicos do inconsciente coletivo e, dessa forma, anulando o crescimento do indivíduo, que é prejudicado na possessão do arquétipo — modelos universais da civilização humana: herói, vilão, mestre etc. —, em virtude de focar a sua energia vital somente numa luta coletiva. Conforme os estudos de Carl G. Jung, fundador da Psicologia Analítica, compreende-se que a inflamação ou possessão da *Persona*/arquetípico é perigosa para o âmbito individual e, consequentemente, para o contexto social, gerando transtornos emocionais, neuróticos e histéricos, como crises de ansiedade, fibromialgia, depressão, paranoia etc. Abordo tais questões em meu livro *Pai Nosso que estais nos Céus: a consciência-do-ser* (2021, p. 117-122). Por fim, vale o entendimento de que quando o torno é ultrapassado, os limites são violados, são produzidos os transtornos psíquicos e sociais.

O propósito do mito

Lembro, neste momento, que os mitos, para o antropólogo Lévi-Strauss (1908-2009) existem como uma forma de *explicar* as experiências vividas e não compreendidas, *organizar* a comunidade em que se vive (com instruções e punições) e *compensar* as perdas vivenciadas. Essa forma de relacionar-se com o real objetiva aproximar a natureza e a cultura. Por exemplo, no falecimento de uma mãe, alguém fala para o filho de quem faleceu: "Sua mãe virou uma estrela. Ela está no céu, você pode vê-la. E um dia se encontrará com ela". Esse é um mito primitivo que explica para a mente primitiva da criança a morte de sua mãe, organiza e compensa a perda.

Indo além dessa visão, há outros aspectos estudados pelo psicanalista Jung (1875-1961) e o antropólogo Joseph Campbell (1904-1987), que observam os mitos como meios que carregam imagens arquetípicas da psique humana, ou seja, firmam e estabelecem modelos no inconsciente coletivo humano, tais como os heróis e vilões, como vimos no tópico anterior. Dito isso, o mito grego das Amazonas explica, organiza e compensa, bem como expressa, modelos arquetípicos. Se hoje o estamos ressuscitando, significa que as mulheres utilizam-se da experiência mítica para explicar o lugar em que foram colocadas numa determinada época da história, organizar o lugar em que hoje se encontram e compensar as perdas de direitos sociais.

Quem são as Amazonas?

Afinal, quem são as Amazonas e qual a origem dessas personagens arquetípicas? Acredita-se que o primeiro registro do mito tenha sido na *Ilíada*, no século VIII a.C., por Homero, no qual as Amazonas são chamadas de *Antianeira* ("aquelas que lutam igual e/ou contra os homens").

> Uma vez viajei até à Frígia cheia de vinhas, 185 onde vi muitos Frígios, donos de cavalos rutilantes, o povo de Otreu e de Mígdon, semelhante aos deuses, acampados ao longo das ribeiras do Sangário: como aliado me posicionei entre eles naquele dia em que chegaram as **Amazonas, iguais dos homens** (Aqui podemos observar a expressão *"antianeira"*). (Homero, 2019, p. 95, grifos meus).

No século V a.C., as Amazonas, no livro *História*, do historiador grego Heródoto (484 a.C. - 425 a.C.), foram chamadas de *Andróctones* ("matadoras de homens").

> CX — Quanto aos Saurómatas, eis o que se diz sobre eles: Quando os Gregos combateram contra as Amazonas, que os Citas chamam Aiórpatas, nome que os Gregos traduzem para **Andróctones (que matam homens)**, pois aior em cita

significa "homem", e pata quer dizer "matar" [...]. (Heródoto, 2006, p. 350, grifo meu).

São inúmeras as versões e os imaginários que circundam essas personagens. Em uma dessas possíveis versões, elas são mulheres que foram mortas pelo ódio dos homens, cujas almas foram resgatadas do mundo dos mortos pelas deusas Ártemis, Atenas, Héstia, Afrodite e Deméter. Criou-se, a partir dessa ressurreição, uma comunidade de mulheres guerreiras que viviam em uma ilha, chamada de Paraíso, na qual era proibida a presença de homens. As mulheres que ali residiam, além de não envelhecerem e permanecerem belas, foram dotadas dos poderes e das qualidades das deusas (como força, beleza, conhecimento e amor) e tinham o objetivo de lutar pela justiça, pela igualdade e pela verdade. É curioso que essas características, tais como a preocupação excessiva com o não envelhecimento e a preservação da eterna beleza sejam tão evidentes entre as mulheres contemporâneas. Seria, realmente, um renascimento do mito?

Em outras versões do mito, elas eram mulheres que cortavam ou queimavam um dos seios para não atrapalhar no momento do tiro com arco, visto serem guerreiras. Entende-se que é dessa "automutilação" que vem o nome Amazona, que, no grego "*A-mázos*", em um dos sentidos etimológicos é "sem seio" ou "aquela que não foi amamentada". Outro ponto importante é que para engravidarem, de tempos em tempos coabitavam com os homens dos barcos que pela ilha passavam. Se nascesse uma menina, era treinada nas habilidades da batalha, mas se nascesse um menino, era morto ou entregue ao pai; não podia viver com as mulheres.

Ainda, em outra exposição, a origem das Amazonas dá-se na união entre *Ares* – *Marte*, para os latinos – e *Harmonia* que, segundo a mitologia grega, é filha do próprio *Ares* com *Afrodite*. Seria, assim, uma relação incestuosa. Numa interpretação analítica, podemos interpretar que Ares (deus da Guerra) é uma representação simbólica do *Animus*/energia masculina que se une à filha/menina sem a presença da "mãe" (*anima*/energia feminina), fazendo com que se torne, arquetipicamente, uma Mulher/Guerreira e Ativa socialmente.

Portanto, trazendo para o contexto social, podemos perceber uma criança-menina que cresce num meio familiar em que lhe é imputado um nível maior de masculino (*Ares/animus*) que, geralmente, é reforçado pelas ações da mãe, cujo nível de masculino também é alto. O reforço da energia psíquica do masculino é feito para formar uma criança aliada em sua "luta", baseada numa dor emocional oriunda de um amor frustrado, isto é, de alguma experiência, cujo desejo de ser aceita e amada não foi correspondido, geralmente nas interações familiares na primeira infância, estendendo-se e repetindo-se nas relações futuras.

Este é o modelo mítico: as mães forjam as meninas para a guerra contra "os homens", enquanto "castram" os meninos. Desse modo, as meninas identificam-se com "aquelas que não são amamentadas", visto que há um afastamento do acolhimento do feminino. Vale expor que, segundo os psicanalistas Margareth Mahler e Winnicott, citados por Bossi (2013, p. 128), é no período da amamentação que ocorre a fase simbiótica entre mãe-bebê, na qual se reforça o sentimento de aceitação e alívio da tensão existencial.[21] Leiamos:

> Durante os meses iniciais de vida do bebê, Mahler et. al. (1977) ressaltaram a existência de duas fases do desenvolvimento emocional que antecedem a entrada do bebê no processo de separação-individuação. Essas fases foram denominadas autismo normal, que ocorre até o segundo mês de vida do bebê; e simbiose, que se inicia por volta do segundo mês de vida e perdura durante as primeiras subfases do processo de separação-individuação. Caracterizam-se por uma não percepção, por parte do bebê, da mãe como um ser separado, de modo que ela e o bebê formam um sistema onipotente que permite a satisfação imediata das necessidades do bebê. O estabelecimento de uma relação suficientemente boa entre mãe-bebê (Winnicott, 1966/1988) é a condição fundamental para que o desenvolvimento posterior da criança se dê de forma saudável.

Posto isso, quando a amamentação não ocorre como deveria, não há construção de uma identidade saudável e, sim, a elaboração de uma

---

[21] Com o crescimento e o desenvolvimento do bebê, a catexia começa a ser deslocada para a percepção de algo mais que somente o interior do seu corpo e, assim, gradualmente, o bebê adentra a fase simbiótica (Mahler, 1982; Mahler *et. al.*, 1977). **Mahler (1982) destacou que essa fase se caracteriza pela percepção, por parte do bebê, de que as suas tensões internas são aliviadas por algo proveniente de fora de seu corpo, embora ainda não reconhecido como externo a si.** Nesse momento, o funcionamento e o comportamento da criança dão-se em uma fronteira comum com a mãe, sendo que, assim, o bebê e a mãe passam a formar, juntos, um sistema onipotente. Com o exercício da conduta protetora durante a simbiose, a mãe estará auxiliando o bebê a irromper dessa fase gradualmente e, assim, tornando-o mais confiante para separar-se e individuar-se (Mahler, 1982; Mahler *et. al.*, 1977) (BOSSI, Tatiele Jacques. *O processo de separação-individuação mãe-bebê ao longo do primeiro ano de vida de bebês que frequentaram ou não a creche*. 2013. 184 f. Dissertação (Mestrado em Psicologia) – Universidade Federal do Rio Grande do Sul, Instituto de Psicologia, Programa de Pós-Graduação em Psicologia, Porto Alegre, 2013, p. 14).

identidade que permanece na rejeição e na tensão que, no caso, é propícia para a formação de uma justiceira ou guerreira. Vale lembrar que, aqui, a ausência de amamentação não diz respeito ao ato de sucção do leite, mas à ausência de presença, de acolhimento e da função materna munida da força psíquica da *anima* – feminino. Essa ausência faz com que, na grande maioria, haja um excesso de *animus* – masculino, ou seja, a força que pulsiona para "fora", para a conquista, para o social, para a decisão, porém o equilíbrio do *animus* e da *anima* em nossa psique *a torna mais saudável*.

Num caminho mitológico natural, o mito é adaptado em determinadas situações e contextos culturais, como assim ocorreu no Brasil. Quando os espanhóis chegaram, em 1542, foram recepcionados por uma tribo formada somente por mulheres guerreiras e solteiras. Logo, Francisco Orellana associou a tribo com as Amazonas do mito grego, chamando, inclusive, de Amazonas, o famoso rio que banhava a região tribal.

De acordo com o estudioso João Barbosa Rodrigues, citado pela *Revista Abril* (31/11/2016),[22] as indígenas desse local eram conhecidas como *icamiaba*, cujo significado é "a que não tem seio", semelhante ao mito de Homero. Segundo a historiadora Rosane Volpatto, "é pouco provável que as índias inutilizassem um seio, porque amavam como mulheres, defendiam-se como guerreiras e multiplicavam-se como mães". Nessa suposição, não há uma automutilação, apenas uma faixa amarrada no seio para diminuir o volume e facilitar o manejo da flecha.

O mito, a lei da compensação, a narrativa e o movimento feminista (femista)

Há quem entenda diferente, mas, a meu ver, é coerente pensar que as Amazonas fazem referência a um movimento Feminista, ou melhor, Femista, que, na falta de discernimento, propõe a igualdade apenas no discurso, pois nas ações propõe-se a *diminuir* e a *anular* a figura do Homem e a força masculina no gênero Homem.

Em meu livro *Pai Nosso que estais nos céus: a consciência-do-ser* (2021), transmito o pensamento de que a "guerra dos sexos", existente desde os primórdios, visa à apropriação do Ser-Masculino — da força psíquica e arquetípica do *animus* —, força essa que atua na construção, na autoridade e no poder que se sobressai na Sociedade. A luta inconsciente não é contra o Homem e,

---

[22] Disponível em: https://super.abril.com.br/historia/amazonas-lenda-ou-realidade/. Acesso em: 6 dez. 2021.

sim, para apossar-se da força do Masculino, que dá um lugar de "direitos e privilégios" sociais. Enganamo-nos quando acreditamos que a luta é contra a figura do Homem, pois o objeto de desejo inconsciente está por trás do Homem, isto é, o objeto de desejo é o *animus*. Se apenas entendemos que o *problema* é o Homem, entramos em grandes dificuldades sociais. Todavia, se alcançamos o entendimento de que a luta é para obter o poder do masculino, vemos que, por algum momento histórico, o Ser-Masculino/*animus* esteve na posse das mulheres, mas o pêndulo social levou o Ser-Masculino para o lado contrário (Homens) e, assim, o pêndulo segue balançando.

Antes de continuarmos na temática do mito, abro um parênteses para elucidar a teoria do pêndulo. Segundo a lei hermética[23] do ritmo ou da compensação, o universo segue o fluxo de um pêndulo, ou seja, assim como um pêndulo que vai de um lado ao outro, a força/energia aplicada num movimento determina o movimento contrário. Podemos associar com a experiência do pêndulo do físico Newton (pai da física materialista), que demonstra exatamente o mesmo. Tudo, no âmbito pessoal ou social, tende a seguir o movimento de acordo com a energia aplicada. No aspecto da sociedade, percebe-se o caminho de retorno; tudo o que um dia foi, volta. Assim também afirma o Sábio do Livro de Eclesiastes:

> Geração vai e geração vem; mas a terra permanece para sempre. Levanta-se o sol, e põe-se o sol, e volta ao seu lugar, onde nasce de novo. O vento vai para o sul e faz o seu giro para o norte; volve-se, e revolve-se, na sua carreira, e retorna aos seus circuitos. Todos os rios correm para o mar, e o mar não se enche; ao lugar para onde correm os rios, para lá tornam eles a correr [...] O que foi tornará a ser, o que foi feito se fará novamente; não há nada novo debaixo do sol. (Eclesiastes 1.4-7;9).

Quando há um comportamento extremo, depois de algum tempo é produzido um comportamento contrário extremo, tal como um pêndulo

---

[23] As 7 leis herméticas, observadas pelo egípcio e filósofo Hermes Trismegisto (entre 1500 - 2500 a.C.), estão relacionadas ao funcionamento do Universo e compreendem o fundamento do Hermetismo. As leis são: 1- **Lei do Mentalismo**: *"O Todo é Mente; o Universo é Mental"*; 2 - **Lei da Correspondência**: *"O que está em cima é como o que está embaixo. O que está dentro é como o que está fora"*; 3 - **Lei da Vibração**: *"Nada está parado, tudo se move, tudo vibra"*; 4 - **Lei da Polaridade**: *"Tudo é duplo, tudo tem dois polos, tudo tem o seu oposto. O igual e o desigual são a mesma coisa. Os extremos se tocam. Todas as verdades são meias-verdades. Todos os paradoxos podem ser reconciliados"*; 5 - **Lei do Ritmo**: *"Tudo tem fluxo e refluxo, tudo tem suas marés, tudo sobe e desce, o ritmo é a compensação"*; 6 - **Lei do Gênero**: *"O Gênero está em tudo: tudo tem seus princípios Masculino e Feminino, o gênero manifesta-se em todos os planos de criação"*; 7 - **Lei de Causa e Efeito**: *"Toda causa tem seu efeito, todo o efeito tem sua causa, existem muitos planos de causalidade, mas nenhum escapa à Lei"*

que, quando solto, vai para o outro lado, seguindo a mesma força aplicada, e depois volta para o seu lugar de origem. Por exemplo, antes das inquisições da Idade Média houve uma Era de liberações. Após a Idade Média houve uma sociedade mais liberal, porém, hoje evidenciamos nuances de inquisições. São comportamentos sociais que pendulam, assim como uma sociedade libertária e uma sociedade repressora, que renascem de tempos em tempos.

Em outro exemplo, a compreensão da existência de um machismo extremo está gerando um movimento oposto, ou seja, um feminismo extremo que, para mim, pode ser denominado por Femismo.[24] É a força da lei da compensação. Contudo, quando o pêndulo é solto, mas não há o reforço da força aplicada, ele diminui a força e, no afrouxo do balançar, para no centro e encontra o equilíbrio.

Para esse equilíbrio esperado entende-se o uso da lei hermética da transmutação, a qual consiste no entendimento de que há um poder para provocar mudança. Em outras palavras, nós podemos atuar na força aplicada no pêndulo quando assim temos consciência da lei da compensação. Obviamente, sempre haverá uma força sobre o pêndulo, nunca ele ficará estático, porém é possível períodos em que o pêndulo se equilibre, sem extremos, por algum momento.

Entretanto o momento central do equilíbrio também é um momento crítico, pois é a transição do meio e, por isso, exige uma resistência ao fluxo natural da energia; é como nadar contra a maré. Esse aspecto da lei da compensação, como dito, acontece nas vidas pessoal e social. É preciso estar atento. Uma pessoa extremamente e intensamente "feliz" pode experimentar uma grande depressão. Para que isso não ocorra é necessário prestar atenção na força do pêndulo, perceber quando a mente está indo para o outro lado e encontrar meios comportamentais para diminuir sua força.

Fechando o parêntese, vejamos que se o mito é criado para explicar, organizar e compensar, então o movimento feminista (ou femista) — formado por um grupo de mulheres renascidas, empoderadas, com vestes de Amazona e com um W impresso no peito e sobre a cabeça, referenciando a personagem do *D.C Comics*, a Mulher Maravilha, não é nenhum movimento novo, tampouco isolado, mas parece ser um movimento que sempre houve na sociedade humana, assim como o movimento machista, porque

---

[24] Femismo, em meu entendimento, é a vertente radical e militante do movimento feminista que prega ódio aos homens. Dissemina a *misandria* e a diminuição do gênero homem. Já o feminismo legítimo pode ser visto como um movimento que não prega a *misandria*, apenas a igualdade de direitos.

a "briga" pelo poder e pelo domínio (*animus* - masculino) sempre houve. É possível pensar que o patriarcal e o matriarcal sempre conviveram, porém o discurso histórico tende a elevar um e a diminuir o outro.

Hoje, o discurso social, por exemplo, eleva negativamente o patriarcal e positivamente o matriarcal. Sabemos que no princípio sofista, a verdade é o resultado de um discurso bem elaborado, ou seja, a verdade cria-se a partir de uma narrativa. Observe o caminho percorrido pelo discurso e você perceberá que tudo é um discurso, no qual você decide acreditar ou não. Enfim, existe um processo inconsciente estratégico para tomar posse do Ser-Masculino (força do *animus*), e isso ocorre com Homens e Mulheres ao longo da narrativa histórica. E como em toda estratégia de guerra há uma busca por aumentar o número dos aliados. Enquanto houver inconsciência, mais pessoas entram na guerra sem saberem exatamente pelo que estão lutando. Precisamos ser conscientes de qual é, de fato, o inimigo, e se há, realmente, um inimigo.

O inimigo é o Homem, é a Mulher? Lembro-me das palavras paulinas: "Porque não temos que lutar contra a carne e o sangue, mas, sim, contra os principados, contra as potestades, contra os príncipes das trevas deste século, contra as hostes espirituais da maldade, nos lugares celestiais" (Efésios 6:12). Essas palavras de sabedoria revelam que existem forças que vão além da carne e do sangue, além do visível e do aparente; e é nessas forças invisíveis e inconscientes que devemos prestar atenção.

As questões do mundo atual

Estamos num mundo de muita complexidade no que diz respeito à sexualidade, questão de gênero, masculino, feminino, machismo e feminismo. Há muitas questões em pauta. O que é ser homem e o que é ser mulher? O que é ser masculino? O que é ser feminino? Ser masculino é o mesmo que ser homem? Ser feminino é o mesmo que ser mulher? Todos esses questionamentos estão diretamente envolvidos no bem-estar ou no mal-estar da sociedade, bem como na formação dos nossos filhos. Precisamos urgentemente pensar sobre a nossa condição atual.

Aqui, atenho-me ao Homem e à Mulher sem me aprofundar no Ser Trans. Primeiramente, Homem não é o mesmo que masculino, nem machismo é o mesmo que masculinidade. Da mesma forma, Mulher não é o mesmo que feminino, nem feminismo é o mesmo que feminilidade. De igual modo, masculino e feminino não estão diretamente ligados às tarefas convencionadas pela sociedade, tal como: Homem entende de carro, futebol e churrasco, é empresário, mecânico e soldado; a Mulher, no que lhe diz respeito, é doméstica, cozinha, costura, é dona de casa etc.

Podemos compreender que Homem e Mulher estão relacionados às condições corporais, isto é, a um modelo corporal orgânico específico, que se caracteriza pela presença de um pênis ou de uma vagina. O masculino e feminino, por sua vez, são comportamentos específicos que, segundo a psicanálise, podem ser comparados aos arquétipos *animus* e *anima*, forças psíquicas que habitam tanto homens como mulheres; ambos são constituídos pelas duas forças.

O masculino é a energia da razão, da decisão, da ação e da construção, enquanto o feminino é a força da emoção, da criatividade, da intuição e da introspecção. Nessa perspectiva, o Homem pode ser feminino, do mesmo modo em que a Mulher poder masculina. O ideal é o equilíbrio dessas forças em cada ser, caso contrário temos o avanço do machismo ou do femismo, que compreendem o desequilíbrio, pois podem ser entendidos como excesso da força do masculino, com o intuito de anular o feminino (considerado mais frágil) e o gênero oposto.

A mulher femista, por exemplo, tomada por um alto nível de força psíquica do masculino (*animus*), visa anular a "fragilidade" do feminino (*anima*) e a imagem do Homem. Por outro lado, o Homem machista — com o excesso do masculino — enfraquece o feminino e a imagem da mulher. O alto nível de masculino promove a guerra, a conquista de territórios sociais, a expansão e a busca pelo poder.

Nesse ponto, reflitamos acerca da formação do Masculino e do Feminino. O bebê, quando no útero, até a décima semana, ainda não tem o seu corpo definido. Há uma indefinição acerca se é menina ou menino. A união dos cromossomos XX (menina) ou XY (menino) produz o Fator de Determinação Testicular, quando surgem as gônadas, ou seja, os testículos ou ovários, fazendo com que o bebê seja compreendido como menino ou menina. Os androgênios são liberados e a testosterona modela o formato e a composição corporal. Assim, comumente, a criança nasce sendo homem ou mulher, no âmbito corporal. Entretanto ainda não há o estereótipo do Ser Masculino ou Feminino. Contudo ambas as potencialidades de comportamentos estão na criança, porém sem a sobreposição de um sobre o outro.

Precisamos compreender que o masculino e o feminino são comportamentos que se potencializam mediante as interações familiar, social, cultural e experiências. O meio em que se encontra determinará se a criança obterá um comportamento mais masculino ou feminino, isto é, respectivamente, mais voltado para o mundo exterior ou para o mundo interior; para o fazer ou para o ser; para o racional ou para o emocional.

O comportamento dos cuidadores (pai e mãe) e o que a criança absorve e observa desse comportamento, os brinquedos que recebe, as roupas que são vestidas, evidenciarão mais o modo de ser masculino ou o feminino. Deixo aqui enfatizado que não estamos falando de homossexualidade e, sim, de forças psíquicas, que não dizem respeito, necessariamente, ao gosto sexual, mas ao quanto esse sujeito contém de atitude (*animus*) ou passividade (*anima*) diante da vida, da racionalidade, da sentimentalidade etc. Nesse contexto, o importante é o entendimento de que o masculino e o feminino estão, em igual modo, no cérebro de todos os recém-nascidos. Com isso, é saudável que eduquemos os(as) nossos(as) filhos(as) a dialogarem com essas duas forças comportamentais, de maneira que possam se desvincular de preconceitos negativos, como "homem não chora", "homem não veste rosa", "homem não pode demonstrar fraqueza", entre outros.

A repressão produz sintomas

A ausência do diálogo promove sintomas neuróticos gerados pelo mecanismo de defesa da repressão e recalque. O que isso significa? Significa que uma parte da identidade é reprimida, gerando conflitos entre desejos, vontades e pulsões. Por exemplo, no século XIX e meado do século XX, com o surgimento da família burguesa, as mulheres foram acometidas pela neurose da Histeria. Sofreram com o recalque de que a mulher não poderia adquirir uma energia masculina nem exercer tarefas exclusivas dos homens, como trabalhar fora de casa, usar calça, fumar, empreender, manifestar abertamente desejo sexual etc. Não houve a compreensão do diálogo necessário entre o masculino e o feminino residentes em cada ser humano. Os homens e as mulheres foram subjugados à ideia de que determinados modelos eram exclusivos de um ou de outro.

Hoje, os homens também sofrem com a falta do diálogo interno, tornando-se mais propensos ao vício e ao suicídio, além de enfrentarem disfuncionalidades nas relações amorosas, uma vez que há desejo por expressar o sentir, o pedir perdão e o reconhecer a fragilidade, porém, ao mesmo tempo, há uma cobrança para negar esse aspecto frágil da personalidade a fim de cumprir a crença que diz "Isso é coisa de mulher".

Sim, há homens que também sofrem e sofreram com os pensamentos repressores do século XIX. Também tivemos homens histéricos, assim como também há homens que sofrem com ansiedade, depressão e angústias. É preciso compreender que o aspecto psíquico do feminino não é "coisa de mulher", é coisa de Ser Humano. Vale, ainda, destacar que o pensamento machista é uma visão radical que prega a *misoginia* (ódio por mulheres) e que nem todos os homens partilhavam ou partilham dessa visão, da mesma forma que nem todas as mulheres partilham da visão radical feminista, que discursa a *misandria* (ódio aos homens). Essas são visões militantes radicais que não cabem à totalidade.

Outra questão que vale salientar é que um pensamento não nasce no mundo por meio de apenas um ponto. São vários fatores, acontecimentos e discursos que produzem o machismo, por exemplo. Essa visão não é um fruto que nasce apenas do homem e, sim, de vários fatores, nos quais também há a presença da mulher. Portanto não há culpados que devam ser sentenciados pelo surgimento do machismo ou do femismo. Há, todavia, uma sociedade em constante movimento, em que todos devem se unir para produzir um movimento saudável.

Agora, sobre o peso da "máscara social" carregada pelo homem da família proletária e burguesa (século XVI-XIX), recordemos que o movimento feminista nasce com um homem, William Godwin, no século XVIII. Possivelmente, ele estava cansado das formas e dos modelos do machismo burguês. Ele defendia a liberdade sexual e o divórcio. O princípio do protofeminismo centralizava-se na luta contra a monogamia, o casamento e as estruturas tradicionais. A tendência, se não equilibrarmos os polos, é que alguma mulher, num futuro, comece a dar um basta no peso do femismo e recomece o machismo, pois a essência do femismo e do machismo é a mesma.

Consideração final: preservação da imagem do Pai

Estaríamos, portanto, revivendo o mito das Amazonas (mulheres sem seio)? Mulheres fortes, guerreiras, cujo objetivo é eliminar a imagem do Homem? Mulheres que tomam para si o Masculino, a força de domínio? Mulheres que secam ou amarram o seio e anulam a maternidade, assim como vemos o não desejo por ser mãe? Mulheres com um discurso misândrico sobre os homens? Mulheres que estão se fechando na ilha Paraíso, onde os homens não podem entrar? Mulheres que querem o sexo, mas não maridos? Mulheres que subjugam o filho homem, tornando-o anulado em sua masculinidade, fazendo-o frágil, com excesso de feminino, e educam a filha mulher para ser uma aliada no excesso de masculino? Mulheres que foram "mortas" pelas experiências negativas com homens e renascem com uma grande sede de justiça (ou vingança)? Enfatizo que toda luta é legítima, contudo precisamos ter muito cuidado com essa possessão do mito e do arquétipo da Amazona. Se não houver a compreensão do equilíbrio, a cobrança da *Persona* virá sobre as mulheres, assim como veio para os homens. A sociedade pagará essa conta. Nossos filhos pagarão, pois sofrerão com a ausência da função paterna.

Isso posto, reforço a compreensão de que o Masculino e o Feminino são energias psíquicas, cada qual com o seu modo de ser e agir, e que não são sinônimos de Homem e Mulher ou gênero sexual. O Masculino é a força ATIVA do Ser Humano, enquanto o Feminino a força PASSIVA. Ambas as forças habitam todos os indivíduos e precisam estar em equilíbrio. A luta na história humana, entre Homens e Mulheres, sempre foi sobre "quem vai ter a maior posse do masculino", uma vez que essa força representa um "domínio social". Ou seja, quem tem o masculino num nível mais alto tem maior poder de construção e atividade na Sociedade, isto é, exerce o comando sobre o Coletivo. Repito, isso não tem a ver com ser homem ou mulher, tem a ver com a polaridade ATIVA.

Por isso é preciso compreender que a luta da Mulher não é contra o Homem, nem do Homem contra a Mulher; a luta é pela conquista da Energia Ativa do Masculino. A luta está num campo invisível. Sobre isso, entende-se que uma sociedade mais equilibrada encontra-se no equilíbrio das duas forças dentro de cada Homem e de cada Mulher. Um Homem que se relaciona bem com o seu Feminino é um Homem que sabe se relacionar, falar, conversar, refletir, sem deixar a atitude e a ação do Masculino; da mesma forma, a Mulher que se relaciona bem com o seu Masculino é uma Mulher que age, decide, constrói, impulsiona, sem deixar a sensibilidade, a interiorização e a espiritualidade do feminino. Sob esse prisma, a função paterna e a imagem do Pai não são afetadas e, por consequência, a Sociedade não perde a compreensão do Princípio da Lei e, portanto, caminha melhor.

REPENSANDO O MITO DO AMOR MATERNO

Após falarmos do mito das Amazonas, creio ser relevante repensarmos outro mito que, na construção histórica, ressoa como um tabu. O mito materno é esse outro mito que se adaptou nas famílias contemporâneas, reafirmando a maternidade como instinto. Talvez, não como no século XIX, mas ainda está vivo e coopera com a diminuição da função paterna e, em consequência, afeta negativamente a ordem da sociedade e sua visão distorcida da Lei.

Sabemos, portanto, que possuímos e somos possuídos por muitas crenças e valores que, muitas vezes, tornam-se sagrados. Eles são tirados do meio comum e colocados em um altar interno. Residem num templo psíquico. Isso é **naturalmente humano**. No entanto há momentos em que a extrema sacralização de algumas ideias transforma-se em dogmas e tabus inquestionáveis, produzindo sintomas de **culpa e autopunição**. Nessa perspectiva, entre os valores sagrados sobre Deus ou amor à Pátria, um dos nossos princípios mais profundos e arraigados é a família, sobretudo, o amor entre mãe e filhos.

Esse é um tabu firmado na dinâmica da família burguesa (séc. XIX - 1960) que, quando negativo, gera grandes sofrimentos e interrompe caminhos de mães e Filhos. Entende-se, como visto no tópico anterior acerca do "mito das Amazonas", que foi no advento da família burguesa que a mulher começou a ter a crença de que deveria ser uma mãe perfeita para que os filhos também fossem. Caso contrário era culpabilizada. Assim, o amor e o zelo fundem-se à ideia da "mãe perfeita", trazendo peso excessivo para a mãe e para os filhos.

Hoje, infelizmente, parece-me que esse valor tem aflorado em mães solteiras ou em mães com histórico de relacionamentos disfuncionais, fazendo com que haja um "amor excessivo", motivado por um medo inconsciente de perder o(a) filho(a) ou pelo desejo transferencial de formar o(a) filho(a) como seu amor leal e fiel, sendo que, em seu histórico, não teve esse amor do pai ou do cônjuge.

Essa adaptação do mito materno induz à remoção do "nome do pai" da psique do(a) filho(a), como diria o psicanalista Lacan. A mãe prende o filho a si de modo que não há espaço para a função paterna ou, propriamente dito, para a imagem do pai. O pai é afastado. Nesse ponto, talvez, diferentemente da família burguesa do século XIX, as mães atuais têm medo de perder o amor dos filhos, enquanto os filhos da antiga família é que tinham medo de perder o amor dos pais. De qualquer forma, é preciso rever o mito, o tabu ou valor sagrado, permitir-se refletir e questionar o lugar dos filhos e das mães nessa maternidade ou maternagem.

O que proponho não é uma negação do valor sacralizado da maternidade e, sim, um repensar. Mas não é uma tarefa fácil, uma vez que o funcionamento cerebral resiste às mudanças de crenças. Um estudo neurocientífico, mostrado na série *Explicando A Mente,* capítulo *Lavagem cerebral* (Netflix), foi realizado e revelou que, nas situações em que valores sagrados são colocados em pauta e envolvem decisões, a região cerebral do córtex pré-frontal dorsolateral — responsável por nossas reflexões, autocontrole e deliberação — é desligado. No entanto o córtex pré-frontal ventromedial — responsável por emoções e julgamento social — fica ativo.

Isso significa que diante de valores considerados sagrados, o cérebro trabalha no Sistema 1,[25] no automático, tornando-se incapaz diante da razão, das reflexões e da lógica. As heurísticas da representatividade e da disponibilidade e o viés da confirmação tornam-se mais evidentes. Em outras palavras, tornamo-nos mais ignorantes, isto é, ignoramos fatos, dados e uma visão mais ampla e profunda. É provável que isso esteja acontecendo no seu cérebro ao ler, neste livro, alguns pontos que tocam em seus valores sagrados. Todavia, se quisermos ampliar o entendimento, precisamos usar o Sistema 2 cerebral, que exige mais esforço e tempo.

Isso posto, analisemos o seguinte dogma social: "Ser mãe é padecer no Paraíso", que revela a ambivalência da maternidade. Ambivalência ocultada, onde apenas reside o Paraíso e a expressão do padecimento é proibida. O Paraíso é evidenciado, enquanto o padecimento é negado. O Ideal é elevado, enquanto o Real é negligenciado. Há uma dissimulação. Mas quantas mães padecem? Quantas mães rejeitam seus filhos? Quantas mães odeiam o filho no primeiro momento da notícia da gravidez, percebendo que seus desejos particulares serão interrompidos? Quantas mães, na sinceridade de suas almas, lamentam o dia em que conceberam? Porém, no final de cada padecimento, dissimulam: "Eu amo ser mãe", "Meu filho é meu maior tesouro", em semelhança com a fala da personagem Dona Florinda, uma mãe solteira da série mexicana Chaves, que tem o seu filho Kiko como "Tesouro".

---

[25] Ver o capítulo "Revivendo o Mito das Amazonas: o caminho antipatriarcal — As heurísticas e os viesses cognitivos".

Em muitos casos, numa mente neurótica, essa fala caracteriza-se como um mecanismo de defesa da repressão e da dissimulação, em que a mente vê-se incapaz de desagradar aos "pais míticos e imaginários" que a habitam; incapaz de quebrar a lei rígida do Superego; incapaz de romper com a castração da Consciência Moral; incapaz de transgredir valores sagrados imputados; incapaz de desligar-se da "moral dos escravos"; incapaz de não se importar com o julgamento alheio; impotente diante da Persona e máscara social da Mãe.

O Ser humano precisa lidar com a ambivalência das emoções. A negação do lado "negativo" ou "não aceito socialmente" conduz o ser humano ao agravamento das neuroses "histéricas" (pânicos, ansiedades, depressões, conversões somáticas etc.). De acordo com as observações de Freud, somos seres ambivalentes. O ódio e o amor caminham juntos em nossa psique. Nossas relações transitam de um lado ao outro. A mãe ama e odeia o filho da mesma forma em que o filho ama e odeia a mãe. Contudo o *dogma* não permite o ódio, fazendo com que seja reprimido (não elaborado e compreendido), produzindo sintomas e culpas e, sobretudo, a ideia pesada de ser uma mãe má.

Obviamente, existem mulheres que jogam o(a) filho(a) no lixo, mães narcisistas que somente odeiam e invalidam o(a) filho(a) e mães indiferentes. Exemplifico com a notícia, cujo título é *Bebê morde o seio da mãe e leva 90 tesouradas* (quinta-feira, 11 de julho de 2013).[26] Nesse episódio, a mãe confessou que atacou o filho, pois ele a mordeu durante a amamentação, e bebê recebeu cem pontos após o incidente. Esses casos podem parecer isolados, entretanto tal tipo de violência e agressividade são correntes nos bastidores da sociedade e pode ser uma "prova" de que o amor materno não é uma imposição da Natureza ou instintivo e que também não se faz somente pela ligação intrauterina.

Sobre esta violência e agressividade, empresto alguns pensamentos da psicanalista Margarete Hilferding (1871-1942) e construo uma linha de raciocínio para compreendermos que a agressividade em relação ao(à) filho(a) existe, mas é exposta de forma diferente em cada estrutura psíquica (neurose, psicose, perversão e borderline). Pois bem, de início, Hilferding foi a primeira mulher a falar na Conferência Psicanalítica, de 11 de janeiro de 1911. Os assuntos abordados transitaram entre: as bases do amor materno, primeira gravidez, amor materno não inato, sexualidade na maternidade,

---

[26] Disponível em: https://www.newsrondonia.com.br/noticia/34896-bebe-morde-o-seio-da-mae-e-leva--90-tesouradas. Acesso em: 17 nov. 2023.

bebê como objeto sexual natural, ambivalência amor e ódio, pulsão de morte e agressividade e narcisismo materno.

Acerca desse último, corresponde a ideia fantasiosa de que a mãe, percebendo-se como geradora da vida, idealiza — inconscientemente — ser uma "deusa". Isso encontra-se no inconsciente primitivo humano, na era em que a humanidade, pelo fato de as mulheres gerarem e não haver o devido conhecimento, endeusou a mulher, sacralizando-a como deusa da Fertilidade. A mulher fez-se dona da vida que está sendo gerada e, sobre ela, declara: "Eu que fiz". Vejamos o que Berlink (2014, p. 4), em *As Bases do amor materno e os fundamentos da melancolia*, diz:

> Como observa bem mais tarde Piera Aulagnier (1991), o casal parental concebe inconscientemente o filho antes da gestação. Essa concepção, vicissitude evolucionista, é um conjunto de imagens e, como tais, idealizadas, construídas a partir do **narcisismo parental**. Assim, **antes de existir, a criança é um ideal narcísico do casal parental, vale dizer, preenche aquilo que falta**. Não há, portanto, como nota Hilferding, amor envolvido nessa concepção: **há narcisismo**. Quando se diz que **criança é o falo da mãe, a referência é narcísica e não amorosa**. A gestação é um processo libidinal como é o narcisismo: o corpo da mãe encontra-se investido por uma quantidade de energia impregnada de imagens dos objetos anteriormente investidos pela mãe e agora, com a gestação, essas imagens retornam para seu corpo contendo o feto. São esses objetos intensamente investidos que compõem o ideal parental. (grifos meus).

Para Hilferding, portanto, segundo consta na citação acima, esse narcisismo produz prazer na maternidade, isto é, uma energia libidinal. Conforme afirma Pinheiro, em *Reflexões sobre as bases do amor materno* (2016, p. 15), "o enfoque que a conferencista nos propõe é de pensar nessa mulher grávida, pela primeira vez, como alguém que é assaltado por prazer sexual, por uma excitação sobre a qual não dispõe de nenhum controle, e que não pode interromper mesmo que queira". Para a psicanalista austríaca, o mexer do feto excita sexualmente, produzindo prazer estimulante em regiões, até então, desconhecidas. Ela também sugere, como visto na citação, que o feto que cresce na barriga torna-se o falo ("pênis" – objeto que tem função de sanar as faltas existenciais) para a mulher. Ainda, nessa reflexão, o próprio ato do parto passa a ser um ato sexual, porém é também a castração do falo.

O parto rompe com o prazer sexual da gestação, gerando a ambivalência do amor e ódio. A pulsão de morte, juntamente à pulsão de vida, separa mãe e bebê. Isso produz um tipo de **agressividade** que, a meu ver, manifestar-se-á de forma peculiar em cada estrutura psíquica, conforme observo a seguir:

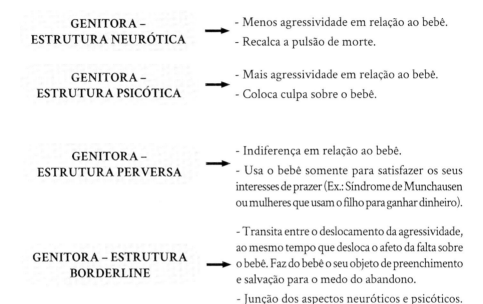

Diante da ideia da perda do prazer é possível pensar que há uma resistência inconsciente, por parte da mulher, ao deixar o filho nascer, pois representa a quebra do prazer e do ideal estabelecido sobre o feto que cresce dentro do seu ventre. **Há prazer na retenção (pulsão de morte)**, mas a natureza empurra o bebê (pulsão de vida). Nesse processo de quebra de prazer, pode haver o período de depressão pós-parto e luto.

Lembro-me de um caso clínico em que uma moça de aproximadamente 20 anos estava num processo de luto muito grande por ter passado por um aborto espontâneo. Ao conversar com ela, percebi que não se tratava apenas do luto pela perda do bebê que estava sendo gerado, mas também pela perda de si mesma, ou seja, pelo ideal que estava sendo criado em relação ao(à) filho(a) e a posição desse(a) filho(a) como resgatador(a) da própria vida dela. Em outras palavras, ela tinha um histórico de abandono, de disfuncionalidade na família, de crises de identidade, e o filho gerado assumiu um papel de salvação. Ela via o(a) filho(a) como aquele(a) que salvaria a vida dela e dar-lhe-ia um sentido existencial. Ora, diante de todo esse ideal, quando há um aborto espontâneo, a mente entra num grande estado de frustração e, consequentemente, um episódio depressivo fundamentado em sentimento de culpa.

Esse caso é um exemplo que, para mim, reforça a necessidade de repensarmos o mito materno e o maternalismo a fim de promovermos uma remoção (parcial) da romantização e mais consciência do que tudo isso significa no psiquismo humano.

Acredito que, nesse mesmo propósito, na década de 80, a filósofa francesa Elizabeth Badinter (1944) lançou o livro *Um amor conquistado: o mito do amor materno* (1985), que confronta o amor da mãe como instinto. Esse tema tornou-se indigesto para alguns dogmáticos, entretanto foi um alívio para mulheres que compreendiam a seguinte fala: "Eu não nasci para ser mãe", "Eu não tenho instinto materno". Conforme Badinter, numa entrevista para a *Veja*, *"Se ele [livro], teve alguma consequência positiva, foi efetivamente a de desculpabilizar as mulheres"*.

A indigestão é compreensível, visto que tal amor foi romantizado e sacralizado, e tudo o que se torna sagrado é temido, pois, se tocado indevidamente, traz punições dos deuses. Esse é o mecanismo inconsciente que gera o tabu. Mas o que é o tabu? É a proibição; é o dogma; é aquilo que eu não devo tocar, que não devo falar; é a lei que não deve ser quebrada; é o paradigma que, se for rompido, leva-me para fora do coletivo, para o isolamento social.

Houve um tempo no caminho social em que as mulheres não viviam o "Instinto Materno". Pelo contrário, entregavam os(as) filhos(as) para as "amas de leite" para serem cuidados e amamentados. Em seu livro, Badinter (1985, p. 19), relata:

> 1780: o tenente de polícia Lenoir constata, não sem amargura, que das 21 mil crianças que nascem anualmente em Paris, apenas mil são amamentadas pela mãe. Outras mil, privilegiadas, são amamentadas por amas-de-leite residentes. Todas as outras deixam o seio materno para serem criadas no domicílio mais ou menos distante de uma ama mercenária. São numerosas as crianças que morrerão sem ter jamais conhecido o olhar da mãe. As que voltarão, alguns anos mais tarde, ao teto familiar, descobrirão uma estranha: aquela que lhes deu à luz. Nada prova que esses reencontros tenham sido vividos com alegria, nem que a mãe tenha se apressado em

saciar uma necessidade de ternura que hoje nos parece natural. Lendo os números do tenente de polícia da capital, não podemos deixar de fazer uma pergunta: como explicar esse abandono do bebê numa época em que o leite e os cuidados maternos representam para ele uma maior possibilidade de sobrevivência? Como justificar tamanho desinteresse pelo filho, tão contrário aos nossos valores atuais? As mulheres do Antigo Regime terão agido sempre assim? Por que razões a indiferente do século XVIII transformou-se em mãe coruja nos séculos XIX e XX? Estranho fenômeno, essa variação das atitudes 19 maternas, que contradiz a idéia generalizada de um instinto próprio tanto da fêmea como da mulher!

Relembro que em outra época, na família burguesa (séc. XIX - 1960), isso mudou. As mulheres foram conduzidas a amamentarem os filhos e a cuidarem deles na maior parte do seu tempo, sob a narrativa de que essa era a Ordem da Natureza. Ora, se é Ordem da Natureza, acaba-se qualquer tipo de possibilidade contrária. "É assim, ponto! Você nasceu para ser mãe! Não tem outra opção! Está presa para sempre no padecimento e na dor de ser mãe!". A imposição maternalista aprisionou as mulheres na maternidade sagrada, nos moldes arquetípicos da Virgem Maria que, durante a vida do Filho, padece e, depois da sua morte, continua padecendo sob o status irrevogável de Santa Mãe.

Quebrando a ordem estabelecida, o tabu do Amor Materno Instintivo começou a ser questionado desde o século XIX, no Ocidente, quando as mulheres ousaram repensar o seu lugar na sociedade. O desejo da não maternidade foi reivindicado. A saída do altar de Santa Mãe foi requerida. Vale, aqui, relembrar que somos seres históricos, herança de uma construção histórica. A ordem do Amor Materno como instinto e inato foi estabelecida a partir dos dogmas machistas que colocavam a mulher na posição do Ser que gera, cuida da casa e da prole. Alguns, homens e mulheres, levantaram-se para mudar a história e discutirem os dogmas e, desde então, cada vez mais, a mulher percebe-se como um Ser de direitos sobre os seus próprios desejos. Vejamos o trecho de uma publicação do século XIX, em um jornal feminista:

> As relações sociais que existem entre os dois sexos, um dos quais subjuga o outro, em nome da lei, são más em si mesmas, e constituem um dos principais obstáculos que se opõem ao progresso da humanidade. Sejam, porém, quais forem os

verdadeiros motivos desse injusto cativeiro, **o certo é que restringe o papel da mulher ao de dona de casa e mãe de família, reclusa no estreito círculo dos interesses e deveres domésticos, com absoluta proibição de ultrapassar as raias de tão mesquinho domínio.**[27] (grifo meu)

Como consequência psicológica, o Mito do Amor Materno produziu e produz muitos sofrimentos para as mulheres. Algumas são acometidas da **Síndrome da Péssima Mãe** devido à grande cobrança e à culpa por não cumprirem bem o seu "santo" papel. "Ora, se o amor materno é instintivo e inato, devo amar plenamente o(a) meu(minha) filho(a), sem qualquer sentimento negativo", pensa a Santa Mãe. Porém, na prática, não é assim que funcionam os aspectos psicológicos.

Nenhuma relação afetiva é inata, é uma construção de afetos. São inúmeros fatores históricos, corporais, psíquicos e emocionais que determinam a relação de uma mãe com o filho. O fato de o filho ser gerado no interior da mulher não é determinante ou suficiente para o estabelecimento de um vínculo afetivo sólido, tampouco a presença do hormônio da ocitocina (hormônio do elo); no modo oposto, a mãe de filho(a) adotivo(a), que nunca carregou no ventre, pode sentir uma ligação afetiva muito intensa. Aqui, entenda algo, ligação afetiva intensa não diz respeito somente a emoções agradáveis (entendido como amor), também estão inclusos os aspectos emocionais desagradáveis e desconfortáveis (entendido como ódio). O equilíbrio dessas forças é saudável para uma relação e construção da psique do filho.

Recordo-me de um estudo que mostrou que o vínculo afetivo com os(as) filhos(as) não é exclusividade das mulheres. Mulheres que conviviam com os(as) filhos(as) tinham a sua amigdala (modo de alerta) cerebral mais ativada e os níveis da ocitocina aumentados, todavia, segundo o experimento, homens que também conviviam com eles tiveram as mesmas reações cerebrais. A respeito disso, o amor considerado "materno e instintivo" constrói-se no convívio e também pode ser vivenciado por homens.

A ideia da Mãe como função incondicional e natural gerou prejuízos emocionais para ambos, pois subentendeu-se que uma vez mãe, sempre mãe. A ligação eternizou-se. Rompeu-se com a temporalidade da função. A maternidade entendeu-se até a eternidade, para além do mundo físico e terreno. Dentro de um simbolismo psíquico, as mães encontrarão os filhos

---

[27] Disponível em: https://rainhastragicas.com/2015/11/21/jornalistas-do-seculo-xix/. Acesso em: 19 nov. 2023.

e os filhos encontrarão as mães no Céu, após a morte, conforme a crença da cristandade. Aceitar a temporalidade da maternidade é essencial para a construção do Ego do(a) filho(a) e seu desenvolvimento.

Lembro que a palavra "desenvolvimento" é "deixar de envolver-se". Tanto para a mãe quanto para o filho, "deixar de envolver-se" com as questões pertinentes ao outro é um quesito para o "desenvolvimento". Porém, aqui, enfatizo, desligar-se emocionalmente não significa abandonar e, sim, um afastamento saudável para que ambos possam seguir livremente na vida.

Mães que não conseguem desligar-se emocionalmente dos(as) filhos(as) são mães que, na grande maioria, estão presas na afirmativa "Nasceu de mim, é meu!", querem "pagar-compensar" as dívidas afetivas da infância, sentem-se culpadas por alguns sofrimentos dos filhos, ou, ainda, são mães controladoras, mães que sofrem de solidão — carência afetiva — e têm medo de ficar sozinhas; enfim, pode haver inúmeros fatores conscientes ou inconscientes.

Agora, sobre o amor, dedico algumas breves palavras. Entendendo, certamente, que o amor está inserido em muitos possíveis conceitos. No entanto, na perspectiva platônica deste estudo, o amor é Eros (desejo e prazer), isto é, a Maternidade é colocada como objeto de Desejo e Prazer. Para elucidar, o amor Eros baseia-se em necessidade e falta. Ou seja, quanto mais necessidades (faltas) emocionais e materiais, mais clamamos por um objeto (pessoa) que nos supra e alivie a tensão da angústia da falta. Assim é a relação primordial entre mãe-bebê. Quanto mais necessidades, mais "amor (prazer, desejo)". Quanto menos necessidades, menos "amor (prazer, desejo)". Sendo assim, nem toda mulher terá uma gravidez ou maternidade como objeto de Desejo e Prazer, posto que nem toda mulher tem as mesmas necessidades e faltas. Além disso, os objetos de Desejo e Prazer são articulados de formas diferentes em cada indivíduo, conforme seus conteúdos psíquicos.

Por certo, é inegável que a relação parental entre mãe e filho(a), na primeira infância, é extremamente afetiva. Ela afeta consideravelmente a vida emocional de ambos. Isso exige um grande cuidado e responsabilidade por parte dos cuidadores (pai e mãe). Sim, o cuidado não é somente papel da mulher, enquanto mãe; também é papel do homem, na função de pai (pai e mãe são funções aprendidas). O vínculo amoroso é construído por ambos e deve haver nos primeiros anos de vida da criança. O que vem após isso é resultado da habilidade "cortical" humana de estabelecer crenças e doutrinas sobre os fenômenos da vida, tal como a gestação de um filho.

A FUNÇÃO PATERNA, O TEMPO MESSIÂNICO DA LEI E O *SHEMA ISRAEL*

Como observado no título, há duas expressões que se associam: "paterna" e "messiânico". No que elas se interligam? Primeiramente, na compreensão psicanalítica, como descrito anteriormente, o exercício da função paterna estabelece o *tempo da lei* e a *ordem social,* pois é a função que promove uma limitação entre a relação da mãe com o(a) filho(a), cooperando para que esse(a) filho(a) não seja totalmente preenchido(a) pelo desejo da mãe e, assim, tenha a possibilidade de fazer com que o seu desejo, que era investido na mãe, possa, agora, expandir para outras relações. Portanto a função paterna[28] auxilia na formação do conceito Lei e, consequentemente, na condição da vivência social, porque é aquela voz que se interpõe entre mãe-filho e limita o desejo. Essa é a manifestação da Lei.

Todavia, quando há um excesso de função materna, por meio da mãe esquizofrenogênica, o indivíduo é sufocado pelo desejo materno, que mantêm essa criança em seu narcisismo primário, ou seja, em seu endeusamento psíquico, tornando-o incapaz de conviver com o outro de forma saudável, pois o sujeito cresce preenchido, sem a falta da falta, o que ocasiona, ao mesmo tempo, a sensação de um enorme vazio.

A mente narcisista (nociva-primária) é uma mente que vive tentando pegar a sua imagem ideal, assim como no mito grego, em que Narciso debruça-se sobre o lago e torna-se prisioneiro numa busca incessante por pegar a sua bela imagem refletida na água; porém, quando a água se move, a imagem deforma-se. Essa mente tem uma relação muito forte consigo mesma, em que nada mais vê além de si própria. Nessa relação, nada cabe, ninguém adentra. Tudo o que busca é reforçar essa imagem ideal que nela habita. As situações e o outro passam a serem vistos apenas como meios para esse reforço, sendo esse o fim de tudo, isto é, tudo precisa reforçar o ideal que há de si. Sendo assim, a condição de ausência da função paterna pode estruturar a psique no modo psicótico, em que o mundo exterior pode ser recebido como ameaçador, visto que não houve uma limitação e uma consciência do próprio Eu, do Outro e do Nós. Isso é o caos.

---

[28] Lembrando que função não é sinônimo de gênero homem ou mulher.

Segundo a ótica da Psicanálise, somos constituídos por três instâncias psíquicas: Id (princípio do prazer), Ego (princípio da realidade) e Superego (princípio do dever). O funcionamento dessas instâncias determina como o sujeito relacionar-se-á com o mundo. A qualidade do Superego, sobretudo, determina se a mente estruturar-se-á numa base Neurótica, Psicótica, Perversa ou Borderline. Aqui vale dizer que Psicose, Perversão e Borderline têm como base um Superego ausente ou parcial, dando ao indivíduo pouca capacidade de convivência social saudável, pois o Superego é a consciência da lei, do limite e da existência de um outro ser de desejos que não deve ser violado.

Na infância, o superego começa a surgir no "processo de castração",[29] na fase edipiana, entre os 4 e 5 anos, quando o Pai — aquele terceiro elemento que vem de fora —, estabelece a distância entre a mãe e o(a) filho(a), para que a relação torne-se saudável, menos sufocada pela função materna, fazendo com que a criança descubra o mundo externo social. Dessa forma, o Pai torna-se a imagem do limite e da lei simbolizada no superego interno.

Quando não há esse processo, ausenta-se o superego interno, fazendo com que o superego passe a ser externo, ou seja, as pessoas e a sociedade tomam a posição do superego, que intenta castrar e impor a lei, como um Pai que se transfere na imagem da Sociedade. Nesse conflito, o Ego defende-se com o mecanismo da cisão e foraclusão, os quais fazem o indivíduo ver o mundo social e externo como "mau" e ameaçador. Em grande parte dos casos, cria-se um ser cindido que acredita que o "bom" sou Eu e o "mau" está lá fora.

Sendo dessa maneira, trago a visão do Messias, não como uma personificação específica, como Jesus, por exemplo, mas como uma **mentalidade arquetípica** que está inserida nas civilizações humanas. A imagem messiânica, construída nos mitos, refere-se ao princípio de um tempo de estabelecimento da Ordem Social, contrapondo-se ao tempo de uma desordem (anticristo/antimessias). Todos os Povos carregam essa ideia em suas histórias e mitos, em que um tempo caótico evoca um tempo messiânico de ordem. É, desse modo, um tempo arquetípico, isto é, um modelo que circunda o imaginário dos povos. Acerca disso, Navarro, em seu artigo *Que homens já foram considerados Messias, antes e depois de Jesus? Todas as maiores*

---

[29] Esta é uma figura de linguagem que expressa o momento em que a mãe é metaforicamente castrada. O falo, representado pelo bebê-criança, é cortado da relação simbiótica com a mãe. O objeto de potência é removido. A criança deixa de ser o poder fantasioso da mãe para perceber-se como uma potência em si, conectando-se com o seu *Self* (totalidade do ser).

religiões possuem figuras equivalentes ao Messias, na *Revista Super Interessante* (2023),[30] traz alguns homens, em épocas diferentes, que foram sacralizados na imagem arquetípica do Messias:

SIDARTA GAUTAMA. RELIGIÃO – Budismo:

ÉPOCA – Séculos 6 e 5 a.C.

Conhecido como Buda Sakyamuni ("o sábio do clã Sakya"), foi um líder espiritual no que hoje é o Nepal. Abandonou a vida nobre para buscar a salvação da humanidade. Séculos mais tarde, influências da religiosidade chinesa fizeram com que Sidarta fosse representado como um homem gordo – mas ele vivia como mendigo.

IBN TUMART. RELIGIÃO – Islamismo

ÉPOCA – Século 12

A religião aceita a existência de um líder com inspiração divina, o mahdi. Nascido em 1080 no atual Marrocos, Ibn Tumart foi reconhecido como mahdi por seus seguidores ao pregar uma rigorosa doutrina jurídica e religiosa baseada no estudo cuidadoso do livro sagrado, o Alcorão. Não há desenhos dele porque o islamismo veta a veneração de imagens.

KRISHNA. RELIGIÃO – Hinduísmo

ÉPOCA – Século 5 a.C.

Embora sua existência real seja controversa, Krishna teria sido um pastor que viveu no que hoje é a Índia, tendo dedicado sua vida inteira à luta para proteger a virtude e expulsar da Terra os espíritos do mal. Foi reconhecido como Messias por várias correntes do hinduísmo e também pelos adeptos da RELIGIÃO – bahaísta, nascida no atual Irã.

SIMÃO BAR KOKHBA

ÉPOCA – Século 2

Líder de um movimento político que virou revolta contra os ocupantes romanos de Jerusalém, foi reconhecido como Messias e rei pelos principais rabinos do judaísmo da ÉPOCA – por seu papel na luta contra a opressão. Deflagrou uma guerra contra os romanos entre 133 e 135, mas foi morto, e seu movimento acabou derrotado. (Navarro, 2023).

---

[30] Leia mais em: https://super.abril.com.br/mundo-estranho/que-homens-ja-foram-considerados-messias-antes-e-depois-de-jesus#google_vignette. Acesso em: 20 nov. 2023.

Tendo em vista esses movimentos arquetípicos messiânicos, Moisés também pode ser visto como um Messias para o Israel aprisionado no Egito. Ele está na posição de um Libertador que estabelece a Lei para uma nova ordem social. Do mesmo modo, o judaísmo e o cristianismo do primeiro século sincretizaram e elevaram o ícone messiânico, conhecido como Jesus ou, em alguns contextos, como Yeshua. Tenho a convicção de que esse pensamento de ampliação ou expansão da figura mítica do Messias pode ser indigesto para aqueles que caminham sobre dogmas históricos que *exclusivisam* a figura de Jesus como algo único e universal. No entanto não desejo dessacralizar tal imagem, apenas trago uma ampliação sobre a *persona* messiânica dentro do inconsciente coletivo humano.

Pois bem, diante de muitos modelos arquetípicos, utilizo a metáfora judaico-cristã para expor a concepção de que esse tempo messiânico de ordem social estabelece-se no exercício da função paterna, pois, na perspectiva hebraica, por exemplo, é o Pai que envia o Messias, como assim expressa o texto de João: "E o Pai que me enviou, Ele mesmo testemunhou sobre mim" (João 5.37). Lembremo-nos de que Pai não é sinônimo de homem e, sim, de papel social que exerce uma função. Portanto reforço o pensamento de que a função paterna é um comportamento de introdução dos limites e leis na vida da criança, separando-a dos laços maternos, para que possa ir em direção à vida social.

O tempo messiânico de ordem social, desse modo, advém da restauração da função paterna na sociedade, a qual se enfraqueceu, dando origem a um tempo de desordem, ou tempo de "*anomia gr.*" (negação/ausência da lei), aludindo à mentalidade arquetípica do "anticristo/antimessias". Vejamos um verso do Novo Testamento bíblico que colabora para com esta visão:

> μή τις ὑμᾶς ἐξαπατήσῃ κατὰ μηδένα τρόπον· ὅτι ἐὰν μὴ ἔλθῃ ἡ ἀποστασία πρῶτον καὶ ἀποκαλυφθῇ ὁ ἄνθρωπος τῆς ⸂ἀνομίας (anomia), ὁ υἱὸς τῆς ἀπωλείας,31 Ninguém, de nenhum modo, vos engane, porque isto não acontecerá sem que primeiro venha a apostasia e seja revelado o homem da iniquidade ⸂ἀνομίας (anomia), o filho da perdição. (2 Tessalonicenses 2.3, grifos meus).

Esse texto mostra-nos o **Homem da Iniquidade** que, no grego, refere-se a *anomia*, cujo significado corresponde a aversão ou negação da

---
[31] Texto em Grego – (BGB) – Bíblia Grega Bereana.

Lei/ordem. Essa é a mentalidade mítica do anticristo/antimessias, ou, em outro modo de ver, é o pensamento que se manifesta em oposição ao tempo messiânico de ordem social.

Interessante que, no contexto hebraico, o Messias corresponde à palavra "ungido" ou "untado com óleo", referindo-se a três personagens: o Profeta, o Sacerdote e o Rei. Ou seja, a mentalidade messiânica transita entre esses papéis. Essas três figuras têm algo em comum: a Lei/*Torah*/Instrução de um pai para com o filho.

Se desejamos um tempo messiânico de ordem social, logo precisamos exercer a missão do profeta (voz que exorta a ausência de Princípio Divino da Lei, mostra as consequências e anuncia a necessidade da Lei/limites), do sacerdote (voz que instrui e ensina em como andar no Princípio Divino da Lei) e do Rei (voz que aplica o Princípio Divino da Lei, em si e no coletivo). Isso deve ocorrer na vida individual e no contexto familiar, uma vez que o restabelecimento da função paterna trará um novo Tempo, em que essas três funções que correspondem miticamente ao ofício do Messias/Ungido, tendo por objetivo o estabelecimento do Princípio Divino da Lei, fundamentarão a Ordem Social, ou, melhor dizendo, o Tempo Messiânico.

No livro de Deuteronômio 6.4 consta a oração sagrada e essencial da *Torah: Shema Israel, Adonai Elocheinu, Adonai Echad* (*Ouve Israel, o Senhor nosso Deus, o Senhor é Um*). Ela, a meu ver, revela o Princípio Divino da Lei, isto é, elucida a ideia de Unidade-do-Ser e aperfeiçoamento na Unidade, porém esse princípio só faz sentido para aquele que *ouve o Logos/Poder Criador/Voz paterna*, não com os ouvidos, mas com o coração e o intelecto.

Em conformidade, nesse aspecto, Carneiro cita, no seu artigo *Heráclito de Éfeso: phisis, logos e alétheia* (2023), a seguinte afirmação do filósofo Heráclito: "Tendo ouvido não a mim, mas ao *logos*, é certo afirmar que tudo é um". Israel, nesse sentido, é todo aquele que ouve, e não simplesmente um povo que participa da mesma cadeia física de DNA, como vimos em outro tópico. O *Shema*, portanto, é a base do Tempo Messiânico. Nesse prisma, o cerne do discurso Messiânico é a Unidade-do-Ser (Princípio Divino da Lei) que conecta a todos a um Poder que está em tudo e inspira a um modo de Vida saudável ou Divina, visando ao aperfeiçoamento na Unidade.

Ao nos atentarmos para o texto do *Shemá*, vemos que está intrínseco um contexto sociofamiliar, de proximidade diário:

> Estes, pois, são os mandamentos, os estatutos e os juízos que mandou o SENHOR, teu Elohim, se te ensinassem, para que os cumprisses na terra a que passas para a possuir; ² para que temas ao SENHOR, teu Elohim, e guardes todos os seus estatutos e mandamentos que eu te ordeno, tu, e teu filho, e o filho de teu filho, todos os dias da tua vida; e que **teus dias sejam prolongados**. ³ Ouve, pois, ó Israel, e atenta em os cumprires, **para que bem te suceda, e muito te multipliques na terra** que mana leite e mel, como te disse o SENHOR, Elohim de teus pais. ⁴ **Ouve, Israel, o SENHOR, nosso Elohim, é o único SENHOR**. ⁵ Amarás, pois, o SENHOR, teu Elohim, de todo o teu coração, de toda a tua alma e de toda a tua força. ⁶ **Estas palavras** que, hoje, te ordeno estarão no teu coração; ⁷ tu as inculcarás a teus filhos, e delas falarás assentado em tua casa, e andando pelo caminho, e ao deitar-te, e ao levantar-te. ⁸ Também as atarás como sinal na tua mão, e te serão por frontal entre os olhos. ⁹ E as escreverás nos umbrais de tua casa e nas tuas portas. (Deuteronômio 6.1-9, grifos meus).

Conforme vejo nesse texto, as Palavras da *Torah* – Instrução Paterna – só fazem sentido nos convívios social e familiar, nas relações, na proximidade, na mesa com os filhos e na transmissão à geração futura. Ainda, o texto fala sobre levar a Instrução "No caminhar". Isso pode nos indicar que a *Torah* deve estar no caminho, no modo de vida, no caráter, na personalidade, nos relacionamentos, no trabalho, enfim, nos afazeres diários. De igual modo, as Palavras devem estar presas nas mãos e entre os olhos; em outras palavras, devem estar nas obras e nos feitos, e como um filtro na visão para que haja consciência do mundo a nossa volta. Para finalizar, a *Torah* também deve estar nos umbrais das casas e das portas. Penso que, metaforicamente, trata-se de discernimento para se estabelecer limites sobre o que pode entrar e o que deve sair das nossas vidas. Não tenho dúvida de que, se seguimos por esse caminho, somos aperfeiçoados.

A CRISE – CONVITE AO TEMPO *KAIRÓS/MOED*

Uma vez que a Sociedade humana está em movimento, momentos críticos tornam-se comuns. Por essa razão, hoje enfrentamos um momento social crítico e caótico. O mundo tem alterado a sua ordem, as suas formas, os seus conceitos e as suas leis de tal modo que a desordem alcança os caminhos de muitos, instalando angústia e sofrimentos na civilização humana.

Durante muito tempo, em sua história, os **dogmas** da "Igreja Cristã", com seus cilícios e autoflagelações, doutrinaram o Ocidente e introjetaram o entendimento de uma vida espiritual exemplar com base no ascetismo e no realismo platônico, cujo cerne é a dicotomia do mundo em sensível/terreno imperfeito e metafísico/ideal perfeito. Acerca disso, em conformidade com o seu livro *Além do bem e do mal,* concordo com a visão do filósofo Nietzsche (2001), que vê o cristianismo como platonismo para os leigos/povo e disseminante da moral dos escravos.

Assim, a moral dos escravos, na imposição de regras pesadas pelo impotentes e fracos, visando despotencializar os fortes, igualizar e padronizar o Ser humano, subjuga e inibe a potência da Vida, alimenta-se da afirmativa "sou pobre, nu e pecador" e, na prescrição de dogmas e focando na transcendência do mundo metafísico (fora do humano), vertical e ideal, promove a depreciação do humano e a repressão do instinto, do físico, do terreno e carnal, colocando a negação ou a privação da potência vital como o ideal de santidade e do bom. O que isso produziu? Um afastamento da própria humanidade, diminuição da potência de vida, sentimento de culpa e uma geração de semideuses em crise, que nunca alcança o Olimpo.

A repressão da condição humana gerou uma sociedade neurótica, num conflito com o seu mundo interno, numa "guerra fria" entre o querer e o dever, entre a sua potência e a sua castração da potência. Dessa forma, contextualizo a fala de Freud em seu artigo *Atos obsessivos e práticas religiosas*, que afirma a religião como uma "neurose obsessiva universal". Vejamos:

> Diante desses paralelos e analogias podemos atrever-nos a considerar a neurose obsessiva com o correlato patológico da formação de uma religião, descrevendo a neurose como uma religiosidade individual e a religião como uma neurose

obsessiva universal. A semelhança fundamental residiria na renúncia implícita à ativação dos instintos constitucionalmente presentes; e a principal diferença residiria na natureza desses instintos, que na neurose são exclusivamente sexuais em sua origem, enquanto na religião procedem de fontes egoístas. (Freud, 1924, p. 7).

Nesse ponto, cabe a orientação para não confundirmos a "doutrina da Igreja cristã e religião institucional – moral dos escravos" com a "espiritualidade essencial humana – moral dos senhores/filhos". Bom, dando continuidade, notemos que, na contraposição do que anteriormente foi dito, a ausência extrema da "doutrina cristã" ascética está produzindo uma sociedade psicótica, em que a inferioridade do Homem da neurose dá lugar à superioridade do Homem da psicose; a impotência dá lugar à extrema potência. O Homem depreciado está se transformando no Homem exaltado. O Homem culpado por transgredir a Lei está se transformando no Homem que, sem culpa, perverte o valor da Lei. No entanto ambas as condições se distanciam do Ser Humano. Enquanto uma condição repressora nega o Instinto (Id), a outra nega a habilidade Racional (superego).

Na visão de Nietzsche, em sua época, no século XIX, numa sociedade extremamente neurótica e repressora, a força reativa que move a moral dos escravos predomina sobre a força ativa da moral dos senhores, isto é, os fracos que reagem e tentam diminuir a potência ativa dos fortes estão em vantagem. Todavia, na sociedade atual, a força ativa da Psicose (mente com um superego parcial) tem tomado protagonismo em frases sociais, como "Foda-se!". Muitos têm saído da repressão imposta pela lei dos fracos e se levantado com uma potência egocêntrica. Isso se torna perigoso. Porém, como dito anteriormente, o equilíbrio entre a moral dos escravos e a dos senhores é essencial.

Um grau de repressão é necessário para a convivência. Um Ser Humano que acredita poder ser tudo o que quiser e da forma que quiser, possuído pelo *"Dinamus gr."* (poder *dinâmico*), como uma *dinamite* pode literalmente explodir uma civilização. Deve-se haver a consciência de que o Outro existe e de que precisamos dosar as nossas potências sem negá-las. Nesse ponto, entra em cena o Princípio Divino da Lei, isto é, a Unidade-do-Ser, cuja essência é a consciência de que *"Eu sou no outro e o outro é em mim – Somos um"*. Porquanto, dentro das possibilidades, o equilíbrio do que compõe o Ser Humano é uma boa medida para o tempo atual.

Mas, seja como for, de tempos em tempos, a humanidade sofre modificações consideráveis em seu modo de pensar o mundo e a vida. As eras findam e recomeçam; os seres humanos são extintos e renascidos em outras configurações. Cada época carrega o seu ideal, os seus pensamentos, as suas transformações e o seu povo. Tais mudanças são registradas no decorrer da história e da pré-história desde a era Paleolítica (4,4 milhões - 8000 a.C.) à contemporânea, em que situações externas — adversas ou não —, novas descobertas e novas introduções na sociedade provocam transformações consideráveis em seu modo de ser, a exemplo de tribos indígenas americanas que, ao terem o cavalo introduzido em seu cotidiano, tornaram-se nômades, além de terem seus comportamentos sociais modificados. Da mesma forma acontece em todas as sociedades, inclusive em nossa contemporaneidade, com o advento do carro, da televisão, da internet, de teorias, doenças e pandemias, entre outros fatores transformativos; cada elemento acrescentado induz a um novo comportamento e a um novo posicionamento.

Num mover cíclico, o planeta e seus habitantes inventam-se e reinventam-se, como afirma o escritor português, em *A cidade e as serras:* "Não há nada novo sob o Sol, e a eterna repetição das coisas é a eterna repetição dos males. Quanto mais se sabe mais se pena. E o justo como o perverso, nascidos do pó, em pó se tornam" (Queiroz, 2008, p. 60). Como sabemos, essas afirmações de Queiroz foram emprestadas das observações outrora salientadas nas palavras do sábio Shlomo (Salomão), no livro de Eclesiastes:

> Gerações vêm e gerações vão, mas a terra permanece para sempre. O sol se levanta e o sol se põe, e depressa volta ao lugar de onde se levanta. O vento sopra para o sul e vira para o norte; dá voltas e mais voltas, seguindo sempre o seu curso. Todos os rios vão para o mar, contudo o mar nunca se enche; ainda que sempre corram para lá, para lá voltam a correr. Todas as coisas trazem canseira. O homem não é capaz de descrevê-las; os olhos nunca se saciam de ver, nem os ouvidos de ouvir. O que foi tornará a ser, o que foi feito se fará novamente; não há nada novo debaixo do sol. Haverá algo de que se possa dizer: "Veja! Isto é novo!?". Não! Já existiu há muito tempo; bem antes da nossa época. Ninguém se lembra dos que viveram na antigüidade, e aqueles que ainda virão tampouco serão lembrados pelos que vierem depois deles. (Eclesiastes 1:4-11).

Esses movimentos naturais e evolutivos geram períodos de crise que, numa de suas definições, pode ser compreendida como uma mudança brusca de direção, momento em que a mudança é imposta e forçada, ocasionando uma perda de sentido e orientação. É como estar deitado no conforto da cama e ser levado a levantar-se com rapidez; esse movimento abrupto provoca um tontear, como se o organismo ainda permanecesse na posição antiga de conforto e inércia, buscando compreender a nova posição em que foi colocado. É quando o poder da vontade, do querer e da escolha parecem ser removidos e percebe-se sujeito a uma força maior. Nisso nasce a sensação de medo, de impotência, de insegurança e de incapacidade diante do que se observa. O nível da ansiedade aumenta, visto que, na etimologia grega, é *"merizo"*, cujo significado é "mente dividida". Há uma divisão no entendimento entre o lugar em que se encontrava e a incógnita do lugar para onde se está indo. A angústia, por sua vez, também é elevada, compreendendo que, no sentido latino, é *"angustus"*, indicando um caminho estreito. Essas elevações psicofisiológicas refletem uma transição, saída e entrada de uma condição.

Primordialmente, isso remete-nos ao que vivenciamos em nosso início, isto é, leva-nos ao estado do bebê que, no ventre materno, vira de ponta-cabeça para o nascimento, subjugado às imposições que lhe são sofridas. Sem vontade e sem querer, vê-se sem poder de ação, num estreitamento vaginal, em direção a outra condição-do-ser, ainda incompreendida. Essa é a nossa crise primária, cujas sensações acompanham-nos em todos os outros momentos de nascimentos e transições individuais ou coletivas.

Todavia a *crise*, além de ser esse momento de desorientação em uma mudança brusca de direção na aquisição de uma nova tarefa, um novo papel, uma nova função, enfim, um novo, é também um *juízo*, do grego transliterado *"krisis"*. É um período crítico em que precisamos fazer uso da crítica, ou seja, entra em cena o autojulgamento para o estabelecimento de uma sentença, de uma nova posição e uma nova condição. Sentença que eu decido receber como um rompimento das algemas. Uma carta de *liberdade-do-Ser*. Uma alforria. Em seu íntimo, o momento da crise traz consigo uma oportunidade de juízo e autocrítica. É a Vida dando-nos a chance de revermos o nosso viver, limparmos o nosso interior e de nos tornarmos maiores em nosso modo de Ser, enquanto mais adequado à convivência com o outro e consigo.

Nesse contexto de purificação, vale atentar para a palavra crise — *"Kri"* — em sânscrito, cujo significado é *"limpar e purificar"*. Dessa forma, quando a crise é recebida como uma boa amiga, retribui a hospedagem limpando a nossa casa das coisas indesejáveis. Ela expõe as impurezas no juízo, tira as sujeiras escondidas debaixo do tapete e no autojulgamento estabelece a sentença de pureza. Contudo é preciso bem recebê-la e ela tornar-se-á uma eficaz libertadora e purificadora da alma (mente).

Dentro dessas considerações, não há nada de novo no momento crítico social provocado pelas mudanças e pelas aparições pandêmicas, como recentemente experienciamos. É um momento de nascimento para uma nova Era que, como um bebê vindo à luz, é conduzido a um encontro consigo, com a sua realidade, e é desafiado a ser um indivíduo, separado dos cordões que o impedem de crescer e de sair dos seus estados infantis.

Nesse prisma essencial, a crise é um convite a sair do estado inflado e narcísico para observar o vasto mundo que existe para além dos nossos desejos interesseiros. É uma quebra da identidade majestosa, uma queda na pseudorealidade e a manifestação da consciência de que não se tem o pleno controle sobre os movimentos da vida. É um convite a aprender que a resistência ao crescimento e o desejo de controle fazem aumentar a angústia.

Além de tudo isso, a crise também pode ser vista como um convite misericordioso da Vida e da Voz Paterna Divina para adentrarmos o Tempo *Kairós*. Para compreendermos melhor, precisamos trazer à memória que, para os gregos, dos quais somos herdeiros culturais, o conceito de Tempo pode ser dividido em dois: *Chronos* e *Kairós*. Na mitologia, Chronos é o grande deus do Olimpo, o senhor que engole os seus filhos. Em suas mãos carrega uma foice, fazendo-se a imagem do Ser que objetiva ceifar a vida. Nesse sentido, o tempo *Chronos* é o tempo *cronológico e linear*, aquele que nos atravessa sem consentimento, na concepção de um começo, meio e fim. É o tempo do relógio, dos minutos, dos segundos e dos anos, sobre o qual não temos controle nem poder. É o tempo objetivo, material e físico. Psiquicamente, é um tempo que nos move no campo automático, inconsciente e imperceptível. Grande parte do nosso caminho e do nosso movimento na Vida está atrelado ao *Chronos*, desde o momento em que acordamos pela manhã.

Kairós, por outro lado, é o filho de Chronos. Em suas mãos está uma balança. Portanto é a imagem mítica do Ser que promove um julgamento e um balanceamento da vida. Na interpretação bíblica, enquanto palavra, *Kairós* está associado ao Tempo de Deus, enquanto *Chronos* seria o Tempo do Homem. Em suma, diferentemente do *Chronos*, *Kairós* é o tempo *não linear* da consciência, da oportunidade, da eternidade, do subjetivo, do imaterial, da percepção mental, que se revela no momento crítico.

A crise, nesse prisma, é uma oportunidade e um convite para adentrarmos o tempo *Kairós*, ou seja, sairmos do tempo inconsciente e automático do *Chronos* (cronológico) para acessarmos uma percepção do caminho em que estamos. É um convite para balancearmos a vida, as ações, a visão e os comportamentos.

Interessante que no texto hebraico da *Torah* existe uma palavra corresponde ao grego *Kairós*, que seria "*Moed* מוֹעֵד". Ela corresponde às festas fixas ou às solenidades que Deus estabeleceu para o Povo celebrar ao longo do ano. Vejamos o verso de Levítico: "Fala aos filhos de Israel, e dize-lhes: As solenidades (Moadey מוֹעֲדֵי) do SENHOR, que convocareis, serão santas convocações: estas são as minhas solenidades" (Levítico 23.2).

Penso que essa convocação divina tem por objetivo fazer com que o Povo, que acabara de sair da servidão no Egito, não fosse sucumbido pelo tempo *Chronos* (ou *Zman*, na correspondente hebraica), isto é, não permanecesse inconsciente em seu caminho. A meta é que o Povo saísse do movimento inconsciente, material e físico para a percepção do caminho. Nessa forma de ver, é como se Deus estivesse dizendo: "Percebam o caminho, não sejam inconsciente quanto a vossa vida".

A etimologia da palavra *Moed* mostra-nos algo sobre isso. Repare que na palavra "מוֹעֵד *Moed*" temos o sufixo "*ed* עֵד", em cuja pictografia, as consoantes "*ayin* e *dalet*", em um dos seus possíveis sentidos, correspondem a "ver e caminho", ou seja, o convite para a celebração das festas pode ser visto como um convite para entrar no tempo *Moed* (ou *Kairós* gr.), para que o *caminho seja percebido*. Outro ponto pertinente é que a partícula "*ed*" também está no advérbio "*vaed*", cujo significado está conectado ao sentido de "eternidade, para sempre". É, portanto, um tempo de parada para obter-se o entendimento do eterno retorno, isto é, de que tudo está se repetindo e retornando e, desse modo, é preciso questionar-se: "O que está se repetindo e retornando em minha vida? O que, a partir de momento, eu quero que retorne e se repita?".

Estamos, sem percebermos, num fluxo inconsciente, apenas seguindo, cegos. A parada faz-se necessária para a reflexão e para o balanceamento da vida. "Onde estamos, de onde viemos, para onde precisamos ir"; "Quem estou sendo, quem fui, quem preciso me tornar", são convocações no Tempo *Kairós* (*Moed*), promovidas em momentos críticos, tal como o que estamos vivendo socialmente. Talvez seja por isso que, metaforicamente, o texto mítico de Levítico mostra-nos Deus dando esta ordem ao Povo: "Celebre o

Moed (Kairós); desacelere o movimento, pare e seja consciente". Nesse contexto, ainda, para colaborar com a ideia proposta, a palavra "celebrar" vem do latim *"celebrare"* (honrar, fazer solenidade), de *"celeber"* (o que é várias vezes repetido), logo, celebrar é um processo pedagógico de repetição em prol da consciência da Vida. Nessa visão, **quando eu a percebo, estou honrando-a.**

Dessa maneira, estamos numa travessia dos tempos, assim como Alice, no País das Maravilhas, que é atraída pelo Coelho que carrega um relógio. Correndo, Alice estava sendo convidada a desacelerar e a perceber outro Tempo, a sair do seu Chronos, do seu cronológico material e inconsciente. Para isso, precisaria estrar na toca do Coelho, curvar-se, diminuir-se, para poder caber no novo tempo, na nova posição, e nesse novo momento de convocação para a consciência de si, precisaria assentar-se à mesa com o anfitrião, a saber, o Chapeleiro Maluco.

Nessa metáfora, todos nós temos uma toca estreita em que precisamos entrar, mas só conseguimos se encolhermos e encontrarmos a nossa loucura oculta, isto é, as facetas que nos causam estranhezas e perturbações e, na mesa posta, dialogarmos e tomarmos um delicioso chá. Esse é um caminho para a vida, um caminho estreito que nos impõe limites, assim como declara o Sábio: "Entrai pela porta estreita; porque larga é a porta, e espaçoso o caminho que conduz à perdição, e muitos são os que entram por ela; E porque **ESTREITA** é a porta, e **APERTADO** o caminho que leva à **VIDA**, e poucos há que a encontrem" (Mateus 7:13-14, grifos meus).

Por que não dizer que esse caminho é um caminho da Lei, ou, ainda, do Princípio Divino da Lei, uma vez que nos limita, mas não para morrer e, sim, para viver? Todavia não nos iludamos, o atravessamento, o meio até a outra margem para a consciência, ou para uma maior percepção da vida, é angustiante.

INTRODUÇÃO À ANGÚSTIA E À ANSIEDADE: O MEIO DO CAMINHO

De acordo com a turbulência social que temos enfrentado, é evidente que hoje experenciamos muita angústia e muita ansiedade, duas sensações que se interligam e se retroalimentam; duas irmãs que se originam no mesmo ventre da mudança de estado e posição.

Atualmente, muitos motivos perturbam os nossos pensamentos. O tempo nos atropela, vai adiante de nós e o perdemos de vista. Ficamos desnorteados, sentindo os desconfortos do abandono, tentando alcançar um tempo veloz e apressado, sem misericórdia pelos que ficam no meio da estrada. Essa é uma das características originais da angústia e da ansiedade: sensação de desamparo no meio, no atravessamento do caminho. Surge um medo de perder a si mesmo, ou, melhor dizendo, o que se pensa ser. A sociedade humana está em transição e, talvez, você também se sinta assim, sentado no meio da estrada, olhando para a imensidão atrás e para o inalcançável à frente.

Para o psicanalista Lacan (1901-1981), em um dos seus pontos de vista, a angústia surge no momento em que o sujeito está suspenso entre um tempo em que ele não sabe mais onde está, em direção a um tempo em que ele será alguma coisa na qual jamais se poderá reencontrar. Nesse sentido, diz Safatle (2017, p. 80), citado por Abreu (2018, p. 44), "Trata-se da experiência de desidentidade". Nas palavras de outro filósofo, Karl Jaspes (1883-1969), o sentimento frequente e torturante é a angústia. Por sua vez, Freud, segundo Fonseca (2009, p. 39), "em *Inibição, sintoma e angústia* (1976), estabelece uma relação entre angústia, o perigo e o desamparo (trauma); a angústia surge como uma reação a um estado de perigo que pode levar à vivência de desamparo".

Compreendo que esse desamparo remete-nos ao afastamento da sensação de completude, em que há uma perda da visão sobre si e sentimo-nos perdidos em nós mesmos, vazios de nós próprios, sem nenhuma imagem coerente diante do espelho. Esse fenômeno é inaugurado na nossa primeira viagem em direção à luz, quando nos percebemos com uma visão turva, sem percepção e sem compreensão de onde estamos e do que nos cerca.

Esse episódio natal é o episódio inaugural que traz a angústia para a consciência e realidade do ser humano. Essa inauguração, em concordância com Freud, citado por Fonseca (2009), é a transição traumática do parto, na qual, em minha perspectiva, o vazio passa a ser visível na forma de um *umbigo — a mais profunda das cicatrizes*. O parto traz a angústia à consciência sensível, pois ela passa a ser sentida na realidade da existência tangível. **O buraco umbilical** é estabelecido no centro do nosso ser somático que, numa imagem simbólica, pode ser compreendido como um campo energético gravitacional, conduzindo-nos num ciclo vital de preenchimento. Tudo em nossa vida será atraído em direção a esse magnetismo central. Passamos por ela buscando preencher esse vazio central da nossa existência. Poderíamos exemplificá-lo na imagem de um *buraco negro* que atrai tudo ao seu redor.[32]

A nossa trajetória pelo canal vaginal, portanto, origina o "***angustus* lt. (angústia)**", cujo significado é "estreito, apertado". A sua correspondente hebraica, "צרה *tsarah*", carrega a ideia de "importunador", proveniente da raiz "צרר *tsarar*" — "*atar, ser estreito, estar em aperto*". Na mesma essência, angústia, no grego, é "συνοχη ***sunoche***", com o sentido de "a parte estreita de um caminho". Há, aqui, a confirmação da angústia como algo que importuna internamente e produz a sensação de estreitamento, ou a sensação de estar imóvel no meio do caminho desconhecido, sem poder de ação e sujeito a forças desconhecidas.

No meio do caminho, a angústia é produzida na dúvida, no "***dubius* lt.**", palavra que provém do grego "***di***" e do latim "***bi***" (dois, duas vezes). Na hesitação entre duas possibilidades, foge a sensação de controle e surge o desejo por tê-lo. Nesse sentido, o forte desejo pelo controle que não se tem faz aumentar a sensação de aperto (angústia). É como a fobia que aumenta quando o sujeito percebe-se num caminho estreito e debate-se em busca de uma saída, ou seja, o estado do medo irracional é elevado, sendo esse o maior nível da ansiedade. A força aplicada contra as paredes volta-se para si mesmo, aumentando a pressão. Emocionalmente, isso significa uma autocobrança em ter o controle. Nisso, a ansiedade é elevada nos pensamentos divididos, sendo que, em grego, ansiedade é "***merizo***" — mente dividida, em partes.

Hoje, nos múltiplos papéis que o ser humano precisa desempenhar e nas várias possibilidades de caminhos, sente-se, veemente, o aumento da angústia e da ansiedade. Estamos na era em que a mente precisa aprender a ser multifuncional, diferente das eras passadas, lugar de poucas opções de

---

[32] Para uma maior compressão desse tema aconselho a leitura do livro *O Éden Perdido: Onde está o teu paraíso*. Curitiba: Ed. CRV, 2020.

escolhas e funções. Embora estejamos na era multifuncional, a mente ainda busca apenas uma função, um certo, um caminho, uma vontade divina, produzindo um ser mais angustiado e ansioso. Talvez esse seja o modelo registrado em nossa concepção de Ser, em que só há UM óvulo a ser penetrado por UM espermatozoide, ou por dois ou três, em algumas exceções.

A mente de antes não cabe no mundo de hoje, é preciso reinventar-se e isso leva tempo numa sociedade. Enquanto indivíduos, o que nos cabe, atualmente, é tentar aliviar a pressão interna da autocobrança em ter o controle excessivo e perfeccionista, uma vez que ela é a imposição da Sociedade em que vivemos. É preciso quebrar as paredes que pressionam, é preciso soltar as mãos sobre o próprio pescoço para aliviar o sufocamento.

Num século de mudanças e multifuncionalidades, a ansiedade é considerada o seu mal. A mente não está mais fixa e estável, inteira, num único propósito, ela divide-se o tempo todo, em vários propósitos, possibilidades e momentos de decisões. A mente foi induzida a soltar-se. Foi-nos dada a "liberdade" para rompermos com padrões e modelos, porém não sabemos o que fazer quando estamos em "liberdade". Como disse o filósofo, em o *Conceito da angústia* (Kierkegaard, 2017, p. 82-83):

> Angústia pode-se comparar com vertigem. Aquele, cujos olhos se debruçam a mirar uma profundeza escancarada, sente tontura. Mas qual é a razão? Está tanto no olho quanto no abismo. Não tivesse ele encarado a fundura!... Deste modo, a angústia é a vertigem da liberdade, que surge quando o espírito quer estabelecer a síntese, e a liberdade olha para baixo, para sua própria possibilidade, e então agarra a finitude para nela firmar-se. Nesta vertigem, a liberdade desfalece.

Ainda, encontramos algo pertinente no seu modo de pensar: "Aquele que vive esteticamente espera tudo de fora. Daí a angústia enfermiça com que muita gente fala do que há de terrível no fato de não ter encontrado seu lugar no mundo. A angústia demonstra sempre que o indivíduo espera tudo desse lugar, nada de si mesmo" (Kierkegaard, 2001, p. 131)

Temos, portanto, conforme o pensador dinamarquês do século XIX, uma angústia que emerge de uma mente que é lançada para fora, numa suposta ideia de liberdade, fundamentada numa sociedade estética, preocupada com as formas, mas não com as essências. O indivíduo, desse modo, angustia-se por não encontrar a si mesmo em si mesmo, expectando, sempre, encontrar-se num lugar fora de si.

A sociedade estética, portanto, solta a mente dos seus padrões, produzindo a sensação de despedaçamento e fragmentação. Quebra-se a ideia de totalidade e, igualmente, de unidade-do-ser, que, no tema deste livro, é a essência do Princípio Divino da Lei. Assim, tudo é feito em partes nesse modelo social, numa linha de produção, como muitos outros pensadores já constataram. Por exemplo, a mesa que antes era produzida apenas com um pedaço de madeira, hoje é feita por partes — as pernas, o tampo, o assento...

Da mesma forma, a mentalidade humana está em partes, dividida em várias tarefas, funções e desejos. A ânsia da ansiedade aparece, provocada pela dúvida em cumprir esse ou aquele desejo, em Ser esse ou aquele. Entre o desejo do dever do Id (princípio imediato do prazer) e o desejo do dever do Superego (princípio da consciência moral — leis internas). Desejos que a nossa alma neurótica inventa ou aceita das imposições externas sociais. Enquanto a sentença não se cumpre e o desejo não é saciado, o tempo *Chronos* vai "passando por cima" e a alma continua sofrendo com o enjoo e o corpo com o desconforto.

O desejo é como um filho semeado em nosso ventre — tem o tempo em que provoca enjoos. A ansiedade é proporcional ao tamanho e a quantidade de desejos existentes em nossa alma, sobretudo, desejos que, pela neurose obsessiva, não são permitidos realizar. Apenas pensar. Nessa condição, quem muitos desejos têm, muito sofre com a ânsia. Quem muito quer fazer nascer o desejo, muito se angustia pelo não poder fazê-lo.

Muitos desejos dividem a nossa mente, tornam a nossa alma em partes. Quem sabe, por isso a ansiedade agravada é um grande mal na sociedade atual, pois **ela implanta na alma dos indivíduos muitos desejos que fazem brotar a dúvida constante e crônica diante das muitas possibilidades que fazem adoecer de ânsia**. Em relação a alguns desejos, socialmente inventados ou implantados em nós, causadores de ansiedade, o melhor é colocar o dedo na garganta e abortá-los. Entretanto, a respeito de outros desejos, vale esperar o seu tempo de concepção. Em particular, cada indivíduo deve compreender a gestação de seus desejos, desprender-se, quando necessário, do artifício da dúvida, utilizado pela Neurose, para não os concretizar e, assim, gerar uma senso permanente de dívida que se manifesta na forma de ansiedade e/ou depressão.

Em um de seus aspectos, a ansiedade pode culminar numa crise, também conhecida como síndrome do pânico ou ansiedade generalizada, quando o organismo entra em um colapso provocado por uma grande descarga de cortisol e outras bioquímicas, tendo como combustível alguma lei interna não cumprida ou desejo reprimido e inaceitável precursora de uma cobrança e culpa mental por senti-lo. Há, assim, dois desejos: um desejo inaceitável e outro desejo de não sentir o desejo inaceitável. Esse conflito pode ocorrer no campo inconsciente.

Alguém, por exemplo, pode ter o desejo de matar a mãe (ou alguém); outro pode ter um desejo sexual considerado imoral. Embora pareçam desejos horríveis, podem ser bem comuns dentro de nós. Ao serem reprimidos e negados, esses desejos viram uma sombra irracional — um monstro sem forma —, que provoca um conflito interno (inconsciente) gerador de tensão, cobrança e culpa. Se houver uma crença fortemente moral, a mente duelará, disparará uma carga e apertará o botão do pânico. É preciso afrouxar as cordas do superego (consciência moral - crença moral) e ressignificar os desejos. Eles em si não são bons ou ruins; eles não têm idade, gênero ou sexo. A consciência moral, estruturada socialmente é que determina o que é inaceitável ou aceitável.

Vejamos as estruturas do *pânico*, oriundas do deus *Pã*, da mitologia grega, cujo significado é "medo de Pã". Essa figura mitológica é também conhecida como Fauno, um ser com chifres e pés de bode. Tão horrível é a sua aparência que sua mãe abandonou-o ao dar à luz. Ao viver solitário nos bosques, foi considerado o deus dos bosques e da natureza. Em certo momento da história, a Igreja colocou-o como personificação do Diabo em razão de estar relacionado a forças da natureza, isto é, a forças do instinto ou paixões primitivas (raiva, ódio, desejo sexual etc.). Por essa razão, também no campo psicológico da crise de ansiedade ou síndrome do pânico, podemos associá-las ao contexto mitológico de Pã. Dessa forma, um dos fatores que alimenta o momento do pânico é o "medo de Pã" ou o medo das paixões primitivas, que são partes constituintes da humanidade.

Trata-se, portanto, de um afastamento da própria humanidade devido às crenças rígidas e perfeccionistas de um Superego castrador ou de um *Falso Self* (persona – máscara social – falsa potência). As pessoas que têm Personas rígidas e uma estrutura psíquica da Neurose (superego ou consciência moral castradora) tendem a ter um desejo dual sobre suas paixões, tal como é no mito de PÃ. A imagem do deus causa *espanto* e *atração*. Há uma cobrança e um conflito interno de atração e na fuga, por isso a palavra FOBIA (*phobos* gr. – fuga) e o sintoma *fóbico*.

Na mente existe, consciente ou inconscientemente, um desejo ou uma emoção que se quer, mas que, ao mesmo tempo, torna-se inaceitável. Exemplos: quero matar meu pai, mas não devo; quero fazer sexo, mas não devo; odeio meu filho, mas não devo. Nesse caso, é preciso despossuir-se dos arquétipos heroicos, tendo consciência da existência dessas forças e aceitando as paixões primitivas como parte da humanidade sem, entretanto, viver apenas as paixões, e subjugá-las à compreensão da racionalização para gerar um estado de *Eudaimonia* — "o estado de ser habitado por um bom *daemon*, um bom gênio" —, segundo o bem-estar compreendido pelos filósofos estoicos.

A fuga, referida anteriormente, gera uma crise identitária, uma das bases da crise de ansiedade, isto é, identidades ou personalidades conflitam entre si. É o momento em que a máscara (persona ou personalidade arquetípica social — herói, salvador, vingador, mestre...), colocada pelo indivíduo para ocultar uma identidade indesejada ou uma personalidade reprimida, começa a ser confrontada. A identidade indesejada, reprimida na infância e soterrada, quer manifestar-se, mas a identidade da máscara social (*falso self* ou falso ego) não permite, produzindo um colapso. A mente divide-se (= *merizo* gr. = ansiedade) no conflito entre os desejos aparentemente opostos, como já visto. É como se a mente dissesse: "Eu tenho uma máscara, quero tirar, mas não consigo... Quero poder ser diferente, mas não consigo...". Em outra perspectiva, a máscara arquetípica tem autonomia e vida própria, e carrega o peso de uma *kenodoxia*, isto é, um tipo de ostentação e endeusamento que cobra obediência e fidelidade do indivíduo sob pena de extinção. A pessoa sente-se presa no dever de ser de uma certa forma, querendo, ao mesmo tempo, ser de outra. É preciso, portanto, compreender e aceitar as duas facetas ou personalidades, entendendo que ambas coexistem e podem se manifestar. O lado "bom" e o lado "mau", como assim é considerado na fantasia do indivíduo, podem conviver sem a culpa exacerbada. Para tal, é necessário um processo profundo de autorreconhecimento.

Antes de continuarmos no tema da crise fóbica da ansiedade, creio ser interessante adentrarmos alguns conceitos acerca do medo, visto que a ansiedade funciona dentro do mecanismo cerebral do medo. O psicólogo César Coneglian, em uma de suas explanações, comenta sobre três palavras no Novo Testamento bíblico que fazem referência ao Medo. São elas: **Deilia, Eulabeia e Phobos**. Seguindo o pensamento do colega, *Deilia* diz respeito a covardia e timidez; *Eulabeia* compreende a prudência e *Phobos* é entendido como a fobia e a paralisia, que também envolve a timidez da *Deilia*. Portanto

Eulabeia corresponde ao medo natural da sobrevivência, aquele que nos faz refletir sobre se podemos avançar ou não diante de uma situação. *Deilia*, por sua vez, é quando nos tornamos tímidos diante dessa situação e não avançamos. *Phobos* é a timidez que também paralisa, no entanto a diferença entre *Phobos* e *Deilia* é a agressividade, visto que *Phobos* significa "fazer fugir".

Sendo assim, a fobia é quando, além de paralisar diante da situação, eu tenho um desejo profundo de que o objeto causado do medo fuja da minha presença, isto é, não quero falar sobre o assunto, não quero ver tal pessoa, não quero passar por aquela rua e coloco-me em uma posição de agressividade e resistência. *Deilia*, em contrapartida, não é um medo agressivo. Dentro desse contexto, *Eulabeia* é o medo primário e natural; é o alerta primordial da sobrevivência, disparado no estímulo do tálamo (centro sensorial) e na ativação da amígdala cerebral e, a partir desse momento e segundo, os conteúdos psíquicos inconscientes de cada indivíduo, haverá a *Deilia* ou o *Phobos*.

Após observarmos um pouco sobre as facetas do medo, retornamos ao tema da crise fóbica e o uso de medicamentos. De acordo com a *Revista Pesquisa Fapesp* (edição 84, fev. 2003), ao pesquisar sobre os estados mais severos da ansiedade — crises de pânico — e o uso de medicamentos ideais que atuam sobre o glutamato ou o óxido nítrico (mensageiros químicos), como o AP-7, abreviação de ácido 2 amino 7 fosfono-heptanóico, Giovannetti, da Sociedade Brasileira de Psicanálise de São Paulo (SBPSP), observa que:

> [...] "De forma isolada, nenhum medicamento resolve o pânico, a ansiedade e as fobias." [...] "Os remédios ajudam, mas não modificam a essência que gera o problema, porque o homem é um ser biológico, psíquico e social. A existência de cada um de nós não reage apenas a fatores orgânicos." (Revista Pesquisa Fapesp, 2003, p. 33)

A matéria da Fapesp afirma que a conclusão do psiquiatra Mário Eduardo Pereira (2003) foi semelhante durante o tratamento de portadores de transtorno de pânico na Unicamp. Vejamos:

> "Em geral, os medicamentos eram úteis para controlar as crises, mas isso era insuficiente para o tratamento clínico desses indivíduos", declara. "Muitos pacientes tinham medo de começar a usar a droga; outros, quando paravam o tratamento, apresentavam novas crises, que gerava a necessidade do uso continuado do medicamento [...] (Revista Pesquisa Fapesp, 2003, p. 33).

E a revista, continua:

> Disposto a entender melhor o problema, Pereira embarcou em 1995 para um doutorado em psicanálise na Universidade Paris VII, na França. Ao avaliar, agora sob o ponto de vista da psicanálise, portadores de transtorno de pânico atendidos da universidade entre 1984 e 1995, constatou a predominância de dois grupos distintos: o daqueles provenientes de famílias superprotetoras, que viveram sempre num ambiente seguro, sem nunca ter de fato enfrentado por si mesmos a realidade da falta de garantias da existência; e outro, com características opostas, de membros de famílias que encaravam os fatos do cotidiano como aterradores. "Começamos então a compreender que, do ponto de vista clínico, o tratamento medicamentoso só faz sentido caso se tenha uma visão mais ampla do indivíduo", comenta Pereira. "É preciso saber como surgem as crises e quais as dimensões simbólicas e pessoais envolvidas em sua vida em conexão com os ataques." (Revista Pesquisa Fapesp, 2003, p. 33-34).

Certamente, muito há para ser falado acerca dos mecanismos da ansiedade e da angústia. Deixo, porém, apenas uma introdução, afirmando que não podemos desumanizar o estado ansioso e angustiado. Essas sensações corporais, motivadas por fatores emocionais e neurotransmissores, são defesas do nosso organismo, existem para a nossa sobrevivência e para o nosso crescimento. Segundo Freud (1923, p. 14):

> As sensações de natureza prazerosa não têm nada de inerentemente impelente nelas, enquanto que as desprazerosas o têm no mais alto grau. As últimas impelem no sentido da mudança, da descarga, e é por isso que interpretamos o desprazer como implicando uma elevação e o prazer uma redução da catexia energética.

O medo, a angústia, o vazio, a tristeza, a dor, o prazer e o sofrimento são sintomas da humanidade. Não queira eliminá-los por completo. Eles lembram-nos de que somos humanos e estamos vivos. Aprendamos a conviver com eles. Não podemos, jamais, viver sem essas sensações, todavia precisamos atentarmo-nos para o excesso dessa defesa natural e utilizarmo-nos do nosso maior remédio — a respiração consciente e profunda —, trazendo a mente para o agora, removendo-a do perigo, da ameaça inconsciente e da *preocupação*; em outras palavras, da ocupação do amanhã e da frustração do agora, entendendo que a ansiedade não é a incapacidade de estar no presente e, sim, a incapacidade de contemplar-se e perceber-se no presente.

A mente fica dividida entre uma visão do passado e uma do futuro, entre o olhar de uma criança interna ferida e um modelo futuro ideal. Nisso, o Eu, no presente, fica ocultado no sentimento de desamparo e perigo, fica estático no meio do caminho. Diante desse quadro, o melhor a se fazer, ainda que com dificuldade, é racionalizar para inibir os estados infantis irracionais do sistema de sobrevivência do medo, produzir um movimento, respirar e caminhar devagar, porque a vida é caminho, às vezes pausa, nunca estática.

Associando com aspectos outrora abordados, o desacelerar tem a ver com a entrada no Tempo *Kairós* ou *Moed*, que representa a saída de uma posição para posicionar-se de outra forma. Desacelerar também é repousar ou pausar. Recordemos do mito de Noé, cujo nome hebraico é *Noah*, cujo sentido é "repouso". A sua história, descrita em Gênesis 6, mostra que a sociedade em que vivia estava corrompida e violenta. Deus, assim, entristece-se e decide eliminar aquela geração com um dilúvio, deixando apenas Noé e sua família, com o propósito de dar um novo começo à humanidade. Noé aceitou fazer uma aliança com Deus e assumiu a responsabilidade de construir uma Arca para salvar sua família e os animais.

> Deus viu que a terra tinha se corrompido e estava cheia de violência. Deus observou a grande maldade no mundo, pois todos na terra haviam se corrompido. Assim, Deus disse a Noé: "Decidi acabar com todos os seres vivos, pois encheram a terra de violência. Sim, destruirei todos eles e também a terra! Construa uma grande embarcação, uma arca de madeira de cipreste, e cubra-a com betume por dentro e por fora, para que não entre água. Divida toda a parte interna em pisos e compartimentos". (Gênesis 6.11-14).

O ciclo social de mudanças está se repetindo? Estaríamos vivendo dias semelhantes aos do conto noético? Acredito que a violência tem se evidenciado de igual modo. A mudança da lei e da ordem tem sido percebida. O modo de vida tem seguido o seu fluxo inconsciente, assim como descreve o texto de Mateus:

> E, como foi nos dias de Noé, assim será também a vinda do Filho do Homem. Porquanto, assim como, nos dias anteriores ao dilúvio, comiam, bebiam, casavam e davam-se em casamento, até ao dia em que Noé entrou na arca, e não o

perceberam, até que veio o dilúvio, e os levou a todos, assim será também a vinda do Filho do Homem. (Mateus 24.37-39).

Esses versos relatam pessoas que viviam em suas inconsciências diárias e corriqueiras. Corriam, sobreviviam, mas pouco percebiam sobre o caminho em que caminhavam. Viviam sob o Tempo *Chronos* e isso levou-os para o caos, para o afogamento nas águas caóticas de si mesmos. Para atravessarem o movimento caótico da crise, precisariam do Repouso, representado na figura de Noé (*Noah*). Seria necessário *pausar*, pois é o Repouso (Noé) que constrói a Arca (lugar seguro) para a travessia da crise.

Noé, portanto, como imagem simbólica do Repouso, representa o Tempo *Kairós/Moed* que conduz para a consciência da vida. No âmbito social, poderíamos dizer que o Tempo *Kairós/Moed* também conduz para o Tempo arquetípico Messiânico, visto que a consciência significa lucidez em relação ao estabelecimento da Lei. Sobre isso, bem diz o texto de Mateus, supracitado, no qual consta a expressão "vinda do Filho do Homem", que se relaciona ao Tempo arquetípico Messiânico. As palavras do Mestre afirmam que antes do tempo messiânico, a sociedade viveria uma inconsciência, uma violência e, portanto, uma negação da Lei. Depois da desordem haveria uma ordem. Porém há um período de transição, assim como o período de 40 dias e 40 noites do dilúvio.

Nisto, no movimento de transição encontra-se na angústia e na ansiedade. Precisamos atentar-nos para o convite do atravessamento rumo à consciência da vida que se está supostamente vivendo. A entrada no Tempo *Kairós* ou *Moed*, dessa forma, leva-nos à concepção de nossa personalidade reprimida, das sombras, e de tudo aquilo que divide a nossa potência de vida para integridade e inteireza-do-ser, fazendo-nos perceber a totalidade da potência (*Self*) que nos habita, nos campos individual e coletivo.

Nesse caminho, encontramos o *Shalom*, que muito acreditam ser apenas paz, porém é muito mais rico do que isso. *Shalom* provém da raiz *Shalem*, cujo significado é "inteiro, íntegro, completo". Além disso, a língua hebraica tem três possíveis compreensões linguísticas: convencional, pictográfica e numérica. No contexto pictográfico, cada letra tem um símbolo com um significado específico: *Shin* (dente: destruir, esmagar...); *Lamed* (vara, cajado: autoridade, legalidade...); *vav* (anzol, prego: prisão conexão...); *mem* (águas: caos, confusão...).

Por essa razão, pode-se compreender que, indo além do sentido comum de paz, o *shalom* convencional carrega a ideia de completude e o

Shalom pictográfico tem o sentido de DESTRUIR (*shin*-dente) A AUTORIDADE (*lamed*-vara) QUE CONECTA (*vav*-prego) AO CAOS (*mem*-águas). Sendo assim, *Shalom* é uma condição de resgate da integridade daquele que se dispõe, dentro de um processo de consciência, a eliminar a legalidade (consciente ou inconsciente), isto é, aquilo que lhe mantém ligado ao estado caótico de confusão, em uma divisão da mente. Seria, portanto, uma antítese da ansiedade (*merizo* – mente dividida). Nesse sentido, o Mestre, que habita em nós, declara: "Deixo-vos o shalom, o meu shalom vos dou; não vo-lo dou como o mundo o dá. Não se turbe o vosso coração, nem se atemorize" (João 14:27).

Em suma, na travessia do *Kairós,* somos convocados à consciência do que nos conecta ao caótico. Nessa convocação, a resistência em atravessar não seria uma opção saudável, pois permaneceríamos conectados ao caos, na visão misturada, sem a amplitude de si e do mundo que nos cerca. Não devemos paralisar na travessia, em razão de que tudo o que para, morre. Reforço, *Kairós* é o tempo da consciência e da pausa para ampliar a percepção, na qual há um breve período de desordem que antecipa um período de ordem, que, por sua vez, expressa a manifestação de um tempo messiânico, em que a Função Paterna, como Voz mítica e simbólica, firma o Princípio Divino da Lei, na compreensão do *Shema Israel,* isto é, da Unidade-do-Ser, que, ao ser vivenciada, promove Ordem e Vida.

O TEMPO ARQUETÍPICO MESSIÂNICO E A LEI – *TORAH* PARA A VIDA

Utilizarei, a partir deste ponto, textos bíblicos e contextos linguísticos e históricos hebraicos para referir-me ao Princípio Divino da Lei e ao propósito do Tempo Messiânico. Aconselho, para um melhor entendimento, a não ter um olhar dogmático e a interpretar de forma leve, sem as imposições doutrinárias de alguma Instituição Clériga ou Religiosa. Compreenda, conforme a visão que desejo transmitir, que a figura do Messias, Tempo Messiânico ou Lei são modelos arquetípicos que se encontram em vários contextos da civilização humana.

Pensando dessa forma, utilizo o modelo hebraico da *Torah* e suas nuances, pois, particularmente, acredito que elucida muito bem o que o Princípio Divino da Lei representa no que se refere a um modo de vida saudável, nos âmbitos individual e social. De modo algum, insiro a *Torah* – Lei, aqui referida, na visão de regras e dogmas estabelecidos pela moral dos escravos que, como vimos em outro momento, têm como finalidade diminuir a vontade de potência dos "fortes" para justificar a impotência de ação dos fracos. Mas, se assim for possível, veja-a para além dessa ótica, como uma Instrução que, quando introjetada, preserva a Vida e potencializa o viver consigo e com o outro.

Diante disso, abordaremos o sofisma que, ao longo dos séculos, mediante interpretações teológicas cristãs, instituiu a abolição da Lei, permanecendo somente o estabelecimento da Graça Divina, ausente da Lei Divina, porém recheada de dogmas, ou seja, doutrinas institucionais. Tendo em vista tais interpretações, como poderíamos revê-las? Se olharmos por outro ângulo, por uma ótica hebraica, não romana ou grega, podemos observar que a Lei, enquanto exemplificada na *Torah – Instrução Paterna*, nunca foi abolida pelo advento messiânico; muito pelo contrário, o arquétipo messiânico tem como objetivo central levar a humanidade aos trilhos sinceros e verdadeiros da Lei, derrubando os dogmas e os sofismas que pesam sobre os ombros dos Homens.

Yeshua, representação messiânica do povo hebreu — sincretizado pelo cristianismo romano de Constantino (325 d.C.) e renomeado como

Jesus — não veio abolir a Lei e os Profetas. Longe disso, veio trazer o sentido completo e pleno. Assim, declara-se: "Não pensem que vim abolir a Lei ou os Profetas; não vim abolir, mas cumprir" (Mateus 5.17) ("*pleroo*" gr., proveniente de "*pleres*": "inteiro, completo").[33]

Dessa maneira, o personagem arquetípico do Messias visa abolir os "dogmas", os quais se caracterizam como mandamentos doutrinários de homens e não propriamente os mandamentos da *Torah*. Em Efésios 2.15, diz: "Na sua carne desfez a inimizade, isto é, a **lei dos mandamentos,** que consistia em **ordenanças (dogmas),** para criar em si mesmo dos dois um novo homem, fazendo a **paz (reconciliação)**" (grifos meus). Esse versículo relata que havia uma parede de inimizade que separava os gentios e os judeus, impedindo, também, o acesso — simbolicamente — a Deus. Por vezes, esse texto é mal-interpretado, colocando a Lei – *Torah* como sendo abolida, mas num melhor modo de ver, conforme o olhar de um hebreu, o que Paulo está dizendo é que o Messias veio derrubar a parede de separação construída por meio dos mandamentos expressos em "*dogmas*".

A palavra grega usada para "ordenanças", em Efésios 2.15, é "*dogma*", ou seja, o objetivo messiânico é derrubar o que os homens colocaram como leis, que promovem uma parede de separação entre os homens para com os homens e dos homens para com uma Ordem Divina. E, na época, literalmente, havia um muro no Templo de Jerusalém que impedia o acesso dos gentios (não naturais de Israel) ao interior. Aqui, nessa perspectiva messiânica, objetiva-se a "reconciliação" (paz), e isso traz à luz, a meu ver, o Princípio Divino da Lei: Unidade-do-Ser. Enquanto os dogmas têm como

---

[33] Tão importante e relevante é esse verso para os judeus que ele foi citado no Talmude Babilônico (Bavli), no tratado de *Shabbat* 116b. Nessa passagem há uma discussão acerca do "*avon gilayon*", uma expressão hebraica, cuja tradução poderia ser "revelação iníqua". Contudo, "Iniquidade", tanto no hebraico como no grego, está relacionada a "ausência ou negação da lei". Portanto "*avon gilayon*" pode ser entendido como os "escritos fora da Torah (lei de Moisés)" ou "escritos heréticos", assim como os Evangelhos do Novo Testamento. Porém, nesse texto, numa discussão entre o Rabino Gamaliel e um Filósofo, o texto de Mateus 5.17 é citado, revelando para o Rabino que o Evangelho ou, mais especificamente, Yeshua, não era contra a *Torah*. Vejamos:

לִמְחָר הֲדַר עַיֵּיל לֵיהּ אִיהוּ חֲמָרָא לוּבָא. אֲמַר לְהוּ: שְׁפִילִית לְסֵיפֵיהּ דַּעֲוֹון גִּלָּיוֹן, וּכְתִיב בֵּיהּ: אֲנָא לָא לְמִיפְחַת מִן אוֹרָיְיתָא דְּמֹשֶׁה אֲתֵיתִי [וְלָא] לְאוֹסֹפֵי עַל אוֹרָיְיתָא דְּמֹשֶׁה אֲתֵיתִי, וּכְתִיב בֵּיהּ: בִּמְקוֹם בְּרָא — בְּרַתָּא לָא תֵּירוֹת. אֲמַרָה לֵיהּ: נְהוֹר נְהוֹרָיךְ כִּשְׁרָגָא. אֲמַר לֵיהּ רַבָּן גַּמְלִיאֵל: אֲתָא חֲמָרָא וּבְטַשׁ לִשְׁרָגָא.

No dia seguinte, Rabban Gamliel trouxe ao filósofo um burro líbio. Posteriormente, Rabban Gamliel e sua irmã foram até o filósofo para um julgamento. Ele lhes disse: Eu procedi e li até o final do Avon Gilayon e está escrito: **Eu, Avon Gilayon, não vim para subtrair a Torá de Moisés e não vim para adicionar à Torá de Moisés.** E está escrito lá: Em uma situação em que há um filho, a filha não herda. Ela lhe disse: Que sua luz brilhe como uma lâmpada, aludindo à lâmpada que ela lhe dera. Rabban Gamliel disse-lhe: O burro veio e chutou a lâmpada, revelando, assim, o episódio inteiro. (TALMUDE, SHABBAT, 116B, grifo meu). Talmude de William Davidson (Koren - Steinsaltz) Disponível em: https://www-sefaria-org.translate.goog/Shabbat.116b.2?lang=bi&with=all&lang2=en&_x_tr_sl=en&_x_tr_tl=pt&_x_tr_hl=pt-BR&_x_tr_pto=sc&_x_tr_hist=true. Acesso em: 25 nov. 2023.

consequência a separação — lei diabólica —, o Princípio Divino da Lei une e reconcilia. Nessa reconciliação consigo e com o outro, é possível adentrar a Ordem Divina e experimentar o Deus/Poder que está em Unidade comigo, inseparável do meu Ser.

Em outro texto semelhante: "Tendo cancelado o escrito de dívida, que era contra nós e que constava de **ordenanças/dogmas**, o qual nos era prejudicial, removeu-o inteiramente, encravando-o na cruz [...]" (Colossenses l 2.14, grifo meu), o autor reforça a obra messiânica de cancelar os dogmas que nos prejudicam e removem-nos a vontade de potência. Ainda, o apóstolo Paulo fala da enfermidade que impossibilita a vivência da Lei do Espírito de Vida ou, poderíamos dizer, que restringe o fôlego (espírito) que potencializa o viver e promove a morte (paralisia):

> Porque a lei do Espírito de vida, em Cristo Jesus, me livrou da lei do pecado e da morte. Porquanto o que era impossível à lei, visto como estava **enferma** pela carne, Deus, enviando o seu Filho em semelhança da carne do pecado, pelo pecado condenou o pecado na carne [...] (Romanos 8.2,3, grifo meu).

Pela visão de um hebreu, é nítido que tudo o que os apóstolos ensinaram foi baseado na *Torah*, na Lei e nos Profetas Eles eram cumpridores e pregadores da Lei. Paulo/*Shaul*, por exemplo, em certa ocasião, chega a Jerusalém e é acusado de pregar para que os judeus não guardem mais a *Torah*. Porém Paulo não ensinou contra o cumprimento da *Torah* e, para confirmar isso, fez um ato com quatro homens que fizeram voto:

> E já acerca de ti foram informados de que ensinas todos os judeus que estão entre os gentios a apartarem-se de Moisés, dizendo que não devem circuncidar seus filhos, nem andar segundo o costume da lei. Que faremos pois? em todo o caso é necessário que a multidão se ajunte; porque terão ouvido que já és vindo. Faze, pois, isto que te dizemos: Temos quatro homens que fizeram voto. Toma estes contigo, e santifica-te com eles, e faze por eles os gastos para que rapem a cabeça, e todos ficarão sabendo que nada há daquilo de que foram informados acerca de ti, mas que também tu mesmo andas guardando a lei. (Atos 21. 21-24).

Certamente, Paulo é uma personagem com um temperamento muito forte e uma personalidade muito rígida. Antes de ser um discípulo e membro da Seita dos Nazarenos, era um perseguidor, evidenciando a sua mente extremista e militante, capaz de defender com afinco as suas ideias e verdades. Assim o fez, diante dos fariseus, doutores e sacerdotes, que impunham as *obras da lei*, que mais adiante abordaremos. Entretanto cabe entender que as "obras da lei" são leis rabínicas, e não a *Torah*. Acerca disso, segundo Paulo, em Rm 3.20: "Por isso, nenhuma carne será justificada diante dele pelas **obras da lei**, porque pela lei vem o conhecimento [Gr. *epignosis*: entendimento e discernimento completo, exato e claro] do pecado (grifo meu). Portanto as obras da lei/leis rabínicas não fazem o Ser Humano justo, porque a consciência que vem pela *Torah* – Instrução Paterna, traz clareza sobre as imprecisões da trajetória na vida.

Algo interessante a ser observado é que a palavra *Torah* deriva de *Yarah*, que quer dizer "ensinar, instruir e **apontar o alvo**". Nisso, vemos uma semelhança do ponto de vista antônimo à palavra pecado (חטא *data'* hb./ αμαρτανω *harmatano* gr.), que significa "**errar o alvo**". Portanto a *Torah* aponta o alvo, ao passo que o pecado desvia dele. Nesse modo de ver, o livro de Rm 10.4 relata que o *fim da lei* é o Messias. A expressão "fim da lei" é, em grego, "*telos nomos*", cujo significado é "objetivo, ponto definitivo ou finalidade da lei". Assim sendo, a *Torah* aponta para o arquétipo do Messias e tem por finalidade estabelecer um Tempo Messiânico de Ordem e Vida. Por outro lado, a ausência ou a negação da *Torah* afasta-nos do Tempo Messiânico de Ordem Social e, consequentemente, produz uma Sociedade *anômica*, isto é, em negação da lei.

Outra questão linguística digna de atenção é que *Torah* תורה provém da raiz תור "*Tur*", que significa "examinar, espionar, procurar, esquadrinhar". Entendemos, assim, que a *Torah* é para ser examinada, procurada. Não se trata meramente de um código legal ou legislação que deve ser cumprida sem entendimento ou apenas pelo medo de punição. Por mais que esteja num livro escrito, existe algo além da letra. O *espírito* deve ser encontrado, isto é, o princípio que movimenta a Vida por trás das páginas. Sobre a Letra e o Espírito da *Torah* Falaremos em outro momento. Para o momento, vejamos que a *Torah* escrita contém mandamentos para crianças, adultos, homens e mulheres, judeus e gentios. Nela estão contidos *mitzvot* (mandamentos) relacionados a todas as áreas da vida humana. Resumidamente, temos:

Leis morais – os mandamentos (conhecidos como 10 mandamentos) são um exemplo de leis morais e são para toda a humanidade. Sobre elas, a figura do Messias traz um sentido mais completo e profundo.

Leis cerimoniais e expiatórias – relacionadas aos sacrifícios, ao sacerdócio levítico e ao templo.

a. Sacrifício pela culpa (*chatat*): quando houve a intenção de pecar (alterado no advento do tempo messiânico, pois o propósito é remoção da culpa).

b. Sacrifício pelo delito ou sacrilégio (*asham*): quando não houve a intenção de pecar (alterado no advento do tempo messiânico, pois o propósito é remoção da culpa).

c. Oferta pacífica (*shlamim*): feita com a intenção de ação de graças. O objetivo é restabelecer a aliança com Deus, um pacto de paz (*shalom*) que beneficia a relação consigo e estende-se nas relações sociais (ver Vaicrá, Levítico 2).

d. Manjares (*kórban minchá*): relacionada a louvor e ação de graças. A oferta era flor de farinha, azeite e incenso colocados sobre o altar. A palavra *korbán* deriva das raízes *karov* (aproximar-se, trazer para perto) e *kerev* (que vem do interior). A oferta, desse modo, carrega o sentido de levar-nos ao nosso interior e aproximar-nos do nosso Poder Interno (Deus – Potência de Vida) (ver Vaicrá, Levítico 2).

Leis éticas – coisas práticas do cotidiano, como beber, comer, vestir.

Leis circunstanciais – dadas para o momento da travessia no deserto (ex.: guardar o maná, disposição das tribos, algumas de higienização...).

Posto essas considerações acerca da Lei escrita, ampliemos a visão sobre o "alvo" essencial da *Torah*. Certo dia, vi uma propaganda com o tema "Se beber não dirija". O que me chamou a atenção é que após falarem "Se beber não dirija", eles também falaram **"viver é a lei"**. Essa expressão é pertinente ao tema que se refere ao Princípio Divino da Lei. A preservação e a potencialização da vida é o foco de toda a *Torah*.

Segundo o pensamento rabínico, em Levítico 18.5, "Portanto, os meus estatutos e os meus juízos guardareis; cumprindo-os, o homem viverá por eles. Eu sou o SENHOR", a Lei pode ser transgredida para preservar uma vida. No entanto, conforme a instrução dos antigos rabínicos, a pessoa deve deixar-se ser morta ao invés de transgredir o mandamento em três casos: **assassinato, idolatria e relações proibidas**. Na tradição judaica, isso se chama "*yehareg ve'al ya'avor* יהרג ואל יעבור" (Deixe-o ser morto ao invés de transgredir).

Dessa maneira, acima de tudo, Viver é a Lei e a Lei é para a Vida. Introjetar esse princípio aprofunda-nos no conceito da *Torah*, assim como diz o salmo: "A lei do Senhor é perfeita, e refrigera a alma; o testemunho do Senhor é fiel, e dá sabedoria aos símplices. Os preceitos do Senhor são retos e alegram o coração; o mandamento do Senhor é puro, e ilumina os olhos" (Salmos 19.7). À vista disso, o salmista, ao estar inserido na *Torah*, vive o refrigério, a sabedoria, a alegria e a clareza na visão.

Para reforçar o que até agora tem sido exposto, fica evidente que a *Torah* não tem sido colocada como um conjunto de regras e dogmas estabelecidos por alguma Instituição Religiosa ou firmada pela tradição cristã ou judaica. Estamos ampliando o sentido indo além das doutrinas institucionais e observando-a como uma Lei Paterna Universal, manifestada de forma arquetípica em vários contextos da civilização humana por meio de personagens messiânicos e que contém um Princípio Divino, o qual entendo como a Unidade-do-Ser, em *"Eu sou no outro e o outro é em mim – Somos Um"*, assim como exemplifica a oração do *Shema Israel*. Infelizmente, essa Lei ficou soterrada sob muitos contextos dogmáticos, inclusive o judaico. O meu objetivo, portanto, é desvendar a *Torah* como algo importante a ser entendido nos dias atuais.

TORAH E A LEGISLAÇÃO ISRAELITA: *BEIT DIN* E *HALACHÁ*

A partir deste momento entraremos em questões pertinentes a *Torah* propriamente ditas, com legislação israelita e suas modificações. Faremos um comparativo, a fim de visualizarmos os sofismas históricos e culturais, bem como remover o medo daquilo que as traduções doutrinárias chamam de "debaixo da lei", produzindo confusões sobre os escritos paulinos. Deve-se ter clareza de que a *Torah* misturou-se, como assim observamos, com dogmas, dando a falsa impressão de peso. Veremos que isso é apenas uma questão de má interpretação pela falta de conhecimento e busca por esse conhecimento.

Novamente, antes de continuarmos, caso ainda não tenha ficado claro, a perspectiva que proponho é que a *Torah* não seja vista apenas como uma legislação eclesiástica que, se cumprida, permite entrar em algum mundo metafísico e ideal, que chamamos de Paraíso ou Céu. Pelo contrário, a observância dessa Instrução Paterna, sob o Princípio Divino da Lei, aproxima-nos da humanidade, de forma a sacralizá-la e expandir o mundo físico e terreno sem diminuir a vontade de potência.

Neste ponto de vista, a *Torah* é simplesmente, um símbolo — uma representação — de algo mais elevado que habita o inconsciente coletivo humano, como assim diz o texto mítico: "Quando desceu Moisés do monte **Sinai**, tendo nas mãos as duas tábuas do Testemunho, sim, **quando desceu do monte**, não sabia Moisés que a pele do seu rosto resplandecia, depois de haver Elohim falado com ele" (Êxodo 34.29, grifo meu). É uma Lei que desce para elevar. É uma Lei que que conecta o vertical e o horizontal, o espiritual e terreno, céus e Terra, unificando-os. Por isso, coloco o Princípio Divino da Lei como a Unidade-do-Ser, também simbolizada na célebre oração do Pai Nosso: "Pai nosso que estais nos céus, venha a nós o vosso reino, seja feita **a tua vontade assim na terra como nos céus**" (grifo meu). Céus e terra unem-se na Vontade desse Pai Simbólico.

Essa é a oração messiânica cujo objetivo não consiste em levar o Ser Humano para algum Reino Externo, mas trazer a consciência de que esse Reino já habita o Ser Humano. O centro dessa fala estabelece a Vontade

Paterna/Lei/Consciência de que *Somos Um* como fator unificador entre o interno e o externo, céus e Terra, espírito e carne e, por consequência, como base de um Reino de potência vital. Ainda sob esse aspecto da Unidade, Gênesis 2.24 declara: "Por essa razão, o homem deixará pai e mãe e se unirá à sua mulher, e eles se tornarão **uma só carne**" (grifo meu).

Esse verso tem algo muito interessante quanto à linguística. Ele revela que o propósito divino em viver uma vida de "boas novas" está baseado no conceito de Unidade (*echad* – אֶחָד). É preciso unir-se para tornar-se "boas notícias" no mundo. A palavra hebraica usada — "carne" —, mudando a vocalização e mantendo as mesmas consoantes, pode ter dois sentidos: בְּשַׂר *busar* (boas novas) e בְּשַׂר *basar* (carne). Portanto as relações precisam ter a base da consciência da Unidade para serem arautos de boas notícias.

Nesse ponto de visão, penso ser importante esclarecer que o "deixar pai e mãe" não está necessariamente relacionado ao "desunir". Pelo contrário, está no entendimento de que há uma união. O "deixar" consiste no limite necessário para que possa haver crescimento, mas a compreensão da união precisa existir. Esse é o princípio de "honrar pai e mãe", ou seja, no conceito hebraico, em um dos seus sentidos, tem a ver com "colocar do lado de dentro". Em outras palavras, "faz parte de mim, carrego comigo". Dessa maneira, a Unidade, por vezes, exige um "deixar", uma limitação.

Pois bem, dito isso, entendamos que, ao longo da história, as interpretações e os pesos foram acrescentados na *Torah* devido à ausência de detalhes de algumas instruções. Por exemplo, Deus fala para que o *shabat* (sétimo dia) seja santificado, mas como fazer isso? Então é natural surgirem dúvidas e interpretações.

> Lembra-te do dia de sábado, para o santificar.[9] Seis dias trabalharás e farás toda a tua obra.[10] Mas o sétimo dia é o sábado do SENHOR, teu Elohim; não farás nenhum trabalho, nem tu, nem o teu filho, nem a tua filha, nem o teu servo, nem a tua serva, nem o teu animal, nem o forasteiro das tuas portas para dentro;[11] porque, em seis dias, fez o SENHOR os céus e a terra, o mar e tudo o que neles há e, ao sétimo dia, descansou[d]; por isso, o SENHOR abençoou o dia de sábado e o santificou. (Êxodo 20.8-11).

O texto mostra-nos que não deve haver trabalho, contudo não fala como celebrar o sétimo dia. Não pontua situações que poderiam ser normais e cotidianas. Por exemplo, se o dia da festa do *Sucot* (*tabernáculos*) cair no sétimo dia, podem ser armadas as tendas? Lembrando que o sétimo dia de *shabat* (parada) não é sinônimo do dia semanal do calendário gregoriano conhecido como Sábado (para isso, exige-se outro estudo). Sendo assim, pela falta de detalhes, possíveis questões surgiram no meio do povo, fortalecendo a Lei Oral – *Torah* Oral e o estabelecimento de uma Casa de Julgamento.

Diante dessa enorme demanda, o texto mítico mostra-nos que Moisés vê-se numa situação difícil e desgastante, tendo que julgar e trazer explicações para todo o Povo:

> E aconteceu que, no outro dia, Moisés assentou-se para julgar o povo; e o povo estava em pé diante de Moisés desde a manhã até à tarde. Vendo, pois, o sogro de Moisés tudo o que ele fazia ao povo, disse: Que é isto, que tu fazes ao povo? Por que te assentas só, e todo o povo está em pé diante de ti, desde a manhã até à tarde? Então disse Moisés a seu sogro: É porque este povo vem a mim, para consultar a Deus; Quando tem algum negócio vem a mim, para que eu julgue entre um e outro e lhes declare os estatutos de Deus e as suas leis. (Êxodo 18.13-16)

Assim, o seu sogro Jetro, vendo que Moisés estava em sofrimento, aconselha-o:

> Não é bom o que fazes. Totalmente desfalecerás, assim tu como este povo que está contigo; porque este negócio é mui difícil para ti; tu só não o podes fazer. Ouve agora minha voz, eu te aconselharei, e Deus será contigo. Sê tu pelo povo diante de Deus, e leva tu as causas a Deus; **E declara-lhes os estatutos e as leis,** e faze-lhes saber o caminho em que devem andar, e a obra que devem fazer. E tu dentre todo o povo procura homens capazes, tementes a Deus, homens de verdade, que odeiem a avareza; e põe-nos sobre eles por maiorais de mil, maiorais de cem, maiorais de cinqüenta, e maiorais de dez; Para que julguem este povo em todo o tempo; e seja que todo o negócio grave tragam a ti, mas todo o negócio pequeno eles o julguem; assim a ti mesmo te aliviarás da carga, e eles a levarão contigo. (Êxodo 18:17-22, grifo meu).

Em outra ocasião, Deus ordena que Moisés junte 70 homens para ajudá-lo:[16] "E disse o Senhor a Moisés: Ajunta-me setenta homens dos anciãos de Israel, que sabes serem anciãos do povo e seus oficiais; e os trarás perante a tenda da congregação, e ali estejam contigo" (Números 11:16). Os homens escolhidos ensinavam o povo a como andar de acordo com os preceitos da *Torah* e seus princípios e, além disso, julgavam as causas do povo. Pela tradição, esse tribunal recebe o nome de *Beit Din* ou Casa de Julgamento. Vejamos algumas referências:

> Juízes e oficiais constituirás em todas as tuas cidades que o Senhor, teu Elohim, te der entre as tuas tribos, para que julguem o povo com reto juízo. (Deuteronômio 16.18). Quando alguma coisa te for difícil demais em juízo, entre caso e caso de homicídio, e de demanda e demanda, e de violência e violência, e outras questões de litígio, então, te levantarás e subirás ao lugar que o Senhor, teu Elohim, escolher. (Deuteronômio 17.18).

Na *Beit Din*, portanto, surge um conceito extremamente importante para compreendermos a razão pela qual nasceram doutrinas que se confundiram com leis fixas e irrevogáveis, sobretudo no meio cristão. Pois bem, entre os ensinos dos anciãos e dos juízes, nasceu a *"halachá"*, termo hebraico que significa "caminhada", ou seja, como caminhar dentro dos preceitos e mandamentos revelados na *Torah*. Alguns estudiosos entendem que a *Halachá* é mutável, flexível e não tem peso de Lei. Ela adapta-se ao tempo, ao contexto histórico. A *Halachá* está ligada à interpretação do povo, por isso alguns dizem que algumas observações da *Torah* podem ser mudadas do tempo de Moisés para os nossos dias. Grande parte dos sábios da antiguidade entende que a violação da *Halachá* não tem o mesmo peso de *transgressão* quanto a violação da *Torah* em si. Podemos associar a *Halachá* ou "caminhada" com a passagem de Êxodo 18.14-26, mais especificamente, o versículo 20: "Ensina-lhes os estatutos e as leis e faze-lhes saber o **caminho em que devem andar** e a obra que devem fazer". Levando em consideração esse verso, o conselho dos sábios fazia saber ao povo o caminho em que deviam andar, ou seja, a *"Halachá"*.

Assim sendo, a *Halachá* veio da *Beit Din*, supervisionada por Moisés, autoridade que se transfere ao Rei que sobre a nação assenta-se. Vejamos: "Também, quando se assentar no trono do seu reino, **escreverá para si um traslado desta lei (torah) num livro,** do que está diante dos levitas sacerdotes". (Deuteronômio 17.18, grifo meu). Para Josué, o sucessor de Moisés na condução do Povo até Canaã, também foi dito: "**Não se aparte da tua boca o livro desta lei (torah)**; antes medita nele dia e noite, para que tenhas cuidado de fazer conforme a tudo quanto nele está escrito;

porque então farás prosperar o teu caminho, e então prudentemente te conduzirás" (Josué 1.8, grifo meu). De acordo com essa ordem, não há caminho próspero fora do Princípio da Lei e, para isso, é preciso meditar de dia e noite, é preciso ruminar, examinar, pensar, esforçar-se.

Por conseguinte, o sentido de "assentar em um trono e julgar" não é o de simplesmente julgar uma causa e estabelecer uma sentença, mas também inclui instruir no caminho por meio da *Torah*. Em outras palavras, é fazer *Halachá*. O legislar está ligado ao ensino da *Torah*, assim como Moisés (Moshe) fez, legislando e ensinando ao Povo. A *Torah* é a constituição, é a legislação. Desse modo, Moisés legislou ensinando a *Torah* na *Beit Din* (casa de julgamento), juntamente aos anciãos, e, como visto, isso foi passado como dever para o Rei que fosse levantado.

Salomão, o grande Rei sábio de Israel, cumprindo Deuteronômio 17.18, pediu a Deus um coração obediente aos mandamentos para legislar sobre o Povo: "Dá, pois, ao teu servo **coração compreensivo para julgar** a teu povo, para que prudentemente discirna entre o bem e o mal; pois quem poderia julgar a este grande povo?" (1 Reis 3.9, grifo meu). A expressão grifada, em hebraico, é "*Lev shomea lisheppot* לב שמע לשפט", o que seria um "coração ou mente que ouve e obedece para legislar". Dessarte, Salomão (Shlomo) sabia o que o estava escrito em Deuteronômio 17.18: "Também, quando se assentar no trono do seu reino, escreverá para si um traslado desta lei (Torah) num livro, do que está diante dos levitas sacerdotes". Ao fazer esse pedido, Salomão ouve: "Se andares nos meus caminhos e guardares os meus estatutos e os meus mandamentos, como andou Davi, teu pai, prolongarei os teus dias" (1 Reis 3.14). Isto é, enquanto Salomão permanecer com o coração obediente aos mandamentos (*Torah*), estaria capacitado a legislar sobre o Povo, caso contrário, aconteceria o que aconteceu, Salomão corrompeu-se nos seus vários envolvimentos amorosos. O povo desviou-se após os ídolos com os quais Salomão aliançou-se e, consequentemente, Israel foi dividido. Todavia, no final da vida, reconheceu: "De tudo o que se tem ouvido, a suma é: Teme a Elohim (Deus – Poder Elevado) e guarda os seus mandamentos; porque isto é o dever de todo homem" (Eclesiastes 12.13).

O coração obediente a *Torah* está conectado ao coração sábio. O conceito de sabedoria, no hebraico, é "*chochmá*" e condiz com a habilidade para fazer, para praticar e para realizar; é o saber viver, é algo relacionado à prática, é o conhecimento que se pratica. Diferentemente da sabedoria filosófica grega, em que o conhecimento — no plano das ideias — nem sempre tem a ver com a prática. Pela perspectiva hebraica, Salomão alcançaria a sabedoria vivendo e praticando o princípio da Lei e não pensando sobre ela. Quando pensamos somos Mestres, porém, quando praticamos, somos sábios.

Ainda, nessa temática, há uma expressão idiomática semita que se refere a *Halachá*, convencionada na *Beit Din* (Casa de julgamentos), que é "ligar e desligar/abrir e fechar". Esse é um princípio de autoridade. Ora, quem liga ou desliga, abre ou fecha, é aquele que recebeu autoridade. No livro de Isaías 22.22, em semelhança, o profeta fala do **Tempo Arquetípico Messiânico** que se firma sobre o trono de Davi e tem a Chave de Davi para abrir e fechar: "Porei sobre o seu ombro a **chave da casa de Davi**; ele abrirá, e ninguém fechará, fechará, e ninguém abrirá" (grifo meu). Há, sendo assim, um agir messiânico que tem autoridade para declarar a *Halachá*, ou seja, trazer um modo de caminhar sobre a *Torah*.

Os textos do Novo Testamento bíblico mostram Jesus (imagem arquetípica do Messias) exercendo essa autoridade rabínica. Em Mateus, no sermão da montanha, ele traz uma *Halachá* aos seus discípulos: "**Ouvistes que foi dito**: Não adulterarás. **Eu, porém, vos digo**: qualquer que olhar para uma mulher com intenção impura, no coração, já adulterou com ela". (Mateus 5.27-28, grifos meus). A expressão *"ouvistes o que foi dito"* faz menção a *Halachá*, ou seja, não é o que está escrito e, sim, o que foi ensinado sobre o modo de vivenciar a Lei. Assim, Jesus/Yeshua adapta a Lei ao seu contexto e ao seu tempo. Essa é a autoridade que liga e desliga, que fecha e abre. Ela também é observada no episódio com Kefas (Pedro): "Dar-te-ei as **chaves do reino dos céus**; o que ligares na terra terá sido ligado nos céus; e o que desligares na terra terá sido desligado nos céus" (Mateus 16.19, grifo meu).

Para concluir, a *Halachá* consiste na interpretação da *Torah*, mais especificamente na instrução perante situações conflitantes da Lei, ensinos que visam auxiliar no cumprimento de alguns mandamentos. Pode ser de **caráter obrigatório** quando está ligado aos estatutos e ordenanças, ou pode ser de **caráter facultativo** quando se trata de uma situação adversa, e não se inclui na Lei em si, mas é um questionamento a respeito de uma situação específica incomum. Por exemplo: o mandamento é ir para São Paulo, mas a ponte da BR 116 quebrou. Como eu faço agora para cumprir o mandamento? Nessa adversidade, pode ser me dado uma *Halachá* de caráter não obrigatório, porém, se eu aceitar, será para o meu bem e poderá ser válida para outra pessoa caso ela vivencie a mesma situação.

Se observarmos alguns textos atribuídos ao apóstolo Paulo, encontraremos tratados rabínicos (*Halachá/Gezeirá*), porém esses tratados estão relacionados ao contexto específico daquela determinada situação e não devem ter a mesma significância atemporal da *Torah*. Vejamos: "Aos mais digo eu, não o Senhor: se algum irmão tem mulher incrédula, e esta consente em morar com ele, não a abandone" (1Coríntios 7.12). Nesse exemplo, Paulo fala que é ele quem dá o mandamento (*Halachá/Gezeirá*) e **não o Senhor**. Ele deixa bem claro, para que não haja confusão e para que não transformem a sua fala em um dogma, em uma lei irrevogável. Ele dá esse tratado devido ao contexto de Corinto.

Entretanto, hoje, muitos escritos paulinos tornaram-se atemporais e dogmas. Em outro exemplo, agora de caráter obrigatório, a *Halachá* está dentro de um contexto de ordenança: "Se alguém se considera profeta ou espiritual, reconheça ser **ordenança do Senhor o que vos escrevo**". (1 Coríntios 14.37, grifo meu). Nesse episódio, Paulo está lidando com a questão da oração e dos dons de profecia no meio do ajuntamento do povo. Ele instrui como proceder nessa questão. Conforme ele afirma, a instrução é uma ordenança e um modo de como eles deveriam caminhar nessas situações. Portanto é uma *Halachá*. É imprescindível que haja o entendimento da *Halachá* nos textos bíblicos, sobretudo no Novo Testamento. Fazendo dessa maneira, evitamos dogmas e más interpretações ou, ainda, desfazemos os que já foram criados.

MODELO ARQUETÍPICO ORIGINAL DA ORGANIZAÇÃO JURÍDICA

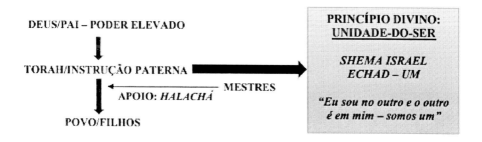

Essa síntese corresponde à **organização jurídica no modelo arquetípico mosaico**. A seguir, veremos que houve muitas modificações nesse modelo após o exílio Babilônico (séc. VI a.C.), dificultando o entendimento da *Torah*, tornado a Lei pesada e distorcendo a sua finalidade, afastando-nos do seu Princípio Divino: a Unidade-do-Ser e o aperfeiçoamento na Unidade.

O MODELO JURÍDICO MODIFICA-SE APÓS EXÍLIO: SINAGOGAS, RABINOS, GRANDE ASSEMBLEIA, LEI ORAIS E CERCAS DA *TORAH*

Acredita-se, portanto, que esse modelo inicia a sua mudança no exílio babilônico, no século VI a.C., mais precisamente entre 597 e 587 a.C. Mas por que foi modificado? Bem, o modelo em questão estava associado à vida religiosa de Israel, que girava em torno do Tabernáculo de Moisés e, posteriormente, do Templo em Jerusalém. Quando a Babilônia vem a Jerusalém, o Templo é destruído por Nabucodonosor, como descrito em 2 Reis 25.8,9: "No sétimo dia do quinto mês, do ano décimo nono de Nabucodonosor, rei da Babilônia, Nebuzaradã, chefe da guarda e servidor do rei da Babilônia, veio a Jerusalém.⁹ E queimou a Casa do SENHOR e a casa do rei, como também todas as casas de Jerusalém; também entregou às chamas todos os edifícios importantes".

O episódio da destruição do Templo e a habitação fora da terra de Israel ocasionou as necessidades de preservação e de redefinição do "centro religioso", já que não havia mais o Templo nem a Terra. Iniciaram-se, por assim dizer, reuniões nos dias de *shabat*, com o objetivo de orar, discutir assuntos pertinentes à comunidade e, como consequência, surgiram as sinagogas ou, em hebraico, a *Beit Haknesset* — expressão que significa, literalmente, "casa de assembleia". Essas Casas seriam os novos centros para se prestarem os serviços religiosos e o ensino da *Torah*. Desse modo, não havendo mais o Templo, a função do Levita, que instruía o Povo, é substituído pela figura do Rabino — professor da *Torah* e dos costumes do povo. Com essa nova configuração, a *Torah* começa a fundir-se com os costumes, alterando o modelo jurídico arquetípico mosaico.

Em outra fase, no período pós-exílio, quando o Povo retorna para a Terra, nasce a Grande Assembleia, com um conselho de 120 homens convocados por Esdras e os escribas, para tratarem dos problemas dos judeus que retornavam da Babilônia. Essa Grande Assembleia desapareceu no início do século II a.C. Ela é responsável por grande parte dos rituais e da liturgia judaica, bem como das leis orais que tiveram seu auge no I século d.C. e estendem-se ao período talmúdico (séc. IV - V).

Outro ponto importante na mudança do modelo jurídico está nos tribunais (*beit din*) que, na volta do exílio, passaram a ter autoridade para fazerem acréscimos a *Torah*. Esse fato deu margem para o surgimento das **Leis Orais**. Por quê? Devido aos costumes que foram passados de geração a geração, as pessoas naturalmente sentiram a necessidade de consultar os tribunais para saberem o que podiam e o que não podiam fazer. Dessa forma, os conselhos começaram a ser Leis Orais, também conhecidas como *Mishná*. Contudo a orientação na *Torah* escrita era para que não houvesse acréscimos ou diminuição: "**Nada acrescentareis** à palavra que vos mando, **nem diminuireis** dela, para que guardeis os mandamentos do Senhor, vosso Elohim, que eu vos mando" (Deuteronômio 4.2, grifos meus).

As **leis de cerca**[34] foram outra consequência da ação dos tribunais e da supervalorização do medo da transgressão da *Torah*, que se dá pelo entendimento de que o povo foi levado cativo devido à desobediência a *Torah*, como está escrito no livro de Deuteronômio 28, acerca das consequências da desobediência:

> O Senhor trará de um lugar longínquo, dos confins da terra, uma nação que virá contra vocês como a águia em mergulho, nação cujo idioma não compreenderão,[50] nação de aparência feroz, sem respeito pelos idosos nem piedade para com os moços.[51] Ela devorará as crias dos seus animais e as plantações da sua terra até que vocês sejam destruídos. Ela não lhes deixará cereal, vinho, azeite, como também nenhum bezerro ou cordeiro dos seus rebanhos, até que vocês sejam arruinados.[52] Ela sitiará todas as cidades da sua terra, até que caiam os altos muros fortificados em que vocês confiam. Sitiará todas as suas cidades, em toda a terra que o Senhor, o seu Deus, lhes dá. (Deuteronômio 28.49-52).

Tal entendimento motivou o medo de desobedecer e, desse modo, de retornar ao exílio. Assim, houve a supervalorização da *Torah*, com acréscimos da cerca. Afirmando o pensamento rabínico, O *Pirkei Avot*[35] fala-nos: "*Os Homens da Grande Assembléia disseram três coisas: 'Seja deliberado em seu julgamento, forme muitos talmidim (discípulos),* **e faça uma cerca para a Torá**'" (grifo meu).

---

[34] Um exemplo de cerca é quando D'us disse para Adão **não comer** do fruto da Árvore do Conhecimento do bem e do mal (Gn 2.17), mas ele repassou a orientação para Eva, de forma oral, para que ela **nem ao menos tocasse** no fruto (Gn 3.3). Porém, observe que o mandamento de D'us era apenas o **"não comer"**, porém nada havia sobre **"não tocar"**. Há cercas que são boas, mas, como já vimos, o problema é quando a passa a ter o mesmo peso da *Torah*.

[35] Livro conhecido como a *Ética dos pais*, datado do século III a.C. É um tratado rabínico sobre a Mishná (leis orais e costumes).

Portanto, debaixo da ideia de proteção, construiu-se cercas para além da Lei da *Torah*. Se levarmos em consideração o nosso cotidiano, podemos exemplificar na lei de Trânsito, que proíbe a velocidade acima de 40 Km/h em determinadas vias. Nesse caso, uma cerca nessa lei seria alguém me falar que é proibido ultrapassar a velocidade de 30 Km/h. Pelo medo de que eu ultrapasse os 40 Km/h, ela transmite-me a lei como se fosse 30 Km/h, dando-me uma margem de segurança. Só que o problema está quando essa cerca acaba tendo o mesmo peso, como se fosse a própria lei, e isso é o que passou a acontecer com a **"*syag l'torá*" (Cercas da *Torah*)**. Outro exemplo de cerca é que, para que uma pessoa não cometesse adultério, os sábios disseram que um homem não deveria ficar sozinho com uma mulher que não fosse sua esposa para que não caísse na tentação do adultério. Isso, aparentemente, é bom, mas não deve oprimir ou tornar-se um fardo pesado como sendo a Lei.

Como alguém que vivenciou por muito tempo experiências dentro de Instituições eclesiásticas, testifico que muitos fardos pesados são colocados sobre os ombros dos "féis", sob o discurso de proteção e cuidado. No entanto, consciente ou não, por detrás do discurso de proteção existe a manipulação, o controle e o domínio. Ainda nos dias atuais, algumas congregações proíbem seus membros de assistirem à televisão, de ouvirem música secular, de pintarem o cabelo ou irem à praia. Sistemas de controle, sejam em empresas, igrejas ou casamentos, sob a base do medo, utilizam-se de falas distorcidas para estabelecerem cercas para protegerem algo que seja considerado sagrado. Interessante que, muitas vezes, o Sagrado que se intenciona proteger, é uma lei interna ou mesmo uma cerca que se tornou um *dogma* ou *tabu*. Dessa forma, cada vez mais é aumentado o peso, visto que, quando a cerca torna-se Lei (*dogma* ou *tabu*), perde-se a noção original do que realmente deveria ser protegido, pois foi criada uma enorme distância.

Por exemplo, suponhamos que tenham um objeto sagrado sobre uma mesa, que deve ser protegido. Alguém estabelece uma "cerca simbólica", escrevendo em uma placa: "Não se aproxime da mesa". Outro alguém entende que a mesa é o objeto sagrado que deve ser protegido e escreve em outra placa: "Não entre na sala". Outro alguém entende que a sala é o objeto sagrado que deve ser protegido e escreve em uma placa: "Não se aproxime do corredor que dá acesso à sala". Outro alguém, por sua vez, entende que o corredor é o objeto sagrado que deve ser protegido e anuncia um distanciamento, ainda maior, do corredor. Dessa maneira, em algum momento perde-se a ideia sobre o objeto que deveria ser protegido, pois muitas cercas foram acrescentadas e tornaram-se *dogmas* e *tabu*.

Esse caminho acaba se tornando muito pesado, sendo que a instrução inicial era somente acerca do objeto sobre a mesa. Ampliando o sentido para além do coletivo e social, nos âmbitos individual e pessoal, também construímos muitas cercas simbólicas, muitas leis psíquicas, *dogmas* e *tabus* que nos limitam, pesam o nosso andar e afetam as nossas relações. Seja no contexto social ou no pessoal, para aliviar os fardos é preciso rever o caminho, analisar historicamente e ressignificar os olhares.

Retornando ao contexto coletivo de Judá, vejamos a maneira com que Neemias, um dos restauradores do Povo pós-exílio babilônico, preocupa-se com o cumprimento da *Torah:*

> Naqueles dias, vi em Judá os que pisavam lagares ao **sábado** e traziam trigo que carregavam sobre jumentos; como também vinho, uvas e figos e toda sorte de cargas, que traziam a Jerusalém no dia de sábado; e protestei contra eles por venderem mantimentos neste dia.[16] Também habitavam em Jerusalém tírios que traziam peixes e toda sorte de mercadorias, que no sábado vendiam aos filhos de Judá e em Jerusalém.[17] Contendi com os nobres de Judá e lhes disse: Que mal é este que fazeis, profanando o dia de sábado?[18] **Acaso, não fizeram vossos pais assim, e não trouxe o nosso Elohim todo este mal sobre nós e sobre esta cidade? E vós ainda trazeis ira maior sobre Israel, profanando o sábado.**[19] Dando já sombra as portas de Jerusalém antes do sábado, ordenei que se fechassem; e determinei que não se abrissem, senão após o sábado; às portas coloquei alguns dos meus moços, para que nenhuma carga entrasse no dia de sábado. (Neemias 13.15-19, grifo meu).

Observamos, no verso 18, a "preocupação" de Neemias em lembrar do motivo pelo qual o povo havia sido levado cativo para Babilônia. Ele demonstra um medo e um zelo excessivo por não profanar o *shabat* (dia de descanso), visto no verso seguinte (19), a ponto de gerar cercas (*Syag l'tora*). Observemos outro exemplo desse zelo excessivo:

> Vi também, naqueles dias, que judeus haviam casado com mulheres asdoditas, amonitas e moabitas.[24] Seus filhos falavam meio asdodita e não sabiam falar judaico, mas a língua de seu respectivo povo.[25] **Contendi com eles, e os amaldiçoei, e espanquei alguns deles,** e lhes arranquei os cabelos, e os conjurei por Elohim, dizendo: Não dareis mais vossas filhas a seus filhos e não tomareis mais suas filhas, nem para vossos filhos nem para vós mesmos. (Neemias 13.23-25, grifo meu).

Nesse texto, Neemias chega ao ponto de amaldiçoar e espancar alguns, tamanho o seu medo de retornar ao exílio. Produz-se, dessa forma, um zelo radical pela *Torah*, porém ele acaba sendo pesado e, consequentemente, nocivo para o Povo.

Em Esdras[36] 10.10-13, livro que está no mesmo contexto pós-exílio, também notamos o peso que a palavra do *Beit Din* (tribunal) tinha sobre o Povo e como o zelo era grande para com a *Torah*, o que, infelizmente, ocasiona as **cercas (syag l'tora)**.

> Então, se levantou Esdras, o sacerdote, e lhes disse: Vós transgredistes casando-vos com mulheres estrangeiras, aumentando a culpa de Israel.[11] Agora, pois, fazei confissão ao SENHOR, Elohim de vossos pais, e fazei o que é do seu agrado; **separai-vos** dos povos de outras terras e das **mulheres estrangeiras**.[12] Respondeu toda a congregação e disse em altas vozes: **Assim seja; segundo as tuas palavras, assim nos convém fazer**". (Esdras 10.10-12, grifos meus).

Sobre as palavras de Esdras acerca da "separação", quero chamar a atenção para a resposta da congregação. Ela tem como Lei as palavras de Esdras e, assim, dizem no verso 12: "Segundo as tuas palavras assim nos convém fazer".

Realmente, na *Torah* escrita, existe o mandamento a respeito de não se casar com estrangeiros, pois haveria o risco de as mulheres dos povos estranhos corromperem os maridos a adorarem os deuses de suas nações. No entanto, não fala sobre "separação", caso já houvesse o casamento. Leiamos:

> [...] nem te aparentarás com elas; não darás tuas filhas a seus filhos e não tomarás suas filhas para teus filhos;[4] pois elas fariam desviar teus filhos de mim, para que servissem a outros deuses; e a ira do SENHOR se acenderia contra vós e depressa vos consumiria.[5] Porém assim lhes fareis: derrubareis os seus altares, quebrareis as suas estátuas, cortareis os seus bosques e queimareis a fogo as suas imagens de escultura. (Deuteronômio 7.3-5).

Vemos, então, a instrução de Dt 7.3-5 sendo repetida na oração de Esdras, no capítulo 9.12: "Agora, pois, vossas filhas não dareis a seus filhos, e suas filhas não tomareis para vossos filhos, e nunca procurareis a sua paz

---

[36] Esdras está em um período de 30 anos antes de Neemias.

e o seu bem; para que sejais fortes, e comais o bem da terra, e a deixeis por herança a vossos filhos para sempre". Porém há grande preocupação e medo de Esdras, manifestados no verso 14: "**Tornaremos, pois, agora a violar os teus mandamentos** e a aparentar-nos com os povos destas abominações? Não te indignarias tu assim contra nós **até de todo nos consumir**, até que não ficasse remanescente nem quem escapasse?" (grifos meus). É plausível pensar que o foco do coração de Esdras está no medo de ser consumido e extinguido.

Psicanaliticamente, posso entender que a mente de Esdras é regida por um *Superego Cruel*, pronto para eliminar o povo. Mas, nesse caso, podemos observar, nas citações supracitas, que o **princípio divino da Lei da Unidade-do-Ser** está presente, ou seja, objetiva-se não separar ou dissipar o Povo para que o seja mantido, para que o Povo continue a jornada rumo a uma Boa Terra. A aliança com outros povos dispersaria e desviaria o Povo do seu caminho.

O problema não era o casamento em si, mas o casamento poderia ser um meio para o desvio do povo. Então, em Esdras 10.10-12, parece ter sido colocada uma cerca para o povo, pois ele diz para o povo *separar-se das mulheres*. Porém na *Torah* não fala sobre a *separação*, mas, pelo zelo excessivo de Esdras, ele dá essa ordem para evitar que o povo se desviasse. Assim, a *separação das mulheres* seria como uma **cerca (syag l'torá)**, que o povo recebe com peso de Lei.

MITSVOT D'RABANAN – LEIS RABÍNICAS X MITSVOT D'ORAITA – LEIS ESCRITAS

As **mitsvot d'rabanan** são leis baseadas em interpretações dos tribunais, costumes e em exemplos de vida ou hábitos de grandes rabinos. Estes exemplos também são chamados de **"ma'assei há torá" ou "obras da Lei"**.

Para enriquecer o tema das *mitsvot d'rabanan,* inicio com uma citação muito interessante de um artigo, no portal *Arqueologia Bíblica,*[37] do arqueólogo Jorge Fabbro,[38] sobre manuscritos achados nas cavernas de Qunran, no Mar Morto, cujo teor circunda as "obras da lei" ou *"mitsvot d'rabanan".*

> Entre 1947 e 1956, centenas de manuscritos antigos – incluindo cópias de quase todos os livros do Antigo Testamento – foram descobertos, dentro de grandes vasos de barro, escondidos em 11 cavernas, nas montanhas do lado oeste do Mar Morto. Ao analisar sua escrita e submetê-los a testes radiométricos, os arqueólogos ficaram pasmos ao constatar que esses documentos tinham cerca de 2 mil anos de idade! Alguns haviam sido escritos nos dias de Jesus e outros dois séculos antes! Quem teria escrito os famosos Manuscritos do Mar Morto? Por que teriam sido escondidos nas cavernas do remoto e inóspito Deserto da Judéia? Que segredos eles escondem? Essas perguntas continuam sendo debatidas até hoje por arqueólogos, historiadores, filólogos e teólogos. Mas algumas respostas surpreendentes já foram encontradas. Uma dessas surpresas ocorre num manuscrito conhecido como **MMT (abreviatura da expressão hebraica Miqsat Ma-ase ha-Torah = importantes obras da lei).** Esse é o único escrito, fora da Bíblia, que usa a expressão "obras da lei". Antes de sua descoberta, essa expressão só aparecia nos escritos do Apóstolo Paulo, onde severas críticas são feitas às "obras da lei". Paulo ensina, por exemplo, que "o homem não é salvo pelas obras da lei" (Gálatas 2:16) e que "todos aqueles

---

[37] Disponível em: http://www.arqueologia.criacionismo.com.br/2007/04/as-obras-da-lei.html. Acesso em: 28 nov. 2023.

[38] Jorge Fabbro é arqueólogo, atuando na direção, elaboração e execução de projetos de pesquisa arqueológica, tanto científicos quanto no âmbito dos processos de licenciamento ambiental. Tem doutorado em Arqueologia (Ph.D.) pela Universidade de São Paulo; mestrado em Arqueologia (M.A.) pela Andrews University e Bacharelado em Direito (B.L.) pela Universidade de Santo Amaro.

que são das obras da lei estão debaixo da maldição" (Gálatas 3:10). O que Paulo queria dizer por "obras da lei"? Alguns acharam que ele estava se referindo à obediência à Lei de Deus e concluíram, muito apressadamente, que os cristãos não precisavam mais obedecer aos Dez Mandamentos. O MMT, contudo, aponta para um significado totalmente diferente. Seis cópias fragmentárias do MMT foram descobertas nas cavernas do Mar Morto, indicando que, provavelmente, muitas outras cópias foram feitas e distribuídas. O MMT é uma carta, com mais de 130 linhas, que tenta convencer seus leitores a praticar as "importantes obras da lei" e, para nossa grata surpresa, ele faz uma lista de cerca de 20 dessas práticas religiosas, consideradas extremamente importantes pelo autor do MMT. (Fabbro, 2007, grifo meu).

Pois bem, conforme o arqueólogo Fabbro, os manuscritos do Mar Morto trazem a expressão "obras da lei como sendo práticas religiosas que, necessariamente, não se encontram na *Torah,* mas provavelmente, como vimos, foram hábitos ou costumes de rabinos que acabaram por tornar "leis". Podemos, assim, entender um pouco mais sobre a expressão "obras da lei" nas cartas paulinas e como ela se relaciona com a Lei. Por isso, sem esse entendimento, parece-nos que Paulo está confuso e contradizendo-se, ora afirmando que a Lei é boa, ora que as "obras da lei" são más. Entretanto o que pode vir a ser "mal" é o cumprimento legalista da *Torah,* ou seja, com o peso dos acréscimos das cercas, dos costumes, das leis rabínicas e dos exemplos da vida dos rabinos. Esses acréscimos podem conflitar com as **"mitsvot d'oraita"**, as quais consistem nas leis escritas, ou nos 613 mandamentos escritos na *Torah* recebida por Moisés, de acordo com a obra *Mischné Torá,* de Moisés Maimônides (1135-1204), concluída em 1180. Assim sendo, havia essas duas facetas da lei, ou seja, as leis rabínicas ou orais e as leis escritas ou a *Torah.*

SISTEMA JURÍDICO MODIFICADO

À vista das mudanças e articulações históricas, percebemos o Sistema modificado ativo no primeiro século e persistente até os dias atuais. Alguns textos bíblicos evidenciam tal modificação:

> Fazei e guardai, pois, tudo quanto eles vos disserem, porém **não os imiteis nas suas obras**; porque dizem e não fazem. **Atam fardos pesados** [e difíceis de carregar] e os põem sobre os ombros dos homens; entretanto, eles mesmos nem com o dedo querem movê-los. (Mateus 23.3,4, grifos meus); Negligenciando o mandamento de Elohim, **guardais a tradição dos homens.** (Marcos 7.8, grifos meus).

Nesses versículos, segundo estudiosos, a palavra hebraica usada para "obras e tradição" é a *"takanot"*, que se refere às "leis rabínicas". Portanto a orientação messiânica era para guardar a *Torah* de Moisés – Lei – Instrução de Moisés –, ou, ainda, o **Modelo Jurídico Original**, por eles ensinadas, mas não era para seguir o exemplo de vida ou, em outras palavras, "as obras da lei ou *ma'assei há torá"*, pois essas obras eram pesadas demais para serem carregadas.

A voz messiânica também diz que a *Torah* estava sendo invalidada pelo costume e pelas leis rabínicas, que estavam tendo o mesmo peso que a *Torah*. Esse novo modelo jurídico afasta o indivíduo do Pai (simbólico) do propósito original e do Princípio Divino da Lei – Unidade-do-Ser. Por outro lado, o modelo original declara a leveza:

> Porque este mandamento que, hoje, te ordeno **não é demasiado difícil,** nem está longe de ti.[12] Não está nos céus, para dizeres: Quem subirá por nós aos céus, que no-lo traga e no-lo faça ouvir, para que o cumpramos?[13] Nem está além do mar, para dizeres: Quem passará por nós além do mar que no-lo traga e no-lo faça ouvir, para que o cumpramos?[14] **Pois esta palavra está mui perto de ti, na tua boca e no teu coração, para a cumprires.** (Deuteronômio 30.11-14, grifos meus).

Cabe, aqui, lembrar que nem toda tradição ou exemplo de vida é ruim; há bons exemplos. Em alguns momentos, o apóstolo Paulo aconselha a seguir algumas tradições ou modelos que ele deixou nas igrejas pelas quais passou:

> Assim, pois, irmãos, permanecei firmes e **guardai as tradições** que vos foram ensinadas, seja por palavra, seja por epístola nossa. (2 Tessalonicensses 2.15, grifo meu). De fato, eu vos louvo porque, em tudo, vos lembrais de mim e **retendes as tradições** assim como vo-las entreguei. (1 Coríntios 11.2, grifo meu).

Posto isso, há bons exemplos que podem ser imitados, contudo, repito, a questão é que não é saudável quando as tradições pesam demasiadamente sobre os nossos ombros.

Outra evidência do Sistema modificado, no I século está nos escritos de Flávio Josefo um historiador que viveu na época dos primeiros discípulos. Ele afirma, no livro a *História dos Hebreus*, a presença de divergências quanto aos acréscimos que não estavam compreendidas nas leis escritas por Moisés. Isso gerou as seitas (divisões), ou partidos, como Saduceus, Fariseus, Essênios, Nazarenos, Zelotes etc.

> [...] contentar-me-ei agora em dizer que os fariseus, que receberam estas constituições pela tradição de seus antepassados, as ensinaram ao povo. Os saduceus, porém, a rejeitavam, porque elas não estão compreendidas entre as leis dadas por Moisés, que estes afirmam serem as únicas que são obrigados a observar. Isso fez surgir entre ele uma grande divergência, que deu origem a diversos partidos. **As pessoas de classes mais elevadas abraçaram o dos saduceus, e o povo alinhou-se com os fariseus**. (Josefo, 2004, p. 606, grifo meu)

Para colaborar com este pensamento, encontramos no Talmude um texto que mostra o quanto alguns rabinos colocam as obras da lei e as *gezeirot*[39] acima da própria *Torah*: *Filho meu, ordena o Talmud, atende mais às palavras dos rabinos do que às da Lei.* (Tratado Erubin, fls. 21 b).

Por fim, após analisarmos os caminhos históricos da legislação judaica, fica mais fácil a compreensão dos acréscimos ocorridos na *Torah* durante

---

[39] *Gezeirah*: "legislação preventiva" dos rabinos clássicos, destinada a prevenir violações dos **mandamentos** (disponível em: https://en.wikipedia.org/wiki/Takkanah. Acesso em: 27 nov. 2023.

os anos. Podemos, diante do material analisado, ver mais claramente que a *Torah*, em si, não é pesada, mas sim o cumprimento das "obras da Lei", "as cercas da *Torah*", "as leis rabínicas", como se esses acréscimos fossem a lei. A ideia central é observar os acréscimos e entender que o Tempo Arquetípico Messiânico visa retornar ao princípio do Modelo Original.

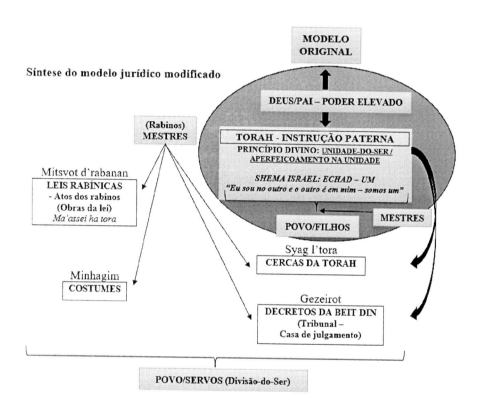

- Vale considerar o entendimento de que o modelo original visa ao princípio da Unidade, enquanto o modelo modificado tende à Divisão ou Separação. Enquanto o primeiro objetiva produzir uma mentalidade de FILHO, o segundo facilita a produção de uma mentalidade de SERVO/ESCRAVO.

Legislação judaica[40]

- **Mitsvot d'oraita:** as 613 leis escritas dadas por YHWH a Israel (segundo a contagem de Maiomônides).
- **Minhag:** um costume que, por ter "significado religioso" ou ser tradicionalmente muito antigo, tornou-se lei para o povo. Obs.: nem toda tradição é um *minhag*. Exemplo de *minhag*: vela no ritual do *Shabat*.
- **Ma'assei ha Torá:** literalmente "obras da lei". Termo que se refere a costumes e hábitos de grandes rabinos, que são usados para justificar os *takanot*, isto é, para justificar acréscimos à *Torah*.
- **Mitsvot d'rabanan:** *Takanot*: também conhecidos como "decretos rabínicos". São, literalmente, leis feitas por rabinos.
- **Gezeirá:** decretos de *Beit Din* (tribunais) referentes à observância da *Torah*, que acabam ganhando status de lei. São a base fundamental para as leis de cerca.
- **Syag L'Torá:** leis de cerca. Acréscimos feitos com o intuito de proteger a *Torah*. O objetivo é dar uma "margem de segurança" para que a pessoa não viole acidentalmente a *Torah*. Também procura preservar a *Torah* dos que são "indignos" dela.
- **Halachá:** literalmente "caminhada". *Halachá* é todo o conjunto de leis e comentários das leis destinados a explicar como um judeu deve viver. Contém, essencialmente, todas as categorias acima, explanando-as detalhadamente.

Organização da legislação em volumes

1. **Tanach:** *Torah* (cinco primeiros livros) + Nevi'im (profetas) + Ketuvim (demais escritos).
2. **Mishná:** comentários e tradições orais sobre a *Torah*.
3. **Guemará:** elaborações e adições sobre a Mishná e a *Torah*.
4. **Talmud:** essencialmente, Mishná + Guemará.

---

[40] Tabela elaborada por Shaul Bentsion (Grupo Torah Viva).

RETORNO AOS VALORES ATEMPORAIS – DECÁLOGO – COMO INTERPRETAS?

A partir deste ponto, tendo observado o modelo jurídico original e suas modificações, aprofundemo-nos no Decálogo (Dez Palavras), ou, no senso comum, "Dez Mandamentos". Dentro da perspectiva da mentalidade messiânica, convido a retornar ao modelo original e acessar a sabedoria contida nos mandamentos básicos da *Torah*, que contêm valores atemporais que se fundamentam no Princípio Divino da Lei: A Unidade-do-Ser – *Eu sou no outro e o outro é em mim – Somos Um.*

É possível que haja uma estranheza, por parte do caro leitor, porém tenho por intuito sair do campo do entendimento ordinário a respeito dos Dez Mandamentos, inclusive quanto à quantidade, pois, particularmente, não vejo como sendo dez. Em minha forma livre de ver, os mandamentos podem ser menos de dez, todavia pode haver mais ações. Isso fará mais sentido quando abordarmos a diferenciação entre "mandamento estatuto e juízo". "Como assim?", talvez você se pergunte. Segue o modelo exemplar, entretanto, mais o trarei mais detalhado. Por ora basta apenas um olhar primário sobre o assunto:

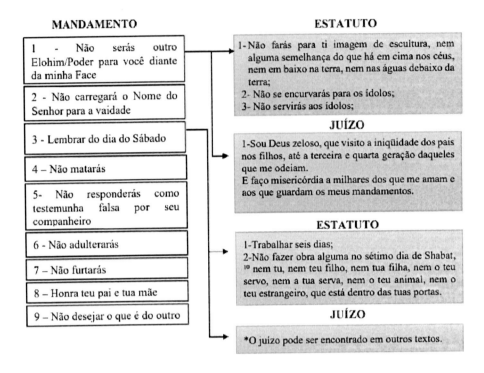

Bom, dentro do mandamento há estatutos e juízos. Nem todo mandamento tem estatuto e juízos explícitos, mas ao examinarmos podem vir à luz e isso pode ajudar na compreensão do cumprimento. Portanto aquilo que pensamos ser mandamento pode ser o estatuto do mandamento. Creio que o estatuto está muito ligado ao conceito da *Halacha*, isto é, ao modo de caminhar no mandamento. Nesse aspecto, da mesma forma em que a *Halachah* pode estar em uma posição maleável, de acordo com alguma situação específica, o estatuto também pode ser flexível.

O estatuto da festa de *Sucot*/Tabernáculos, por exemplo, é construir uma tenda, porém, caso não haja nenhuma possibilidade de construção da tenda, estando em um lugar com neve, pode ser que o estatuto não seja possível nessa situação específica, mas o mandamento da santa convocação e celebração da festa pode ser cumprido. Portanto, se pensarmos dessa forma, os "dez mandamentos", podem ser "nove mandamentos", e o que achamos ser mandamento pode ser um estatuto. Veremos a seguir mais sobre isso. Todavia a questão não é se são 9,10,12 ou 14; a questão principal está no aprendizado do princípio e da vivência consciente, experienciando o Espírito ou a Intenção que se encontra por trás da Letra.

A título de curiosidade, nos escritos paulinos aos Coríntios aparecem duas palavras relacionadas ao cumprimento da *Torah* – "Espírito" e "Letra": "Qual nos fez também capazes de ser ministros de um novo testamento, não da **letra,** mas do **espírito**; porque a letra mata e o espírito vivifica" (2 Coríntios 3.6, grifos meus). Segundo Paulo, a letra mata e o espírito vivifica. De onde o apóstolo nazareno extrai esse pensamento? É possível pensar que, sendo rabino, Paulo/Shaul compreendia a disputa que havia entre duas escolas rabínicas que coexistiam no primeiro século.

A Escola de Hillel, cuja preocupação estava no cumprimento dos princípios da Lei, os quais estavam atrelados à expressão "Espírito da *Torah*" e em oposição à Escola de Shammai, que se preocupava mais com "Letra da *Torah*", uma observância mais ao "pé da letra" e que, muitas vezes, ultrapassava os limites. Sob essa ótica, alguns textos dos Evangelhos podem ser mais bem compreendidos, sobretudo, no que diz respeito a alguns conflitos entre os fariseus e Yeshua (imagem messiânica), visto serem participantes de Escolas diferentes.

Acredita-se que Yeshua era da Escola de Hillel, que se atinha ao Espírito da *Torah* e não ao cumprimento literal. Assim, havia divergências acerca do cumprimento, como se observa sobre o *Shabat*. Os fariseus da Escola de Shammai não concordavam com alguns posicionamentos de Yeshua. De forma simbólica, o *pensamento institucionalidade* diverge com a *mentalidade messiânica*, visto que o *pensamento institucionalizado* sustenta-se sobre os dogmas da Letra e a *Mentalidade Messiânica* intui a liberdade do Espírito, como assim é dito: "Ora, o Senhor é o Espírito e onde está o Espírito do Senhor ali há liberdade" (2 Coríntios 3.17).

Desse modo, seguindo a mesma linha de entendimento da Escola de Hillel, compreendo que o mais importante é a introjeção do Espírito da *Torah* e não o cumprimento cego da Letra. Não acredito que haja muita valia no cumprimento condicionado e adestrado da lei, mesmo no âmbito social. Isso, a meu ver, revela pessoas manipuláveis, ovelhas "ignorantes" ou massa de manobra; seres não pensantes que podem ser manipulados, não só para o bem, mas também para o mal. Penso que o desenvolvimento e a evolução positiva, enquanto seres humanos, está na capacidade de, por exemplo, "não matar", porque entendo o *valor da vida* e não, simplesmente porque está escrito na constituição. Em vista disso, tudo o que aqui será tratado acerca dos mandamentos básicos da *Torah* está associado ao Espírito que vivifica, ao princípio e à intenção que vivificam, e não somente ao cumprimento ignorante da Letra.

Por conseguinte, precisamos entrar num processo de aprendizagem e não apenas em um num adestramento social ou religioso. O verso do livro de Deuteronômio reforça que a Lei é aprendida e não somente recebida: "Chamou Moisés a todo o Israel e disse-lhe: Ouvi, ó Israel, os estatutos e juízos que hoje vos falo aos ouvidos, para **que os aprendais e cuideis em os cumprirdes**" (Deuteronômio 5.1, grifo meu). Nesse versículo, a palavra usada para "aprendais" é "למד *lamad*", que em um dos seus sentidos é **"exercitar-se em"**. Portanto a Lei está no campo da aprendizagem, no exercício da prática, na sabedoria "*chochmá*", e não só no plano das ideias como no pensamento grego. Seria tolo pensar que a Lei foi abolida, assim como seria tolice subir em um prédio e pular gritando: "A lei da gravidade não existe e não é boa!", assim como colocar a mão no fio elétrico e dizer: "A lei da eletricidade não existe e não é boa". Teríamos, certamente, algumas consequências drásticas ou até mesmo a morte.

Certa vez, Yeshua (imagem messiânica) foi indagado por um escriba sobre o que era preciso para ter a Vida Eterna. Yeshua respondeu com outra pergunta: "O que está escrito na Lei? Como interpretas?". Quando o escriba respondeu, Yeshua parabenizou-o e disse: "Vai e faze isso e viverás".

> E eis que certo homem, intérprete da Lei, se levantou com o intuito de pôr Yeshua à prova e disse-lhe: Mestre, que farei para herdar a vida eterna?[26] Então, Yeshua lhe perguntou: **Que está escrito na Lei (Torah)? Como interpretas?**[27] A isto ele respondeu: Amarás o Senhor, teu Elohim, de todo o teu coração, de toda a tua alma, de todas as tuas forças e de todo o teu entendimento; e: Amarás o teu próximo como a ti mesmo.[28] Então, Yeshua lhe disse: Respondeste corretamente; faze isto e viverás. (Lucas 10.25, grifo meu).

O texto de Lucas pode nos dar o parâmetro para a intenção messiânica, isto é, a *Torah* não é apenas aprendida, também existe outro fator de extrema importância: a interpretação. Entendo que uma vida significativa, a ponto de permanecer no mundo, mesmo quando o corpo entra em decomposição, consiste no modo como a *Torah – Instrução Paterna* é interpretada.

Como a interpretamos? Sob qual base de interpretação nos relacionamos com a Instrução Paterna? Durante muitos séculos, como estudado nos tópicos anteriores, a interpretação esteve sob a filosofia grega, dogmas judaico-cristãos, cercas, obras rabínicas etc. Enfim, indo além dessas misturas que pesam na interpretação, a balança precisa ser ajustada e as lentes da visão precisam ser restauradas para que haja uma interpretação que produza Vida Eterna e não morte eterna. Sobre isso cabe dizer que muitos se preocupam com a eternidade enquanto lugar para o qual irão depois que o corpo deixar de cumprir a sua função, no entanto não percebem que já estão mortos quando não dão significado às suas existências.

Em semelhança, a voz messiânica disse ao jovem que se apresentou para ser seu discípulo: "Jesus, porém, disse-lhe: Segue-me, e deixa os mortos sepultar os seus mortos" (Mateus 8.22). Quem são os mortos senão aqueles que, apenas sustentados por seus corpos, cumprem a única função cabível, ou seja, esperar pelo sepultamento de uma vida que se resume em sepultar. Entretanto, um dos conceitos de Vida Eterna, no hebraico, *Olam Vaed* ("para os mundos"), é "vida com significado, que perdura na memória do Mundo". Nesse sentido, a ideia é que você seja eterno no mundo e não fora do mundo terreno. Para isso, a Lei Paterna/*Torah* existe para promover condições favoráveis para a construção de uma vida significativa que repercute para as gerações.

MANDAMENTOS, ESTATUTOS, JUÍZOS E PRINCÍPIOS PEDAGÓGICOS

No livro de Deuteronômio há uma diferenciação entre mandamentos, estatutos e juízos que pode nos ajudar a interpretar melhor o Decálogo/Dez Mandamentos: "Tu, porém, fica-te aqui comigo, e eu te direi todos os **mandamentos, e estatutos, e juízos** que tu lhes hás de ensinar que cumpram na terra que eu lhes darei para possuí-la" (Deuteronômio 5.31, grifo meu). Sendo assim, em cada mandamento pode ser observado o estatuto e o juízo, além do princípio ou Espírito da *Torah*.

- **Mandamentos (*mitzvot*)** – De forma simplificada, refere-se à ordem, a uma forma simplificada, a uma obrigatoriedade, a uma instrução.

- **Estatuto (*chukim*)** – Aquilo que é prescrito, auxilia no modo do cumprimento do mandamento, relacionado à forma, a quem, quando e onde.

- **Juízos (*mishpatim*)** – Entendo que seria o decreto, a determinação após o cumprimento do mandamento, ou seja, o resultado positivo ao cumprimento ou ao resultado negativo do não cumprimento.

- **Espírito da *Torah*/Princípio** – É o princípio pedagógico que visa educar para a preservação e para a promoção da Vida. É o "motivo" do mandamento. É o NÃO por trás do SIM ou o SIM por trás do NÃO. Em um "NÃO" pode haver também um "SIM", e vice-versa. No "**NÃO** matarás", por exemplo, tem o **SIM** do promover a vida. Em outro exemplo, o "**NÃO** furtarás" também contém o **SIM** do acrescentar, dar, doar. Não se trata apenas de não roubar, não tirar, é preciso entender o dar e o acrescentar. Esse é o *Espírito da Torah*.

Para elucidar essa diferenciação, segue o exemplo de uma possível situação do cotidiano: suponhamos que eu receba uma **ordem/mandamento** para viajar a São Paulo para fechar um negócio importante, porém, para fazer essa viagem eu tenho várias opções, como ir de avião, de ônibus, de carro, à noite, pela manhã, enfim, existem inúmeras possibilidades e fatores que envolvem o cumprimento da ordem. Todavia, junto ao mandamento há a especificação de ir de carro, pela BR 116, às 15h. Essa especificação, juntamente a outras recomendações, como: verificar as condições do carro, do pneu reserva, da calibragem, do óleo, da água, dos extintores, parar no meio da viagem para descansar e comer algo, seriam o **estatuto**. Esse estatuto é para que eu chegue ao destino em segurança e fazer uma viagem agradável, sem muitos desgastes, preservando a vida; isso, então, seria o **Juízo (o decreto sobre o cumprimento do mandamento)**. O **Princípio**, por sua vez, seria não perder o negócio, o aumento dos lucros da empresa e, dessa forma, promover a vida da empresa. Portanto observe que, nesse exemplo, eu posso cumprir o mandamento de ir para São Paulo, mas se não cumprir o estatuto, o mandamento pode não completar totalmente a sua função, ou seja, posso não alcançar o princípio e o juízo do mandamento; e também o estatuto, que instrui ir pela BR 116. Se ocorre um imprevisto na estrada, caindo uma ponte, sendo necessário haver um desvio por outra BR, o estatuto pode ser mudado nesse caso.

Logo, ao sondarmos o mandamento, o estatuto, o juízo e o princípio, podemos ter uma interpretação melhor e, consequentemente, uma vida inteligente e com sabedoria, tal como expressa o seguinte:

> Guardai-os, pois, e cumpri-os, porque isto **será a vossa sabedoria e o vosso entendimento perante os olhos dos povos** que, ouvindo todos estes estatutos, dirão: Certamente, este grande povo é gente sábia e inteligente.[7] Pois que grande nação há que tenha deuses tão chegados a si como o SENHOR, nosso Elohim, todas as vezes que o invocamos?[8] E que grande nação há que tenha estatutos e juízos tão justos como toda esta lei (Torah) que eu hoje vos proponho? (Deuteronômio 4.6-8, grifo meu).

Vejamos outro exemplo, o mandamento do dízimo, que, por falta de conhecimento, tem muitas oposições, interpretações erradas e exageros. Não me proponho a fazer um estudo aprofundado, apenas utilizo como exemplo para o tema dos estatutos, juízos e princípios:

Mandamento (Nm 18/ Ml 3.10) - Dar o dízimo.	Estatuto (Como? Para quem?) - Aos levitas. - Na casa do tesouro. - Os levitas dão o dízimo dos dízimos recebidos. - Dar o melhor.	Juízo (Objetivo/consequência) - Haver mantimento para aqueles que oficiam e servem o Povo. - Preservação da vida.
Espírito da *Torah*: **Princípio pedagógico** - Educa a não tomar para si o que não é seu; não reter o fruto do trabalho somente para si; não deixar o outro que te instrui passar necessidade.		

Vemos, aqui, que podemos guardar o mandamento do dízimo, porém parte do estatuto já não cabe, pois "não há levitas" nem a "casa do tesouro", mas quanto ao dar o melhor, bom que seja feito e, ao fazermos, o princípio e o juízo não são afetados, ou seja, aqueles que vivem para servir não terão falta de mantimento, suas vidas serão preservadas, o fruto do trabalho não será retido. Lembro que esse mandamento não cabe somente dentro de uma Instituição eclesiástica, Igreja ou algo nesse contexto. No sentido ampliado de uma mentalidade messiânica, no Espírito da *Torah*, o mandamento estende-se para a Humanidade.

Posto isso, esta é a visão que proponho. Acredito que a compreensão da *Torah* passa pela compreensão dos estatutos, dos juízos e dos princípios pedagógicos.

ÊXODO/*SHEMOT* 20.1 – A VOZ DA VOCAÇÃO, PALAVRAS COMPLETAS, PALAVRA NO DESERTO

Falamos, anteriormente, sobre as Palavras do *Shemá*, as quais fazem referência à síntese do Decálogo. Acerca dessas palavras, atrevo-me a fazer alguns comentários, enfatizando que a importância maior está no Espírito da *Torah*, em seu princípio pedagógico, que nos conduz à consciência da Unidade-do-Ser e ao aperfeiçoamento na Unidade. O cumprimento dogmático, do contrário, torna-se nocivo e produz desunião. Dito isso, analisemos o primeiro verso de Êxodo 20, o início do Decálogo.

Êxodo[41]/*Shemot* 20.1 –

וַיְדַבֵּר אֱלֹהִים אֵת כָּל־הַדְּבָרִים הָאֵלֶּה לֵאמֹר

Vaydaber Elohim et col-haddvarim haelleh lemor

A tradução mais comum de Êxodo 20.1 é: "**E falou Deus todas as palavras a estes, dizendo:**". No entanto podemos ter outra forma de ver esse verso, levando em consideração que temos duas situações em que o povo não se aproxima do Monte Sinai. Uma em que Deus não permite:

> [...] e o Senhor disse a Moisés: Desce, adverte ao povo que não traspasse o limite até ao Senhor para vê- lo, a fim de muitos deles não perecerem. (Êxodo 19.21); e outra em que o povo teve medo: Disseram a Moisés: Fala-nos tu, e te ouviremos; porém não fale Elohim conosco para que não morramos. (Êxodo 20.19).

Sob essa ótica temos outra tradução possível: "**E falou todas as palavras de Elohim**[42] **a estes dizendo**". Ou seja, quem está "falando", nessa perspectiva, não seria *Elohim* (Deus/Poder), enquanto Poder fora do Ser Humano, mas as *Palavras de Poder (Elohim)*, que estão no Ser Humano,

---

[41] Êxodo é o nome grego para o segundo livro do Pentateuco. No entanto o seu nome hebraico é *Shemot*. Pentateuco também é o nome grego, mas o seu nome hebraico é Torah, em referência aos livros mosaicos.

[42] *Elohim* é o termo usado no texto hebraico, cuja tradução mais correta não seria "Deus", mas "Poderes ou Poder Supremo".

estariam sendo transmitidas pelo próprio Ser Humano, a saber, Moshe/Moisés. O que isso traz de importante? Bom, isso mostra que as Palavras da *Torah/Instrução Paterna* são transmitidas para a humanidade por alguém que ouve a Voz da Vocação, aceita e se faz escolhido.

O Princípio Divino da Lei manifesta-se na participação ativa do Ser Humano na Criação, assim como no mito do Gênesis, em que Adão nomeia os animais. Esse é um meio pelo qual a Voz Divina/Sabedoria age na Terra; é um meio da sua vontade ser realizada na Terra. Alguém precisa anunciar as Boas Palavras, pois o Ser Humano é afetado pelo próprio Ser Humano – *Somos Um*. Nós somos responsáveis por frutificar, multiplicar e continuar a Criação. Interessante que a expressão "*col-haddvarim*" (Êx. 20.1), traduzida como "todas as palavras", também pode ser vista como "palavras completas ou plenas". Alguém precisa descodificar essas Palavras que produzem plenitude. É preciso um mediador para libertar o *Logos*.

As boas palavras recriam a Vida. Separam a noite e o dia. "Haja Luz!",[43] diz a Voz no mundo caótico, evidenciado na cosmogonia do livro de Gênesis 1.3. A Luz se sobrepõe ao que não se entendia. Boas palavras fazem-nos andar sobre as águas, incentivam-nos a plantar em terra escassa, a lançar a rede, mais uma vez, depois de um longo dia de frustrada pescaria, e a seguir por um caminho que, até então, desconhecia-se. Boas palavras fazem surgir os frutos na árvore que de sequidão morria. Trazem o prumo. Ordenam o que não se corrigia. Levantam ossos ressecados e, em um mundo vazio, fazem surgir um Jardim regado. A boa palavra é como um deus capaz de criar princípios, recriar inícios, estabelecer céus, firmar a terra, dar fôlego, dar alma. Ela é a própria alma. "No princípio era palavra, e a palavra estava com deus, e a palavra era deus...", declara os versos de João 1.1. Todavia, nada ressuscita se tais palavras não forem ouvidas, e isto quer dizer que são ineficazes quando apenas escutadas com os ouvidos externos, mas poderosas quando são ouvidas com os ouvidos internos, bem como também quando lidas, porém, não simplesmente lidas, e sim absorvidas, pois quando a boa palavra é absorVIDA, absorve-se a vida que nela contém. No entanto, é preciso compreender que boas palavras não são necessariamente doces, elas também podem ser amargas, pois o amargo também cura. A palavra se torna eficaz e viva quando se transforma em verbo e em ação é constituída. Quando ela é verbalizada se transfigura em forma de carne e dentro de nós encontra morada. Funde-se em nossa própria essência. Cria, no caos, um

---

[43] Bíblia (Tanach). Gênesis. 1.3 / Torah. Bereshit 1.3.

tabernáculo seguro, a desordem torna-se habitável e o caos encontra o prumo. Como carne digerida é a palavra que se verbaliza. Sai do campo do pensamento e se transforma em sustento. "O verbo se fez carne e habitou dentro de nós...", como outrora foste traduzido João 1.14. Infelizmente, este é um princípio que não cabe somente ao bem, mas também para a palavra má. Pois bem, onde as boas palavras estão? Estão em todos os lugares. Por todas as partes. Algumas escondidas. Outras explícitas. Estão aqui. Estão aí. Estão para quem tiver ouvidos para ouvir!

Ao tratarmos, ainda, da palavra verbalizada e absorvida, proponho outra visão parecida, mas em um ângulo de diferente interpretação e simbolismo. Seríamos almas reencarnadas? Corpos anfitriões de reencarnações? Acredito que sim. Acredito que há um renascimento de pensamentos. Renascemos em corpos que não são os nossos. Reabitamos mentes de uma matéria diferente. Almas reencarnadas. Em mim coexistem almas de quem conheci e de quem nunca vi. Almas que se misturam com a minha. Confundem-se. Fundem-se. *Almas reencarnadas são palavras verbalizadas* que se fizerem carne e habitaram dentro de nós. São as vozes que ouvimos sem saber de onde vêm. Vozes do além. De um passado remoto ou de um passado presente. Palavras de alguém que já inexiste ou ainda é existente. São ações que, muitas vezes, surgem sem saber o porquê. Sem o auxílio da razão, sem explicação, sem a mão do entendimento, nasce um comportamento. Palavras verbalizadas que um dia reencarnaram em nós. Almas que são sopradas em nossos ouvidos encontram morada em nosso corpo e, renascidas, fazem-nos reanimados para a morte ou para a vida. *"O Logos se fez carne e habitou dentro de nós..."*, relembra a filosofia sagrada. *Logos* que, do grego, pode ser interpretada como *"palavra verbalizada"*. Palavra que se desvincula da inércia dos recônditos do pensar e sobre o pensamento sopra fôlego de vida transformando-o em verbo, em ação. Faz animado e dá movimento aos corpos de barro.

Para o filósofo Heráclito[44] é o princípio que dá estabilidade e ordem ao mundo em constante mudança. O *Logos* é o agente ativo da criação. O que forma os céus e constitui a Terra. Penetra todos os Seres, torna tudo existente e faz, do nada, alma vivente. Almas reviventes. Espíritos vivificantes.

---

[44] Heráclito de Éfeso. Filósofo da Escola Jônica, a primeira do período naturalista pré-socrático (séc. VII-V). O interesse filosófico dessa escola, segundo Fiorin, era encontrar a substância única, a causa, o princípio do mundo natural vário, múltiplo e mutável. Heráclito fazia parte dos jônicos posteriores, que procuravam resolver a problemática do movimento e da transformação dos corpos.

Pois bem, após esse teor poético das Boas Palavras, retorno a Moisés. Ele, no meu modo de ver, em uma de suas representações míticas, representa todo aquele que recebe a *Torah*, as Boas Palavras atemporais. Mas como ele as recebeu? Ele recebeu-as no alto do monte, pela ordem divina. Portanto Moisés subiu, ou seja, aquele que recebe a *Torah* precisa **subir**, precisa sair do meio da multidão, alcançar uma posição elevada e ser experimentado no testemunho. Esse, que em seu íntimo recebe as Boas Palavras, inevitavelmente mudará a direção do caminho e a trajetória será interrompida para o início de outra. Assim foi com Moisés e também com o personagem Paulo/*Shaul*.

No momento em que se encontra com a Voz da Vocação e tem a sua consciência ardendo como uma sarça que se queima sem se consumir, Moisés ouve: "Não te aproximes daqui; tira as sandálias dos pés, porque o lugar em que estás é uma terra santa" (Êxodo 3.5). Em outras palavras, ele foi convocado a tirar dos seus pés o caminho pelo qual estava andando naquele momento e, a partir daquele instante, ele adquiriu um novo caminho, um caminho separado (santo) do atual. Da mesma forma, Paulo caiu no chão e teve a sua trajetória interrompida quando se encontrou com a Voz da Vocação, no meio do caminho, na estrada de Damasco. Em outra forma de dizer, Paulo caiu em si quando ouviu a Voz da Vocação:

> Seguindo ele estrada fora, ao aproximar-se de Damasco, subitamente uma luz do céu brilhou ao seu redor,[4] e, caindo por terra, ouviu uma voz que lhe dizia: Saulo, Saulo, por que me persegues? [5] Ele perguntou: Quem és tu, Senhor? E a resposta foi: Eu sou Yeshua, a quem tu persegues;[6] mas levanta-te e entra na cidade, onde te dirão o que te convém fazer. (Atos 9.3-6).

Essa é a Voz da Vocação, a "voz que chama – a voz que clama" em nosso interior. Quando menos esperamos, ela convoca-nos à consciência e a levantarmos para outra direção. Ela leva-nos a adentrarmos a nossa escuridão e termos contato com o que nos escraviza para, então, convocar-nos para fora desses lugares (imagem do Egito), assim como Moisés, que representa todo aquele que se desliga do Egito e quebra a aliança ou o pacto com o Sistema de dominação. Estando no Egito, ninguém conseguirá experienciar as Boas Palavras da *Torah da Liberdade*, pois ela é revelada no Deserto, num lugar aberto.

Além do simbolismo de ser um local aberto — não enclausurado —, Deserto também pode ter outras representações. O sentido literal da palavra hebraica para "deserto – *Midbar* מדבר", é "quem fala?" ou "de quem é a palavra?", devido à união das palavras "*Mi*" ("quem, de quem?") e "*davar*" ("palavra"). Portanto, o deserto, antes de conter a ideia de liberdade, representa um lugar crítico, onde questionamentos surgem e somos levados a descobrir as palavras que nos conduzem, as narrativas e os discursos que direcionam o curso de nossas vidas.

O Deserto é um período de confronto e transição, momento em que as Palavras que nos habitam devem ser desvendadas e analisadas. As palavras que nos escravizam e acusam-nos, outrora ouvidas e introjetadas de algum Sistema de Domínio (familiar, trabalho, infância...) devem ser ressignificadas, e Palavras que nos integram devem ser internalizadas e interiorizadas.

Se você se sente num Deserto, entenda quem tem falado no seu inconsciente e direcionado a sua vida. Certamente, uma nova ordem tem sido apresentada. Não foi no deserto que Moisés também teve a revelação de quem falava com Ele? "Apascentava Moisés o rebanho de Jetro, seu sogro, sacerdote de Midiã; e, levando o rebanho para o lado ocidental do **deserto**, chegou ao monte de Elohim, a Horebe" (Êxodo 3.1, grifo meu). Foi nesse momento de reflexão crítica que Moisés ouviu a Voz que clama no deserto:

> Voz do que clama no deserto: Preparai o caminho do SENHOR; endireitai no ermo vereda a nosso Deus.[4] Todo vale será exaltado, e todo monte e todo outeiro serão abatidos; e o que está torcido se endireitará, e o que é áspero se aplainará.[5] E a glória do SENHOR se manifestará, e toda carne juntamente verá que foi a boca do SENHOR que disse isso. (Isaías 40.3-5).

Nesse texto, a palavra usada para "endireitar" é "*panah*", que quer dizer "desobstruir o caminho". Sendo assim, no deserto existe uma *Voz que clama* para alinhar e ordenar. É no deserto que o caminho é desobstruído para ser exaltado ou abatido, endireitado ou aplainado. É no/do deserto que se tem discernimento da *Torah – Instrução Paterna*.

ÊXODO/*SHEMOT* 20.2 – TIRADO DA CASA DOS ESCRAVOS

Anochi Adonay Eloheicha asher hotseticha meerets Mitsrayim mibbeit avadim

אָנֹכִי יְהוָה אֱלֹהֶיךָ אֲשֶׁר הוֹצֵאתִיךָ מֵאֶרֶץ מִצְרַיִם

מִבֵּית עֲבָדִים

Tradução comum:

Eu sou o SENHOR, teu Deus, que te tirei da terra do Egito, da casa da servidão. (Êxodo/*Shemot* 20.2).

A meu ver, esse verso transmite um dos mais lindos propósitos da *Torah*: a liberdade, consequente da separação da "casa da servidão". Além disso, sair da "casa da servidão" está condicionada à assimilação dessa profunda declaração: "Eu Sou (*anochi*)", a qual, em outras palavras, pode ser entendida da seguinte forma: "Ninguém **é** fora do **ser**". A compreensão do Poder (*Elohim*) — que está no Ser — tira-nos de servidões, uma vez que servidão é a condição de remoção do Poder-do-Ser. Quando o sujeito está em sujeição a outro Ser está em servidão, afastado da potência de vontade do "Eu Sou". Permanece sob a servidão do "Ele é", "Eu não sou". O reconhecimento do "Eu Sou" é crucial para o entendimento da liberdade, para a consciência do "Vir para fora", para a lucidez do "vir à luz", para nascer e renascer.

Essa riqueza de entendimento está na expressão "te tirei", de Êxodo 20.2. No hebraico, a palavra utilizada é "*Hotseticha*". Nela está contida a palavra "יצא *Yatsa*", que significa "vir para fora". Essa é a mesma palavra usada no texto de Gênesis, quando os seres viventes são criados: "Disse também Elohim: **Produza (Yatsa – vir para fora)** a terra seres viventes, conforme a sua espécie: animais domésticos, répteis e animais selváticos, segundo a sua espécie. E assim se fez" (Gênesis 1.24, grifo meu). Em outro versículo, sobre a formação do Homem, há uma palavra semelhante: "Então o Senhor Deus **formou** (Vayytser וַיִּיצֶר) o homem do pó da terra e soprou em suas narinas o fôlego de vida, e o homem se tornou um ser vivente" (Gênesis 2.7, grifo meu). Nesse verso, a palavra usada é "יצר *yatsar*", seu significado é "moldar, pressionar". Dela também temos as seguintes derivações, com apenas uma alteração nas consoantes "ע" e "א": "יצע *yatsa*'" — "propagar, espalhar" e "יצא *yatsa*'" — "vir para fora". Nesse sentido mítico, o Ser Humano é formado e moldado para espalhar e propagar. Em outra forma de dizer, o Ser Humano deve estar sujeito a limitações saudáveis, porém não existe para ficar em servidão, em reclusão psíquica ou emocional, mas para expandir, nascer, ir para fora, como um filho que sai do ventre para desenvolver e crescer.

Sendo assim, em cada Ser há um **Poder/Eu Sou** que está, constantemente, convocando a "vir para fora" da "casa da servidão" para a "casa da liberdade", na qual só habitam os filhos, e não os escravos. A expressão "casa da servidão", no hebraico, é "*beit avadim*", literalmente, "casa dos escravos". Quando esse Poder/Eu Sou chama-nos para fora da "casa dos escravos", indica que ele não pode ser acessado do lado de dentro da servidão. No campo psíquico é preciso sair dos traumas, das dores, das palavras que aprisionam. E, como vimos em outro momento, a Voz Paterna é a Voz que leva para fora, que separa o filho da "mãe", caso contrário, a "mãe" (biológica ou Instituição) sufoca e aprisiona o filho.

Este Poder que tira dos *Egito's* que nos prendem, portanto, é símbolo da Voz Paterna que estabelece limites saudáveis para a expansão do filho. Talvez esse também seja o sentido original de Igreja, ou seja, ser uma "Casa de Livres/Filhos", pois Igreja, no grego, é "*Ekklesia*", "chamados de dentro para fora". Contudo a "casa dos livres" só é possível se houver a Função Paterna/Pai, senão a Igreja, enquanto instituição, estabelece dogmas, muralhas e correntes. Dessa forma, aprisiona e mata os seus membros.

ÊXODO/*SHEMOT* 20.3-6 – MANDAMENTO 01 – OS ÍDOLOS

Lo yihieh-lecha Elohim acherim al-panaia

Lo taaseh-lecha fesel vechol temunah asher bashshamayim mimmaal vaasher baarets mittachat vaasher bammayim mittachat laarets:

Lo-tishtachveh lahem velo taavedem ki anochi Adonay eloheycha el qanna poqed avon avot al-banim al- shilleshim veal-ribbeim lesonay veoseh chesed laalafim leohavay ulshomerey mitsvotay

לֹא יִהְיֶה־לְךָ אֱלֹהִים אֲחֵרִים עַל־פָּנָי:

לֹא תַעֲשֶׂה־לְךָ פֶסֶל וְכָל־תְּמוּנָה אֲשֶׁר בַּשָּׁמַיִם מִמַּעַל וַאֲשֶׁר בָּאָרֶץ מִתָּחַת וַאֲשֶׁר בַּמַּיִם מִתַּחַת לָאָרֶץ:

לֹא־תִשְׁתַּחֲוֶה לָהֶם וְלֹא תָעָבְדֵם כִּי אָנֹכִי יְהוָה אֱלֹהֶיךָ אֵל קַנָּא פֹּקֵד עֲוֹן אָבֹת עַל־בָּנִים עַל־שִׁלֵּשִׁים וְעַל־רִבֵּעִים לְשֹׂנְאָי

וְעֹשֶׂה חֶסֶד לַאֲלָפִים לְאֹהֲבַי וּלְשֹׁמְרֵי מִצְוֹתָי

Tradução comum:

3 - Não terás outros deuses diante de mim.

4 - Não farás para ti imagem de escultura, nem alguma semelhança do que há em cima nos céus, nem embaixo na Terra, nem nas águas debaixo da Terra.

5 - Não te encurvarás a elas nem as servirás; porque eu, o Senhor teu Deus, sou Deus zeloso, que visito a iniquidade dos pais nos filhos, até a terceira e quarta geração daqueles que me odeiam.

6 - Mas trato com bondade até mil gerações aos que me amam e obedecem aos meus mandamentos (Êxodo/*Shemot* 20:3-6).

Inicio a análise desse mandamento interpretando o verso 3 como sendo o mandamento e os versos 4, 5 e 6 como estatuto e juízo, ou seja, como o modo do cumprimento e as consequências positivas e negativas. Com base nessa perspectiva, analiso, primeiramente, algumas palavras no seu contexto hebraico para ampliarmos a tradução.

No verso 3: *lo **yihieh-lecha** Elohim acherim al-panaia* – "**Não terás outros deuses diante de mim**", a palavra "*Yihieh*" foi traduzida como "terás", mas ela procede de "היה *hayah*", cujo significado é "**ser, existir**". E, como sabemos, no hebraico não existe o verbo "ter". Portanto, nesse verso, a melhor tradução para "***yihieh-lecha***" não seria "não terás", mas "não serás para ti". "*Hayah*" também é usada em um episódio muito importante, em que *Elohim* (Poder/Deus) aparece a Moisés: "E disse Deus a Moisés: EU SOU O QUE SOU. Disse mais: Assim dirás aos filhos de Israel: EU SOU me enviou a vós" (Êxodo 3.14). Quando Moisés pergunta o Seu Nome/Identidade, *Elohim* (Poder/Deus) responde-lhe: "*Ehieh asher Ehieh* אהיה אשר אהיה". Essa expressão não está no presente e, sim, no futuro, isto é, não seria "Eu Sou o que Sou", mas **Serei o que Serei**, no sentido de que Ele – O Poder – pode Ser ou se Tornar tudo o que for preciso. Não pode ser definido, limitado numa forma fechada

Para uma maior compreensão do termo *Elohim* – "אלהים", que aparece em muitos versículos bíblicos no texto hebraico, vale uma modesta explicação. Em Êxodo 3.14, *Elohim* foi traduzido como "deuses", porém, ao observarmos o hebraico, veremos que *Elohim* não se associa a três deuses/trindade (até porque, na época de Moisés, ainda não existia o título "deus", que veio com o ídolo pagão *Dyaus*).

Entendamos que a palavra "*el*" é singular e dentro de um significado simplista é "poder, força, poderoso"; "*Elohim*", por sua vez, é a derivação no plural, que, dentro do contexto linguístico hebraico, refere-se a "poderes" ou, ainda, relaciona-se a "poder supremo, absoluto" ou "fonte de todo poder". Se olharmos a expressão *kadosh* **kadoshim** (santo dos santos), por exemplo, temos o sentido de uma "santidade suprema". Podemos, do mesmo modo, ter esse mesmo sentido de supremacia do poder na palavra "*Elohim*". O sufixo "*im*" pode indicar algo completo, pleno, como nos exemplos de uma santidade e um poder que são completos. É bom frisarmos que tanto "*El*" quanto "*Elohim*" são usadas na Bíblia não somente para referirem-se ao D'us[45] de Israel, mas também a outros deuses, coisas e homens, no sentido de força ou poder (Gn 31.29/ Sl 29.1/ Sl 36.6/ Ez 31.11/ Dt 28.32).

Além das palavras "*Hayah*" e "*Elohim*", no final do verso temos "עַל־פָּנָי *al-panaia*", utilizada para "**diante de mim**". Ela vem de um substantivo não utilizado "*paneh*", cujo significado é "face", porém procede de "*panah* פנה" (virar para, virar de ou afastar-se). Na pictografia, as consoantes "פנה" da palavra "*panah ou paneh*" estão associadas, respectivamente, à "fala, boca"; "semente" e "veja!".

---

[45] Em algumas vertentes judaicas, a palavra Deus é escrita D'us para referir-se ao Tetragrama sagrado YHVH (יהוה), expressando que o deus em questão é um poder sagrado específico, revelado aos hebreus.

Algo pertinente sobre a letra "ה" é que ela está ligada ao feminino e, segundo a perspectiva mística, ao sopro divino da criação. Além disso, "עַל al", da expressão "al-panaia", também significa "sobre". Levando em consideração minhas percepções linguísticas, Êxodo 20.3 pode ser interpretado da seguinte forma: "Não existirá para ti poderes sobre a minha fala, a qual semeia uma visão para o interior, visando produzir fôlego que inspira a criação". Em outro modo de dizer, observando os versos anteriores, **A Palavra de Poder, contida no reconhecimento do "Eu Sou", tira da 'casa dos escravos', leva para a liberdade, semeia visão para o interior e produz fôlego. Sobre essa Palavra não deve haver outra. Caso haja outra, haverá um afastamento de si e, consequentemente, da "casa da liberdade"**. Este é o "primeiro" mandamento, ou seja, os demais que se seguirão serão observados a partir do entendimento deste.

Primeiro Estatuto do mandamento 01 – Êxodo/*Shemot* 20.4

> *Lo taaseh-lecha fesel vechol temunah asher bashshamayim mimmaal vaasher baarets mittachat vaasher bammayim mittachat laarets:*
>
> Não farás para ti imagem de escultura, nem alguma semelhança do que há em cima nos céus, nem embaixo na Terra, nem nas águas debaixo da Terra.

Conforme vejo, esse verso contém um estatuto para o primeiro mandamento, ou seja, o modo de cumprimento. De início, vale observarmos duas palavras do verso em seu contexto hebraico:

1. "*Fesel* פֶּסֶל": cuja tradução é "ídolo, imagem, ou algo esculpido".

2. "*Mittachat* מִתַּחַת": foi traduzida como "debaixo" e significa "sob/ de acordo com", implicando em algo que está debaixo ou em concordância, num sentido de aliança.

A primeira palavra "*Fesel*", de forma simples, foi tratada no tópico **O processo de simbolização: Pai Real, Imaginário e Simbólico**, ao falarmos sobre a necessidade de desconstruirmos as Imagens/ídolos sobre Deus/Pai, a fim de conseguirmos acessar, de forma mais pura, o Pai Simbólico/Voz, que se encontra além dos Pais Imaginários que construímos e idolatramos, por meio dos contextos histórico, familiar ou pessoal.

Dito isso, desejo trazer novos ângulos acerca do tema ídolos, utilizando a Teoria dos Ídolos, da filosofia empírica do inglês Francis Bacon (1561-1626). O filósofo expõe esse pensamento em sua obra *Novum Organum* (1620). Usando aforismos, ele propõe que existem imagens e ideias mentais (*Eidolon gr.*), diante das quais sujeitamos o nosso intelecto e afastamo-nos do conhecimento mais puro — sem muitas interferências e misturas. Bacon, portanto, acerca disso, diz:

> Os ídolos e noções falsas que ora ocupam o intelecto humano e nele se acham implantados não somente o obstruem a ponto de ser difícil o acesso da verdade, como, mesmo depois de seu pórtico logrado e descerrado, poderão ressurgir como obstáculo à própria instauração das ciências, a não ser que os homens, já precavidos contra eles, se cuidem o mais que possam. São de quatro gêneros os ídolos que bloqueiam a mente humana. Para melhor apresentá-los, lhes assinamos nomes, a saber: Ido/os da Tribo; Ido/os da Caverna; Ídolos do Foro e Ido/os do Teatro. (Bacon, 1979, XXXVIII, XXXIX, p. 20-21).

O pensador inglês indica quatro Ídolos que, portanto, podem ser obstáculos e, assim, impedir o conhecimento puro. No caso, pode gerar o impedimento do conhecimento mais límpido do Pai Simbólico ou do Eu Sou/Poder que reside no Ser. Desse modo, Bacon pontua o Ídolo da Tribo, Ídolo da Caverna, Ídolo do Foro/Mercado e Ídolo do Teatro. Atrevo-me a associar esses Ídolos com o texto bíblico de Gênesis 12.1-8:

> Ora, disse o SENHOR a Abrão: SAI (**Lech-Lechá hb. /sai por ti**) da tua terra, da tua parentela e da casa de teu pai e vai para a terra que te mostrarei; de ti farei uma grande nação, e te abençoarei, e te engrandecerei o nome. Sê tu uma bênção! Abençoarei os que te abençoarem e amaldiçoarei os que te amaldiçoarem; em ti serão benditas todas as **famílias** da terra. (grifos meus).

Nesse verso, Abrão havia parado em Ur dos Caldeus/Babilônia, com seu pai Tera, porém ele deveria continuar a jornada até Canaã. Na permanência na Babilônia, simbolicamente lugar de confusão, Abrão recebe a ordem divina para **SAIR (por ele)** da "terra", "parentela" e "casa de teu pai". Minha proposição consiste na ideia de que essas três instâncias das quais é preciso desligar-se para se alcançar uma nova e mais elevada perspectiva correspondem aos ídolos propostos por Bacon, dos quais também é preciso desconectar-se quando possível.

Antes de adentrarmos, propriamente dito, na Teoria dos Ídolos, continuemos em Gênesis 12.1-8. Pois bem, o versículo um é o que nos interessa neste momento. Ele inicia-se com "sai", que, em hebraico, é *"Lech lecha"*, cujo significado é "sai por ti". A ordem para *sair* indica mover-se de dentro de algo em que estou inserido, ou, ainda, sair de baixo de algo que me influência. Em hebraico, a expressão *"Lech Lecha/Sair por ti"*, provém de "ילך *yalach*" e *está ligada a* "הלך *halach*", que significa "caminhar/partir/ir embora" e, em aramaico, "pedágio/imposto/tributo".

Em vista da linguística, "sair por ti" é "sair de baixo, partir, ir embora, mover-se". Para isso é preciso pagar um preço. Não é algo que seja gratuito, mas algo que envolve uma disposição para se pagar um valor. Nesse ponto, entra a palavra "*Mittachat*/מִתַּחַת/*Debaixo*", a qual sinalizamos no início, sobre um posicionamento de aliança. Relembremos onde ela é encontrada em Êxodo 20.4: "Não farás para ti imagem de escultura, nem alguma semelhança do que há em cima nos céus, nem em baixo (Mittachat) na terra, nem nas águas debaixo (Mittachat) da terra". Dessa maneira, na Voz da Vocação que Abrão ouviu, também está intrínseca a ordem para *sair de baixo*, ou seja, para desfazer acordos e alianças para que, assim, possa alcançar outros lugares.

Vejamos o que "terra", "parentela" e "casa de teu pai" podem representar e como se associam com os Ídolos da teoria filosófica.

- **Terra (ארץ** *erets*)**: (CONVICÇÕES, CONCEITOS E PRECON-CEITOS)**. Lugar onde estou firmado, pois essa palavra vem de uma raiz hebraica, significando "ser firme".

Reflexão: sobre quais convicções, conceitos e preconceitos estou firmado?

- **— Parentela (מולדת** *moledeth*)**: (PACTOS)**. Lugar onde fui gerado, e isso diz respeito a relacionamentos, promessas, comportamentos e palavras introjetadas, ou, ainda, alianças, pois a palavra usada para "parentela" tem a mesma raiz da palavra usada para "circuncisão", ou seja, "מולה *mulah*". Como sabemos, circuncisão refere-se a uma **aliança de sangue – PACTO**.

Reflexão: quais pactos e alianças, quais comportamentos introjetados das relações, quais palavras recebidas e introjetadas preciso deixar?

- **Casa de teu pai (בית *bayith*): (RELAÇÃO DE PODER – AUTORIDADE – PADRÃO GERACIONAL)**. Aquilo que me cobre e me dá segurança, ou, ainda, aquilo que eu construí ou o que foi construído em mim, pois da palavra usada para "casa" procede "בנה *banah*", que significa "construir".

Reflexão: onde está a minha segurança? Qual cobertura (autoridade) preciso deixar? O que foi construído em meu caráter e que preciso deixar? Qual padrão geracional preciso deixar?

Agora, vejamos o que representam os Ídolos da Teoria de Francis Bacon:

- **ÍDOLOS DA TRIBO:** imagens provocadas pela percepção e pelos sentidos humanos. Ex.: o Sol gira em torno da Terra; percepções fantasiosas da infância. "Minha família me odeia, meu pai não me ama...".

- **ÍDOLOS DA CAVERNA:** imagens e conceitos particulares que são colocados como universais. O que eu vejo dentro da minha "caverna" penso ser o que todos veem ou devem ver. Eu sentencio o mundo a partir do que vejo. Ex.: um homem foi "traído" por sua mulher e supõe que todas as mulheres são traidoras. Alguém sofreu um abandono na infância e entende que todas as pessoas abandonam.

- **ÍDOLOS DO MERCADO:** imagens produzidas a partir da linguagem e suas interpretações. Nas relações, as falas podem ser mal interpretadas. Ex.: alguém pode ler "vendo a cadeira" e entender que a cadeira está à venda. Contudo o sentido está no verbo "ver", não "vender".

- **ÍDOLOS DO TEATRO:** imagens geradas nas Relações de poder e autoridade. Discursos que aceitamos e sujeitamos como verdadeiros pelo fato de serem proferidos por uma "autoridade". Alguém encena e acreditamos como sendo verdadeiro. Ex.: discursos dos pais, políticos, médicos, autoridades eclesiásticas...

Associação entre os Ídolos e Gênesis 12.1

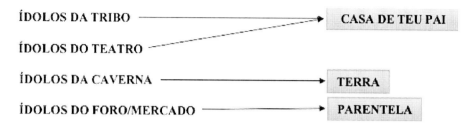

Diante dessa proposição, entendo que o primeiro estatuto diz respeito, em síntese, a não fazer imagens mentais, criar ideias e ídolos que podem provocar impedimentos na visão e no alcance do conhecimento do Poder/Eu Sou que nos tira nos lugares de servidão.

Segundo Estatuto do mandamento 01 – Êxodo/*Shemot* 20.5,6

> *Lo-tishtachveh lahem velo taavedem ki anochi Adonay eloheycha el qanna poqed avon avot al-banim al- shilleshim veal-ribbeim lesonay veoseh chesed laalafim leohavay ulshomerey mitsvotay*
>
> Não te encurvarás a elas nem as servirás; porque eu, o Senhor teu Deus, sou Deus zeloso, que visito a iniquidade dos pais nos filhos, até a terceira e quarta geração daqueles que me odeiam, mas trato com bondade até mil gerações aos que me amam e obedecem aos meus mandamentos.

Enquanto o primeiro estatuto está relacionado ao não fazer ou criar ídolos/ideias de qualquer tipo ou forma, no plano mental ou material, dos céus ou da Terra, o segundo estatuto vai além do fazer, ele orienta a não se **encurvar** e **servir** os ídolos que foram estabelecidos. O contexto original dessas palavras pode ampliar a visão acerca desse estatuto.

1. "*Tishtachveh* תִּשְׁתַּחֲוֶה": palavra traduzida como "encurvarás". Provém de "*Shachah* שחה", que significa "Prostrar-se e reverenciar" alguém de hierarquia superior, no sentido de abaixar-se.

2. "*Taavedem* תָעָבְדֵם": palavra traduzida como "servirás". Provém de "*Avodah* עבדה", que é "trabalho, serviço, culto".

Penso que a primeira questão a ser entendida é que na língua hebraica bíblica não existe claramente a palavra "adoração", assim como a temos no português. Por exemplo, não há a frase "Eu adoro", mas, sim, o pensamento da ação "adorar". Dentro das nossas traduções portuguesas é claro que há a palavra "adorar", todavia no texto original não há. Por isso vejo a importância de observarmos o pensamento hebraico no que diz respeito a esse termo "adoração". Far-me-ei repetitivo, visto que abordo esse tema nos livros *O Éden perdido: onde está o teu paraíso?* (2020) e *Pai Nosso que estais nos Céus: a consciência-do-ser* (2021).

Para fins didáticos, inicio a proposição com a divisão do termo "adoração" em duas palavras encontradas no original hebraico e suas correspondentes no grego e, a seguir, discorreremos sobre elas.

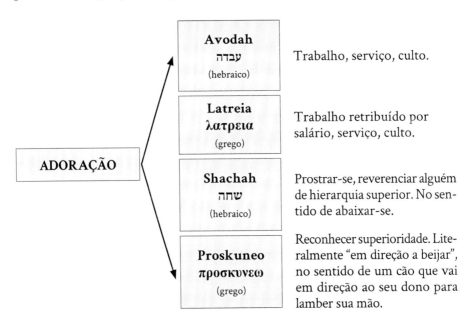

Para continuarmos, faz-se necessário entrar no conceito hebraico do ato "adorar", pois, como dito, nos escritos originais não se encontra claramente o termo "adoração", mas, sim, o pensamento, que está intrínseco na palavra "*avodah hb./latreia gr.*" que, literalmente, é "trabalho, serviço e culto". Agora, o outro termo, visto no esquema anterior, é "*shachah hb./Prokuneo gr.*", que se relaciona, basicamente, no ato de prostrar-se, reconhecendo uma hierarquia superior.

Na nossa tradução portuguesa, quando lemos "adorar" em algum versículo, em grande parte, a palavra usada no texto hebraico é "*shachah*", ou seja, refere-se a "reverência ". E quando lemos "servir ou culto", por vezes, é "*avodah*". Contudo, na primeira aparição dessa palavra, ela está associada a "cultivar e lavrar": "Não havia ainda nenhuma planta do campo na terra, pois ainda nenhuma erva do campo havia brotado; porque o Senhor Elohim não fizera chover sobre a terra, e também não havia homem para **lavrar (laavod)** o solo" (Gênesis 2.5, grifo meu);[15] "E tomou o Senhor Deus o homem, e o pôs no jardim do Éden para o **cultivar (laavodah)** e o guardar" (Gênesis 2.15, grifo meu). Entendo, portanto, que o sentido do "*avodah*" amplia-se em Gn 2.5;15, isto é, na concepção mitológica, o Homem é colocado na terra para cultivar o solo e o jardim.

Para uma maior compreensão, a palavra "solo" vem de "אדמה `*adamah*", que procede de "אדם '*adam*", cujo significado é "vermelho", do qual surge o nome Adão (o homem). Sendo assim, podemos fazer uma junção entre solo e homem. Dessa maneira, o Ser Humano foi colocado no jardim para cultivar (sendo a palavra usada no original "*laavodah*") o **solo e o jardim**; ou seja, segundo o *Dicionário Aurélio*, cultivar é "1. Fertilizar (a terra) pelo trabalho; 2. Dar condições para o nascimento e o desenvolvimento de (planta); 3. Procurar manter ou conservar; 4. Desenvolver.

Ainda, torna-se interessante pensarmos que a palavra "cultivar" também está interligada às palavras "cultura" e "culto". Por esse viés, alongamos a visão sobre a adoração/*avodah*. Estendemos para além de um ritual momentâneo, compreendemos como um **trabalho contínuo para manter e desenvolver o Ser Humano e o ambiente no qual vive, com o objetivo de estabelecer uma cultura que se fundamenta em princípios para a Vida, os quais podemos chamar de *Torah*/Instrução paterna, na qual reside o Princípio Divino da Lei – a Unidade-do-Ser.**

Essa visão, penso eu, foi dificultada pelo fato da palavra "*shachah*" ter sido traduzida em nossas bíblias como "adorar". Isso faz com que assimilemos o prostrar-se ou a reverência como "adoração", o que torna incompleta a nossa compreensão do ato de "adorar", acabando, assim, resumindo a adoração a um momento solene e não a algo contínuo e diário. Embora o "*shachah*" contenha os dois lados, ou seja, o lado momentâneo e o lado físico de inclinar-se e o contínuo de reverência diária, infelizmente temos a tendência de apenas focarmos no momentâneo.

Entretanto, o que precisamos ter em mente é que, ao pensarmos em adoração, pensemos nessas duas instâncias, isto é, em "*avodah* e *shachah*", respectivamente, "trabalho e reverência". Os dois aspectos são importantes e devemos assim fazer no contexto saudável do trabalho para desenvolver o Ser humano e seu ambiente, produzindo a sua expansão e o seu crescimento. Por outro lado, o estatuto do mandamento em questão instrui para não agirmos em reverência e trabalho em favor dos nossos ídolos, pois isso não produz o desenvolvimento do Ser humano, muito pelo contrário, impede-nos de alcançarmos a nossa Potência de Vida, como observamos no tópico anterior.

Quando reverenciamos e trabalhamos para os ídolos da nossa mente estamos idolatrando. No hebraico, idolatria é "*avodah zarah* עבודה זרה" — "trabalho estranho". Em outras palavras, é um trabalho realizado fora do contexto. Estamos fora do contexto de desenvolvimento e de propósito da Vida toda vez que nos encurvamos, reconhecendo as nossas ideias e imagens como superiores, trabalhando para mantê-las no altar sagrado, impedindo que cresçamos e avancemos. Quando nossa reverência e serviço aos nossos ídolos privam-nos de vivermos o Princípio Divino da Lei — Unidade-do-Ser —, estamos fora do contexto, estamos realizando um "trabalho estranho – *avodah zarah*".

Segundo o teólogo Igor Miguel, o idólatra é alguém que dedica trabalho, energia e esforço ao seu ídolo. Ele entrega sua vida, desperdiça sua força vital e, como um operário, investe sua capacidade de trabalho a serviço de seu "deus". Nesse ponto, relacionado ao "entregar a força vital", a título de curiosidade, lembro-me de algo interessante a respeito da expressão "dar o suor".

Em Olímpia, na Grécia, onde surgiram os jogos olímpicos, além de haver a competição de esportes, também havia o objetivo de reverenciar os deuses gregos do Olimpo. No final das competições, os jogadores tiravam o suor do seu corpo para oferecerem aos seus deuses. Pois bem, o ídolo está para além da estatueta, do objeto ou símbolo de culto. A idolatria não é simplesmente prostrar-se diante de uma imagem material. O idólatra é alguém que reduz toda grandeza do Criador/Poder a um dos aspectos de sua criação.[46] A meu ver, ao sacralizar uma Ideia mental e trabalhar para os meus ídolos, estou reduzindo toda a minha Potência de Vida a um pequeno aspecto dessa Potência.

Indo além disso, o trabalho do idólatra estabelece uma cultura, ou seja, a cultura do ídolo que é "adorado", para o qual é sacrificada a força vital e entregue o suor. Sendo assim, se eu trabalho para alguém ou algo é porque sou servo desse alguém ou algo, eu ouço-o e obedeço-o. As palavras paulinas carregam essa sabedoria: "Não sabeis que daquele a quem vos ofereceis

---

[46] Extraído do artigo *A Igreja Evangélica Brasileira em Crise: Uma resposta judaico-cristã*, por Igor Miguel.

como servos para obediência, desse mesmo a quem obedeceis sois servos, seja do pecado para a morte ou da obediência para a justiça?" (Romanos 6.16). Que possamos refletir, neste momento, em prol de qual cultura temos trabalhado? Quais ídolos temos adorado/servido? Para a morte ou para a justiça? A quem temos sacrificado nossas vidas? Temos sacrificado-as em prol do ministério, do dinheiro, das riquezas, de um casamento, de ideias sobre nós mesmos?

Lembremos do que outrora falamos, a Voz/Pai Simbólico tem por objetivo afastar-nos da simbiose com os aspectos nocivos e terrenos da nossa natureza, a fim de que possamos desenvolver toda a Potência de Vontade. Essa finalidade está associada à saída da "idolatria". Vejamos o que Paulo, diz: "Fazei, pois, morrer a vossa natureza terrena: prostituição, impureza, paixão lasciva, desejo maligno e a avareza, que é **idolatria**" (Colossenses 3.5, grifo meu). A idolatria, portanto, está no cultivo da natureza terrena excessiva, ou seja, todas essas coisas que consideramos como "mau" são "más" porque ultrapassam os limites da compreensão da Unidade-do-Ser, distanciam-se do Princípio Divino da Lei, isto é, do princípio da Unidade.

Ainda, há outro texto — Deuteronômio 4.19 — que colabora com o nosso entendimento acerca da inclinação para a idolatria, que no judaísmo é conhecida *por* "Yetzer hara/יֵצֶר הָרַע": "Não levantes os olhos para os céus e, vendo o sol, a lua e as estrelas, a saber, todo o exército dos céus, sejas seduzido a inclinar-te perante eles e dês **culto (avodah)** àqueles, coisas que o SENHOR, teu D-us, repartiu a todos os povos debaixo de todos os céus" (grifo meu). Segundo o meu prisma, a Instrução/*Torah*, aqui, é para não colocar a mente, o desejo e a atenção nos "céus", símbolo do que *parece* ser "mais alto", mais exuberante e atraente. Isso pode despertar a inclinação perante o sol, a lua e as estrelas que, na minha visão, são representações simbólicas que podem ser compreendidas no contexto etimológico.

- **Sol** – "שמש *shemesh*" – significa "ser brilhante".
- **Lua** – "ירח *yerach*" – de uma raiz não utilizada significando "incerto".
- **Estrelas** – "כוכב *kowkab*" – procedente da mesma raiz, que "כבון *Kabon*", que é "amontoar", e procede da raiz "כוה *kavah*", cujo significado é "queimar".

À vista disso, somos guardados e preservados quando a nossa percepção (olhos) não se atêm e a nossa alma não se inclina para o que *parece* "ser brilhante", contudo, é "incerto" e só "amontoa, e para nada serve além de ser queimado".

O Juízo do Mandamento 01 – Transmissão cultural/geracional

O juízo do mandamento ou a consequência está manifestado no verso 5 e 6: "[…] sou Deus zeloso, que visito a iniquidade dos pais nos filhos, até a terceira e quarta geração daqueles que me odeiam, mas trato com bondade até mil gerações aos que me amam e obedecem aos meus mandamentos" (Êxodo/*Shemot* 20:3-6).

Nessa perspectiva, o cumprimento do mandamento abençoa com graça e favor os milhares da descendência. Na contramão, o não cumprimento produz "sofrimentos" nas gerações futuras. Eu, particularmente, não trato esse verso como sendo uma manifestação de maldição hereditária, no sentido daqueles que trabalham com "batalha espiritual", embora a essência seja a mesma; eu somente trato como consequências geracionais. Todavia não compreendo como um determinismo, em que a descendência está condenada pelos atos dos que vieram antes, sem terem qualquer possibilidade de alterarem o curso da vida.

Penso que, se houver um trabalho (*avodah*) que se distancia da Unidade-do-Ser, haverá uma cultura nociva que influenciará os que vêm posteriormente. Há uma transmissão cultural familiar que, por consequência, afeta o social. Interessante que, segundo a fala[47] da professora Adriana Madeira Álvares da Silva, da Universidade Federal do Espírito Santo, as metilações epigenéticas — modificações químicas e genéticas a partir de situações estressantes — permanecem na genética dos filhos até três gerações, segundo estudos, assemelhando-se com Êxodo 20.5.

De acordo com ela, em 2014, três artigos foram publicados sobre *Filhos do holocausto da Segunda Guerra, Stress pós-traumático, sobreviventes de genocídio* e *Genocídio Tutsi*, em Ruanda, África. Os artigos, em destaque, comprovaram que situações de estresse provocam alterações epigenéticas nas gerações futuras. Ainda, outro estudo holandês *Inverno da fome* (1944-1945), sobre a fome pré-Natal na Segunda Guerra Mundial, mostrou que houve um grande aumento na taxa de esquizofrenia nos filhos das mulheres que sofreram com a fome. A meu ver, esses dados representam o juízo do mandamento, ou seja, se houver o cumprimento, as gerações futuras serão abençoadas com vida e saúde por meio de uma cultura saudável; do

---
[47] Prof.ª Dr.ª Adriana Madeira Álvares da Silva, da Universidade Federal do Espírito Santo. Disponível em: https://www.youtube.com/watch?v=8tLjhRGVoRM Acesso em: 21 abr. 2022.

contrário adoecerão, pois há o cultivo da natureza humana excessiva, que provoca a Divisão-do-Ser e não a Unidade-do Ser.

Pois bem, acerca do que até agora tratamos, podemos "concluir" que:

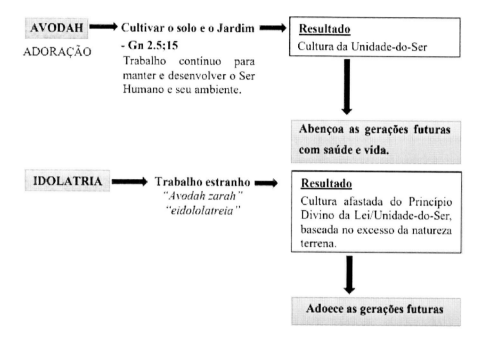

ÊXODO/*SHEMOT* 20.7 – MANDAMENTO 02 – O NOME

Lo tissa et-shem-Adonay eloheycha lashshave ki lo yenaqqeh Adonay et asher-yssa et-shemo lashshave:

לֹא תִשָּׂא אֶת־שֵׁם־יְהוָה אֱלֹהֶיךָ לַשָּׁוְא כִּי לֹא יְנַקֶּה יְהוָה אֵת אֲשֶׁר־יִשָּׂא אֶת־שְׁמוֹ לַשָּׁוְא׃

Tradução comum:

> Não tomarás o nome do Senhor teu Deus em vão; porque o Senhor não terá por inocente o que tomar o seu nome em vão. (Êxodo/*Shemot* 20:7).

Nesse mandamento, assim como no anterior, iniciaremos ampliando o sentido etimológico de algumas palavras em hebraico e, posteriormente, buscaremos outra maneira de interpretar o mandamento para além do comum. Conforme a exegese judaica/rabínica, exposta no método *PaRDeS*[48] — acrônico *Peshat, Remez, Drash, Sod* (Marcondes, 2020) — propõe-se alcançar o nível *Sod*, ou seja, uma interpretação mais profunda e mística, aquela que se oculta diante de uma leitura superficial. Em uma forma análoga, a teoria psicanalítica seria comparada ao Inconsciente. Portanto é no nível *Sod* que reside o Espírito da *Torah*. Nesse aspecto, o mandamento descrito em Ex. 20.7 não se resume na simples questão do falar algum nome. Sendo assim, examinemos algumas expressões.

---

[48] O *pardes* é o processo interpretativo desenvolvido pelo judaísmo rabínico para leitura dos textos sagrados. Foi empregado primordialmente para a exegese da Torá, mas estendido a outros escritos bíblicos e talmúdicos. E o Talmude é uma compilação de várias camadas de discussões e comentários que usa largamente o *pardes*. Os princípios ou abordagens do *pardes* são:
• **Peshat** (esparramado) – a denotação mais simples, óbvia e literal. Apesar de literal, leva em consideração as figuras de linguagem e pensamento facilmente reconhecíveis pelo leitor. Há preocupações filológicas, como a etimologia e a gramática.
• **Remez** (sugestão ou alusão) – interpretações tipológicas ou alegóricas enfocando desde uma só letra, palavra ou perícope (trecho).
• **Derash** (investigação) – inferências comparativa entre os textos de acordo com os *middot* ou regras hermenêuticas, tais como as Sete regras de Hillel, as Treze regras do rabino Ismael ben Elias e as 32 regras do rabino Eliezer ben José ha-Galili.
• **Sod** (oculto) – a interpretação mística que pressupõe um significado profundo e espiritual.
Disponível em: https://wp.me/pHDzN-4wJ. Acesso em: 20 jul. 2020.

- "*Tissa* תִשָּׂא"– palavra traduzida como "tomarás". Provém de "נשא *nasa*", que tem em seu sentido "carregar, levantar, erguer".

- "*Shem* שֵׁם"– palavra utilizada para "nome". Porém, tanto no grego quanto no hebraico, "*onoma* gr./*shem* hb." (NOME), usava-se como um sinônimo da representatividade e propósito do indivíduo, da pessoa. Ex.: Yehoshua (יהושע), nome bíblico transliterado como Josué e abreviado como Yeshua/Jesus, significa "o יְהוָה é a salvação", representando, dessa forma, o propósito e a identidade daqueles assim nomeados. Portanto pensemos em "Nome" como sendo Identidade, ou seja, tudo o que representa e constituiu o indivíduo, e não simplesmente um "nome escrito ou falado".

- "*Adonay* יְהוָה" – este é o tetragrama sagrado, que não pode ser traduzido de forma fiel. É considerado o nome impronunciável de "Deus" que, segundo a tradição judaica, perdeu-se ao longo dos tempos, justamente pelo "medo" de pronunciá-lo de forma vã. Assim, passou a ser colocado nos textos bíblicos por diversos títulos, como: Senhor, Adonai, Jeová etc. No caso, foi colocado como "Senhor". Desse modo, sendo impronunciável, simbolicamente, indica-nos um *Elohim*/Poder que não cabe na fala, na pronúncia ou, ainda, numa identidade fixa.

- "*Lashshave* לַשָּׁוְא" – palavra traduzida como "vão". Vem de "*shav* שׁוא" e tem o sentido de "vaidade, vazio, inútil, desolado". Procede da mesma raiz "שׁוא *show*", que significa "devastação, ruína".

- "*yenaqqeh* יְנַקֶּה" – palavra traduzida como "inocente". No entanto o seu sentido é "mamar, sugar o leite materno". Assim, é plausível pensar que o tradutor compreendeu a palavra como referência a um "bebê". Eu, porém, entendo que seja possível compreender "*Yenaqqeh*" no âmbito do "suprimento, alimento, sustento" que fortalece e faz crescer.

Pois bem, em vista das palavras que examinamos e a concepção do *Elohim*/Poder/Potência de vida/*Self*/ Eu sou, que outrora tratamos, Êxodo 20.7 poderia ser interpretado da seguinte maneira: **Não carregue o Poder/ Identidade que você é para lugares desprovidos de vida/inúteis/vãos, pois, assim, você não será suprido/alimentado e, consequentemente, não desenvolverá e crescerá.**

Estatuto do Mandamento 02 – Êxodo/*Shemot* 20.7

Levando em consideração que o estatuto diz respeito ao modo operacional do mandamento, compreendo que o modo está intrínseco na ideia do "não carregar" e "lugares vãos", isto é, respectivamente, "como" e "onde". Evidencia-se, dessa maneira, que a *Torah*/Instrução paterna é para preservar o Poder/Potência/Eu Sou que somos. É preciso guardar a nosso coração/mente, pois dele procedem as saídas da vida, como assim diz o sábio: "Sobre tudo o que se deve guardar, guarda o teu coração, porque dele procedem as fontes da vida" (Provérbios 4.23).

Guardar é proteger, é entender o valor, é não entregar como algo sem valor. Sendo assim, é saudável sondar e preservar-se dos lugares "vãos", isto é, sem utilidade, vazios, que em nada acrescentam. Isso diz respeito a uma ampla cadeia de significantes. Os lugares "vãos" podem representar relacionamentos (amizades, casamento, namoro, família, trabalho), projetos, metas, situações vivenciadas, discursos, palavras, enfim, inúmeras são as imagens, mas em suma são "coisas" desprovidas de vida e de propósito, que apenas aprisionam. Em outra fala, tais lugares são "lugares" que não correspondem ao propósito essencial da Vida, ou seja, não expandem, não frutificam, não multiplicam, não promovem o desenvolvimento do Ser e, consequentemente, estão fora do Princípio Divino da Lei: A Unidade-do-Ser.

A expressão "nem profanarás o nome", contida em Levítico, em minha visão, colabora com o entendimento de Êxodo 20.7": "E da tua descendência não darás nenhum para dedicar-se a Moloque, **nem profanarás o nome** de teu D'us. Eu sou o Senhor" (Levítico 18.21, grifo meu). Essa frase, em destaque, pode ser associada ao mandamento "não carregarás o nome". Vejamos que a palavra "profanar" é "*chalal*" e significa "poluir, contaminar, adulterar" e, dentro do contexto que temos observado, associa-se com o cuidado que se deve ter em não contaminarmos a nossa identidade/nome com sacrifícios a Moloque que, no relato bíblico, é um "deus" que exige sacrifício de crianças. Com essa informação, simbolicamente, Moloque representa sacrifícios e práticas que matam a nossa perspectiva de Vida e interrompem o fluxo vital do crescimento. Sobre isso, cada um deve sondar a si mesmo e perceber onde ou a quem tem sacrificado a sua Vida e cessado a Potência de Viver.

O Juízo e o Princípio do Mandamento 02 – Perda ou ganho da força vital

O não cumprimento do mandamento implica, como visto, no juízo da interrupção da Potência de Vida e, por consequência, do desenvolvimento. O cumprimento, por sua vez, produz o aumento de Potência, pois a Identidade/Nome é guardada, é preservada, possibilitando o exercício do Princípio ou Espírito da *Torah* que, a meu ver, consiste no caminho positivo do mandamento, isto é, carregar ou levar o nome/identidade para lugares que fazem crescer e expandir; que nos alimentam substancialmente; que nos fazem alcançar o propósito essencial da vida e aumentam a nossa Potência de ação.

Em síntese, segue uma possível interpretação do Mandamento 02/ Êxodo 20.7:

MANDAMENTO

- Não tomarás o nome do Senhor teu Deus em vão; porque o Senhor não terá por inocente o que tomar o seu nome em vão.

ESTATUTO

- Não carregar o Poder/Identidade que você é para lugares desprovidos de vida/inúteis/vãos, como: relacionamentos (amizades, casamento, namoro, família, trabalho), projetos, metas, situações vivenciadas, discursos, palavras...
- Guardar os sentidos, isto é, o que se ouve, vê, toca e fala.

JUÍZO

- Cumprimento: aumento da Potência de Vida.
- Não cumprimento: falta de suprimento para desenvolvimento; interrupção da Potência de Vida.

PRINCÍPIO/Espírito da *Torah*

- Educa a ser seletivo e a guardar a própria "identidade".
- Carregar ou levar o nome/identidade para lugares que fazem crescer e expandir.

ÊXODO/*SHEMOT* 20.8-11 – MANDAMENTO 03 – O *SHABAT*

8 - Zachor et-yom hashshabbat leqaddsho.

9 - sheshet yamim taavod veasita col-melachtecha.

10 - veyom hashshevii shabbat laAdonay eloheycha lo-taaseh chol-melachah atah uvincha-uvitecha avdecha vaamatecha uvhemetecha vegerecha asher bishareycha.

11 - Ki sheshet yamim asah Adonay et-hashshamayim veet-haarets et hayyam veet–col-asher –bam vayyanach bayyom hashshevii al-ken berach Adonay et yom-hashshabbat vayiqaddshenu.

8: זָכוֹר אֶת־יוֹם הַשַּׁבָּת לְקַדְּשׁוֹ

9: שֵׁשֶׁת יָמִים תַּעֲבֹד וְעָשִׂיתָ כָּל־מְלַאכְתֶּךָ

10: וְיוֹם הַשְּׁבִיעִי שַׁבָּת לַיהוָה אֱלֹהֶיךָ לֹא־תַעֲשֶׂה כָל־מְלָאכָה אַתָּה וּבִנְךָ־וּבִתֶּךָ עַבְדְּךָ וַאֲמָתְךָ וּבְהֶמְתֶּךָ וְגֵרְךָ אֲשֶׁר בִּשְׁעָרֶיךָ

11: כִּי שֵׁשֶׁת־יָמִים עָשָׂה יְהוָה אֶת־הַשָּׁמַיִם וְאֶת־הָאָרֶץ אֶת־הַיָּם וְאֶת־כָּל־אֲשֶׁר־בָּם וַיָּנַח בַּיּוֹם הַשְּׁבִיעִי עַל־כֵּן בֵּרַךְ יְהוָה אֶת־יוֹם הַשַּׁבָּת וַיְקַדְּשֵׁהוּ

Tradução comum:

8 - Lembra-te do dia do sábado para o santificar.

9 - Seis dias trabalharás e farás toda a tua obra.

10 - Mas o sétimo dia é o sábado do Senhor teu Deus; não farás nenhuma obra, nem tu, nem teu filho, nem tua filha, nem o teu servo, nem a tua serva, nem o teu animal, nem o teu estrangeiro, que está dentro das tuas portas.

11 - Porque em seis dias fez o Senhor os céus e a Terra, o mar e tudo que neles há, e ao sétimo dia descansou; portanto abençoou o Senhor o dia do sábado, e o santificou (Êxodo/*Shemot* 20:8-11).

O *Shabat* é uma celebração e um descanso semanal. É o Tempo em que se recarregam as forças. É a santificação do Tempo, não só de um tempo da semana, mas de todo o Tempo Vital. É um convite à consciência do Tempo e da Vida. A primeira aparição desse mandamento está nos relatos da cosmogonia no livro de Gênesis/*Bereshit*. No capítulo 2, após ter feito toda a obra, "descansou no dia sete de toda a sua obra, que tinha feito. E abençoou Elohim o dia sétimo e o santificou; porque nele descansou (שָׁבַת - *shabat*) de toda a sua obra, que Elohim criara e fizera (Gênesis 2.2,3, grifo meu). Portanto o sétimo dia é abençoado e separado para ser um dia diferente, onde não se cria, apenas se contempla a criação. A palavra "*Shabat* שבת" significa "parar, descansar, repouso", e indica a interrupção de algo.

Geralmente confunde-se o mandamento do Shabat com o Sábado, o sétimo dia no atual calendário Gregoriano, visto que a palavra Sábado que conhecemos em português como um dia da semana vem da palavra *Shabat*. Por sua vez, em Latim, *Shabat* é *Sabatum* e, em italiano, é *Sabato*. Portanto dessas derivações latinas surgem o "Sábado".

Contudo o cumprimento do *Shabat* não é necessariamente no Sábado do calendário Gregoriano, pois existem muitas alterações históricas nos calendários, sobre as quais não me preocuparei em discorrer neste momento. Cabe, todavia, entender que o *Shabat* está relacionado ao **Sétimo Dia**, que não precisa ser exatamente o Sábado. Mas, obviamente, historicamente, o cumprimento do *Shabat* foi atrelado ao Sábado gregoriano. Entretanto é um assunto muito extenso, não entrarei nessas questões de dias e datas, atenho-me ao Espírito da *Torah*/Princípio, e não a Letra da *Torah*.

Hoje, existem muitas observâncias legalistas desse mandamento, tanto por parte do judaísmo ortodoxo quanto por parte de cristãos que observam o Sábado. Na maioria das vezes, as observâncias vão muito além das ordenanças da *Torah*. Isso dificulta o cumprimento simples e profundo desse mandamento (*mitzvá*).

Como já vimos, muitos começam a ver o cumprimento da *Torah* com olhos contaminados pelo legalismo, tornando tudo mais pesado. Entretanto recordemos que a *Torah* não foi abolida e, portanto, o *Shabat* também não. A Voz messiânica, declara: "Não penseis que vim destruir a lei (Torah) ou os profetas; não vim ab-rogar, mas torná-los pleno" (Mateus 5.17). O Apóstolo Paulo partilha do mesmo pensamento messiânico, ao dizer: "Assim, a lei (Torah) é santa; e o mandamento, santo, justo e bom" (Romanos 7.12).

Lembremos que nos livros do Novo Testamento não se pode generalizar aquilo que se lê sobre lei. No contexto da época, como também nos dias de hoje, existiam várias leis: lseis rabínicas (obras da lei), leis orais (dogmas), leis escritas (Moisés), lei do pecado na carne etc. À vista disso, deve-se compreender o contexto específico de cada uma, assim como aquela lei falada por Paulo, em Romanos 6.14, que se refere à lei que habita na carne, e sob ela não devemos mais estar debaixo. "Porque o pecado não terá domínio sobre vós, pois não estais debaixo da lei, mas debaixo da graça" (Romanos 6.14). Mas, enfim, o fato é que Ela (*Torah*) ainda está vigorando até que haja céu, pois o Princípio é atemporal. "Porque em verdade vos digo que, até que o céu e a terra passem, nem um jota ou um til se omitirá da lei (Torah) sem que tudo seja cumprido" (Mateus 5.18).

Eu tenho convicção de que por mais que estejam claros esses versos, ainda há muitas discussões sobre o cumprimento do *Shabat*, como: somente os Judeus devem cumprir? Cristão também devem guardar o *Shabat*? Porém, penso que a *Torah* é uma Instrução universal, cujo princípio é atemporal. Quando esse entendimento vai além dos dogmas, essas questões perdem o sentido, pois o peso é removido.

Na maioria das vezes, as pessoas questionam esse mandamento, justamente porque o acham muito pesado devido aos acréscimos históricos. Torno a dizer, voltemo-nos para o princípio e não para a Letra da *Torah*. Dessa forma, atua o pensamento messiânico, isto é, ele observa o princípio, ele não transgride, pelo contrário, é Senhor do *Shabat*.

> [...] que, passando ele num *Shabat*/repouso pelas searas, os seus discípulos, caminhando, começaram a colher espigas. E os fariseus lhe disseram: Vês? Por que fazem no *Shabat*/repouso o que não é lícito? Mas ele disse-lhes: Nunca lestes o que fez Davi, quando estava em necessidade e teve fome, ele e os que com ele estavam? Como entrou na Casa de Elohim, no tempo de Abiatar, sumo sacerdote, e comeu os pães da proposição, dos quais não era lícito comer senão aos sacerdotes, dando também aos que com ele estavam? E disse-lhes: O *Shabat*/repouso foi feito por causa do homem, e não o homem, por causa do *Shabat*/repouso. Assim, o Filho do Homem até do *Shabat*/repouso é senhor (Marcos 2.23-28, grifos meus).

Bom, os discípulos de Yeshua (arquétipo messiânico) colheram espigas no dia de *Shabat*/repouso. Uma classe de fariseus questiona essa atitude. Quais? Naquele tempo, havia duas escolas rabínicas muito conhecidas, a Escola de Hillel, que se preocupava mais com os princípios da Lei (Espírito da *Torah*), e a Escola de Shammai, que se preocupava mais com Letra da *Torah*, uma observância mais ao pé da letra e, muitas vezes, que ultrapassava os limites. Vejamos, de acordo com o Talmude, o que os rabinos da Escola de Hillel dizem a respeito do *Shabat*.

O Que é Lícito no *Shabat*? – "É lícito violar um *Shabat* para que muitos outros possam ser observados; as leis foram dadas para que o homem vivesse por elas, não para que o homem morresse por elas". Todas as seguintes coisas eram lícitas no *Shabat*, segundo a escola de Hillel: salvar vidas, aliviar dores agudas, curar picadas de cobra e cozinhar para os doentes (Shabat 18.3; Tosefta Shabbat 15.14; Yoma 84b; Tosefta Yoma 84.15) – *Vide Marcus 3:4*: "Então, lhes perguntou (Yeshua): É lícito nos sábados fazer o bem ou fazer o mal? Salvar a vida ou tirá-la? Mas eles ficaram em silêncio".

Desse modo, a mente messiânica está mais favorável ao pensamento da Escola de Hillel a esse respeito e, muito provavelmente, os fariseus que debatiam com Yeshua eram da Escola de Shammai. Parece-me que a escola de Hillel traz a Vida do Homem como o centro do mandamento, colaborando com a ideia essencial do Princípio Divino da Lei: a consciência da Unidade. Nessa linha de raciocínio, Yeshua, ao ser questionado, declara que suprir a necessidade de alguém vem antes do cumprimento legalista do *Shabat*, e suprir a necessidade faz parte do *Shabat*, pois isso significa promover o descanso e o repouso/*Shabat*.

Para exemplificar, Yeshua cita o episódio em que Davi teve fome e comeu o pão sagrado, no entanto não levou culpa sobre essa ação, pois ela foi feita para preservação da vida, e Viver é o cerne da *Torah*: "Portanto, os meus estatutos e os meus juízos guardareis; cumprindo-os, o homem **viverá** por eles. Eu sou o Senhor" (Levítico 18.5). O Tempo Messiânico traz o sentido real da Lei, ou seja, a preservação da vida.

Em outro episódio, Yeshua é acusado de transgredir a lei de Moisés por curar um homem no *Shabat*/repouso. Ele, porém, responde:

> Pelo motivo de que Moisés vos deu a circuncisão, no **Shabat/repouso** circuncidais um homem. E, se o homem pode ser circuncidado em dia de **Shabat/repouso**, para que a lei de Moisés não seja violada, por que vos indignais contra mim, pelo fato de eu ter curado, **num Shabat/repouso**, ao todo, um homem? (João 7.23,23, grifos meus).

Nesse texto, Yeshua está falando de um *Shabat* comum a todos, isto é, uma celebração coletiva que ele, como de costume, participava nas sinagogas, como assim nos mostra o texto de Lucas: "Indo para Nazaré, onde fora criado, entrou, num Shabat, na sinagoga, segundo o seu costume, e levantou-se para ler" (Lucas 4.16).

Penso que o cumprimento do *Shabat* nunca foi uma dúvida para a Comunidade do primeiro século, entre os discípulos do Nazareno. No texto de Colossenses 2.16, por exemplo, Paulo, escreve: "Ninguém, pois, vos julgue por causa de comida e bebida, ou dia de festa, ou princípio do mês, ou **shabat**, porque tudo isso tem sido sombra das coisas que haviam de vir; porém o corpo é do Messias" (Colossenses 2.16,17, grifo meu). Na versão *Peshita*,[49] no aramaico, nesse texto fica mais evidente o posicionamento favorável da Comunidade do primeiro século em relação ao *Shabat*:

> *loa hakil Anash n'daoedkuon b'meaklaa o'b'mashtia ao b'puolagea d'eiadea o'adrish yarcha oadshabea haleyn d'iataiein elanita d'aylein p'agra deyn meshicha huo*
>
> Portanto, não deixes que vos perturbe a humanidade quanto ao comer, ou ao beber, **nem hesiteis em participar das festas, ou do princípio do mês, ou dos shabatot**, tais coisas são o prenúncio daqueles que preparam o próprio corpo para ser julgado pelo Messias. (Peshita; Colossenses 2.16, grifo meu).

Em outro texto, Atos 20.7, há o relato de que aqueles que estavam em Trôade,[50] uma região gentílica, partiam o pão no *Shabat*. Para uma maior compreensão, segue o verso de Atos na versão Almeida revista e atualizada, em que se encontra escrito "primeiro dia da semana"; porém, nos escritos mais antigos, como o grego e a Bíblia de Lutero, temos esse dia como sendo *Shabat*:

Versão portuguesa: Almeida (1969) – "No **primeiro dia da semana**, estando nós reunidos com o fim de partir o pão, Paulo, que devia seguir viagem no dia imediato, exortava-os e prolongou o discurso até à meia-noite".

Versão grega: *Novo Testamento Grego: Textus Receptus (1550/1894)*. Sociedade Bíblica do Brasil, 1550; 2007 – εν δε τη μια των σαββατων (sabbaton / sábado) συνηγμενων των μαθητων του κλασαι αρτον ο παυλος διελεγετο αυτοις μελλων εξιεναι τη επαυριον παρετεινεν τε τον λογον μεχρι μεσονυκτιου

---
[49] Novo Testamento em Aramaico, utilizado no primeiro século.
[50] Porto situado na Mísia, um distrito da província romana da Ásia, a 16 km das ruínas de Troia.

Versão alemã: Lutero, Martinho: Luther Bibel 1545 Die Gantze Heilige Schrifft. Sociedade Bíblica do Brasil, 1545, 2005 – "Auf einen **Sabbat** aber, da die Jünger zusammenkamen, das Brot zu brechen, predigte ihnen Paulus und wollte des andern Tages ausreisen und verzog das Wort bis zu Mitternacht".

Tradução: "Em um shabat, quando os discípulos se reuniram para partir o pão, Paulo pregou a eles e quis sair no dia seguinte, e fez uma palavra até meia-noite".

Acima, constatamos uma modificação na tradução portuguesa, pois, no grego, a palavra usada para "primeiro dia da semana" é "*sabbaton*", o que se refere ao *Shabat*. De igual modo, a palavra usada no alemão é "*Sabbat*", que também se refere ao *Shabat*. Portanto aqueles que estavam em Trôade partiam o pão no *Shabat*, na celebração do Descanso, tendo a consciência de que o *Shabat* é um dia de delícias, de descanso, de parada, de tomar fôlego e de reflexão sobre a vida. A celebração desse dia restaura a nossa alma, trazendo-a novamente a um estado de descanso e repouso. É o dia em que paramos, desfrutamos da criação e observamos as leis que a regem. Cessamos as obras das mãos, mas não as obras da contemplação.

Ademais, no sexto dia, conforme o mito, Deus criou o homem e no sétimo criou o descanso para, então, descansar com o homem e desfrutar da boa obra que criara. Portanto esse dia é um dia pedagógico, em que aprendemos a desfrutar das nossas obras. Aprendemos que toda obra que realizamos não tem sentido se não desfrutarmos dela. Precisamos gozar do fruto das nossas realizações e exclamar: "Isso é muito bom!".

"Seis dias trabalharás..."

Neste ponto, recordo que o mandamento não diz respeito a apenas ao "não trabalhar", mas também ao "trabalhar", pois, como declara o verso: "*seis dias trabalharás*". No entanto penso que esse trabalho não é o trabalho que é feito somente para fora, com a intenção de produzir alimento para o corpo; este torna-se pesado e obra morta. Mas alguém dirá: "Tu tens fé, e eu tenho obras; mostra-me essa tua fé sem as obras, e eu, com as obras, te mostrarei a minha fé" (Tiago 2.18).

Todo Homem, em qualquer lugar do mundo, é conduzido a escolher uma profissão que forneça sustento para a sua vida. O que poucos observam, no entanto, é que "profissão" é "professar", intimamente relacionado à fé.

Um trabalho que produz sustento é uma profissão de fé; é a confissão de uma crença. Não qualquer fé.

Hoje, um trabalho é visado pelo salário que oferece, pela viabilidade no mercado e pela crença individual, ou seja, por uma fé que envolve desejos que abrangem apenas o indivíduo (casa própria, carro, bens de consumo, status financeiro, lucro pessoal etc.); a fé coletiva que visa ao outro é um quesito pouco analisado na escolha de uma profissão e, para mim, é essa fé que faz um trabalho produzir justiça e vida, pois não visa a somente um lado (eu), mas também ao outro lado (o outro).

Talvez isso faça sentido com o que o verso bíblico diz: "O justo viverá pela sua fé!", ou seja, há justiça e vida quando um trabalho é realizado como uma profissão de fé; como um exercício fiel a uma boa crença que não se atém apenas a si mesmo. Este é o bom trabalho: a realização de uma vocação sagrada.

Ser médico deve ser uma "profissão de fé" e não um emprego por status; da mesma forma, um escritor, um jornalista, um professor ou qualquer outro ofício. Assim, antes de visar ao trabalho é preciso reconhecer a crença que se tem em si, ou melhor, reconhecendo a sua crença reconhece-se o seu trabalho. Todos têm alguma crença, basta descobrir se ela se volta para a humanidade, pois o trabalho é uma ação comunitária. Se somente houver crença e propósito pessoal não haverá vocação, não haverá trabalho que sustenta a alma; haverá somente um emprego, uma fonte de renda, e não de vida. Isso não é uma negação de si mesmo, é apenas uma visão do outro como uma extensão de si próprio.

Sem esse princípio, o trabalho passa a ser um "*tripalium*", palavra latina para "trabalho", relacionada a um instrumento de tortura romano. Assim, o "trabalho", etimologicamente, está associado a algo penoso, isto é, a uma pena, uma punição ou uma condenação. Essa é a ideia que veio com os romanos no século VI, em semelhança à consequência estabelecida ao homem soberbo, no mito do Éden: "Terá de trabalhar no pesado e suar para fazer com que a terra produza algum alimento" (Gênesis 3.18-19).

"[...] até que você volte para a terra, pois dela você foi formado"

Considero, sobretudo, que o *Shabat* não é apenas um memorial, mas um posicionamento e um estado constante de vida em descanso. Um ponto interessante no mito do Gênesis está no fato de que o Ser Humano, vivenciando o repouso no Jardim do Éden/Prazeres, exerce o seu trabalho em obediência e fidelidade à Voz/Pai Simbólico. Ao Homem, como vimos, foi dada a ordem para cultivar a terra. No entanto, após sair de debaixo da Voz/Pai Simbólico e desviar os seus ouvidos para outra voz, a saber, a voz da acusação e da sedução (serpente), que é uma voz mítica que habita a mente humana, produz uma insatisfação e desperta desejos que nem sempre são saudáveis.

Essa voz conduz para fora do Propósito e gera culpa, distanciando o indivíduo da mentalidade de filho/livre e aproximando-o da mentalidade de escravo/prisioneiro. Ao sair da posição de Filho, o Ser Humano sai do *Shabat*/repouso e passa a trabalhar penosamente. Vemos, então, que o homem, por sua **desobediência e infidelidade**, afastou-se da sua condição humana — da sua potência de vontade —, prendendo-se à culpa e, consequentemente, perdeu o *Shabat*/repouso.

> E para Adão D-us disse o seguinte:
> — Você fez o que a sua mulher disse e comeu a fruta da árvore que eu o proibi de comer. Por causa do que você fez, a terra será maldita. Você terá de trabalhar duramente a vida inteira a fim de que a terra produza alimento suficiente para você. Ela lhe dará mato e espinhos, e você terá de comer ervas do campo. Terá de trabalhar no pesado e suar para fazer com que a terra produza algum alimento; isso até que você volte para a terra, pois dela você foi formado. Você foi feito de terra e vai virar terra outra vez. (Gênesis 3.17-19).

Assim, entendo que a chave para ativar o *Shabat*/descanso seja a **fidelidade** e a **obediência**, ou seja, voltar ao estado original. Notemos que, em Gênesis 3.19, Adão perde o descanso até **que ele torne à terra**. Segundo a referência do texto hebraico, a palavra "terra" é "*adamah*", que vem de "*adam*", origem do nome "Adão". No meu entendimento, essa frase indica que Adão recuperará o descanso quando voltar para a sua forma original; quando se voltar para si mesmo, para o reconhecimento da sua humanidade, para a sua forma humana, para o seu propósito e, assim, sair do trabalho que visa apenas ao sustento material.

Por que voltar para a forma humana? Veja, ao comer do fruto proibido, o Ser Humano é tentado a ser Deus. Simbolicamente, esse é o momento em que há um afastamento da humanidade para a introjeção da soberba e, como diz a sabedoria: "O orgulho vem antes da destruição; o espírito altivo, antes da queda" (Provérbios 16.18). Por isso, "volte para a terra, pois **dela você foi formado**" (Genesis 3.19, grifo meu).

"Não acendereis fogo..."

O *Shabat*, conforme Êxodo 35.2, é um dia no qual não se acende fogo em nenhuma casa: "Não **acendereis fogo** em nenhuma das vossas moradas no dia do *shabat*" (grifo meu). Para além da literalidade da letra, o Rabi Isaiah Horowitz (1717, p. 131a)[51], citado por Heschel, afirma que "não acender fogo" quer dizer "Não acendereis o lume da controvérsia nem o calor da cólera", e, um pouco mais além, o próprio Abraham Joshua Heschel (2014, p. 47) diz complementa: "Não acendereis o lume – nem mesmo o lume da indignação justa". E, ainda, o autor de *O Schabat: seu significado para o homem moderno*, entende que o *Shabat* não é o tempo para ansiedade pessoal ou para preocupação, para nenhuma atividade que possa abafar o espírito de alegria. O *Shabat* não é o tempo de lembrar pecados, de confessar, de arrepender-se ou até de rogar por alívio ou por qualquer coisa que possamos necessitar. É o dia da louvação e não um dia de petições. O *Shabat* é o dia em que se para como se todo o trabalho dos seis dias estivesse completado. Esse comportamento traz saúde física e mental. Esse é o juízo do mandamento que, no não cumprimento, caracteriza-se como adoecimento do corpo e da mente.

Estatuto e Princípio do Mandamento 03 – Êxodo/*Shemot* 20.8-11

Muito do que vimos até o momento está associado ao estatuto do mandamento: "Não fazer nenhuma obra servil, nem tu, nem teu filho, nem tua filha, nem o teu servo, nem a tua serva, nem o teu animal, nem o teu estrangeiro, que está dentro das tuas portas". Além dos poucos escritos acerca do estatuto, existem boas tradições que podem ser aplicadas na solenidade, como acender as velas, a *chalá* (pão), beber o fruto da vide, orações específicas; contudo deve-se esclarecer que as tradições não são leis descritas na *Torah*. Neste ponto, destaco que a preservação da vida é em prioridade, ou seja, caso alguém precise de ajuda, a obra servil pode ser realizada.

Lembremos que o mandamento tem um lado positivo e outro "negativo" a ser feito. Por exemplo, no caso do *Shabat*, a questão não é apenas não trabalhar, pois isso não quer dizer *guardar* o *Shabat*; é preciso ter uma mentalidade de santificação desse dia e entender que além do "não trabalhar", há um "sim" que dever ser observado, isto é, deve-se promover o descanso.

---

[51] Rabi Isaiah Horowitz, *Scnei Lukhot há-Brit*, Frankfurt a.d. Oder, 1717, p. 131a.

Por essa ótica, Yeshua promoveu o descanso para aqueles que curou no *Shabat*. A cura foi um descanso para suas almas e para os seus corpos. Ele fez-se o próprio *Shabat*/descanso, quando diz: "Vinde a mim, todos os que estais cansados e oprimidos, e eu vos aliviarei. Tomem sobre vocês o meu jugo e aprendam de mim, pois sou manso e humilde de coração, **e vocês encontrarão descanso para as suas almas**" (Mateus 11.28,29, grifo meu).

Assim, quando assumimos a mentalidade de filho, com um coração ensinável, que não se debate como um animal selvagem diante dos ensinos, o **Tempo Arquetípico Messiânico nos dá a condição não só de não trabalharmos no *shabat*, mas também de promovermos um repouso e sermos o próprio *Shabat*/descanso para os cansados.**

Síntese:

MANDAMENTO

- Lembra-te do dia do sábado para santificá-lo.
- Seis dias trabalharás e farás toda a tua obra.

ESTATUTO

- Não farás nenhuma obra, nem tu, nem teu filho, nem tua filha, nem o teu servo, nem a tua serva, nem o teu animal, nem o teu estrangeiro, que está dentro das tuas portas.
- Não buscar os próprios interesses (Is 58.13).
- Não acender o fogo da ira.

JUÍZO

- Cumprimento: preservação da vida, descanso do corpo e da mente, relacionamento com o Poder que reside em cada criatura.
- Não cumprimento: estresse, esgotamento físico e mental, desconexão consigo e falta de discernimento da Vida.

PRINCÍPIO/Espírito da *Torah*

- Educa para a contemplação da criação e a olhar para o Todo e para si enquanto humanidade. Exercita a consciência da existência do Outro e do Nós.

ÊXODO/*SHEMOT* 20.12 – MANDAMENTO 04 – A HONRA

Cabbed et-avicha veet-immecha lemaan yarichun yameycha al haadamah asher Adonay eloheycha noten lach

כַּבֵּד אֶת־אָבִיךָ וְאֶת־אִמֶּךָ לְמַעַן יַאֲרִכוּן יָמֶיךָ עַל הָאֲדָמָה אֲשֶׁר־יְהוָה אֱלֹהֶיךָ נֹתֵן לָךְ

Tradução comum:

> Honra teu pai e tua mãe, para que se prolonguem os teus dias na terra que o SENHOR, teu Elohim, te dá (Êxodo/*Shemot* 20:12).

Assim como todos as instruções da *Torah*, esse também é profundo e belo, porém alguns pais "autoritários/narcisistas/manipuladores" usurpam desse mandamento para serem servidos e terem suas ordens acatadas. Para eles, devo-lhes lembrar dos escritos aos Colossenses: "Pais, não irriteis os vossos filhos, para que não fiquem desanimados" (Colossenses 3.21). Para desdogmatizarmos esse mandamento e o removermos das más intenções de pais narcisistas, alonguemos o sentido da palavra e da ação "honrar".

Em primeiro lugar, a palavra usada para "honra" é "*Cabbed* כַּבֵּד" e será que ela indica somente obediência ou respeito, como a maioria das pessoas pensam? De acordo com o *Dicionário Strong* (2002; 2005, S. H3513) essa palavra significa: "1) tornar pesado, tornar monótono, tornar insensível 2) tornar honroso, honrar, glorificar". Quero ir além da colaboração do *Strong*. Acredito que, ao analisarmos a pictografia das consoantes da palavra "כַּבֵּד", seremos conduzidos a uma certa profundidade que nos revela o ato de "honrar".

Pois bem, "*Cabbed*" é constituída por três consoantes e cada uma tem um significado na pictografia, a saber, "כַּ" – *Kaf*: palma da mão, abrir; "בֵּ" – *Beit*: tenda, casa, dentro; "ד" – *Dalet*: porta da tenda, caminho. Assim sendo, "honrar", na minha perspectiva, tem a ver com "estender a mão, abrir a porta da casa e colocar do lado de dentro e no caminho". Para mim, essa visão faz muito sentido no campo psicanalítico, no qual os pais devem tornar-se símbolos em nossa psique; devem estar do lado de dentro, como forças psíquicas que fazem com que não nos sintamos órfãos na Vida, mas pertencentes a um Lar.

Nesse aspecto, não tratamos dos pais biológicos, e sim da Função Paterna e Materna as quais são oriundas dos cuidadores (biológicos ou não). Tais funções devem ser vistas como valorosas e preciosas, assim como expressa a palavra grega τίμιος/**tímios**, usada para "honrar", cujo significado é "grande valor". Quando elas são introjetadas no meu caminho e em minha mente de forma saudável, cria-se uma base de sustentação para prolongar os meus dias sobre a Terra. Caso contrário, sem a valorização equilibrada — a qual não é sinônimo de endeusamento e obediência absoluta —, não há suportes psíquico e emocional, e logo surgem comportamentos nocivos que encurtam a vida.

A exclusão dos Pais leva-nos ao Mundo sem os Pais Internos, munidos de medo, sem pertencimento, sem autonomia, sem confiança, sem produtividade, sem iniciativa e sem a capacidade de construir a própria forma de Ser. Por fim, cabe dizer que "*Cabbed*" está além do "respeito", visto que a palavra usada para "respeito/reverenciar" é "*yare*", como observado em Levítico 19.3 (grifo meu): "Cada um **respeitará (yare)** a sua mãe e o seu pai e guardará os meus *shabat*. Eu sou o Senhor, vosso Elohim".

Estatuto do Mandamento 04 – Êxodo/*Shemot* 20.12

Penso que é necessário entendermos que nem sempre os pais sabem o que é melhor para os seus filhos. O fato da palavra "pai's" estar associada a Deus no inconsciente humano, pois assim é afirmado: "Deus é Pai", faz com que alguns pais acreditem que são onipotentes e juízes quanto ao caminho dos filhos. Os pais são determinantes na vida dos filhos, para bem ou para mal, mas, infelizmente, tenho atendido adultos com graves sequelas emocionais por conta de pais que tinham plena convicção de saberem o que era melhor para eles, reprimindo a vida deles, pensando que estavam fazendo um bem.

Muitos pais projetam seus medos e desejos sobre os filhos, impedindo o caminhar deles filho como um ser único e individual. Entretanto, se tivermos consciência de que nossos pais não são "deuses" e, sim, humanos, evitaríamos muitos sofrimentos ocasionados pelo sentimento de "culpa" adquirido pelo ódio ou pela raiva dos pais. O ódio pelos pais caminha junto ao amor e é, de certa forma, natural. A sacralização histórica da figura dos pais tornou o sentimento do ódio natural por aqueles que nos dizem "não" e "corrigem" em algo culposo, digno de punições inconscientes, que refletirão pela vida. Num determinado dia, por exemplo, conversei com uma criança. Ela me disse: "Sou burra, sou feia, sou uma bosta". Perguntei a razão. A resposta foi: "Meu pai me disse". Esse é apenas um dos muitos casos que recebo no consultório.

Muitos adultos em sofrimento ou com comportamentos nocivos carregam uma criança que foi malcuidada, mal desejada. Da mesma forma, pais que agem assim também carregam o mesmo histórico. Há um fluxo de repetição que precisa ser quebrado. Tenho a convicção de que precisamos urgentemente educar nossos pais para que nossos filhos não sejam assassinados mesmo antes de terem a chance de viver. Não quero, aqui, imputar culpa sobre os pais, pois se formos procurar a culpa, seremos conduzidos para um lugar longe do "aqui e agora". Ela está para muito antes dos fatos e acontecimentos. Num lugar em que não conseguiremos chegar porque lá nunca estivemos. Os acontecimentos, como esse ocorrido com a criança, são resultados de uma sucessão de outros acontecimentos.

Filhos, em vista disso, precisam de pais fortes e firmes. Isso não significa serem "não humanos", significa serem o lugar em que os filhos podem estabelecer a base sólida da vida. Uma mãe que acolhe e um pai de voz firme (*não autoritário) são necessários para a formação da criança. E tratando-se do pai, sobretudo, precisa ser alguém que sabe colocar o limite, que tenha valores e princípios bem-estabelecidos.

Hoje, infelizmente, temos pais mais frágeis do que os filhos, que precisam ser alicerces emocionais para os "adultos". Os filhos tornam-se os supostos "adultos" na relação com pais irresponsáveis e infantis. Atualmente, com muita frequência, observamos pais declarando sobre os filhos: "Minha princesa, meu príncipe". Aparentemente, essa fala soa como algo belo. Porém, no uso inconsciente, pode afirmar o seguinte: "Meu filho, você está obrigado a dar continuidade ao meu reinado. Você está preso na minha hereditariedade. Você deve seguir na minha missão. Você não tem escolha. Você não vive para você, você vive por mim e pelo coletivo".

De forma geral, hoje em dia, essa declaração está no contexto de pais ou mães solteiras, ou pais que carregam algum tipo de solidão ou frustração nas relações, em que o filho é colocado como "salvador" das dores emocionais dos pais. O Filho Príncipe está obrigado a fazer o Reino dos pais funcionar e dar certo. Por isso é preciso cuidado, não com a palavra "príncipe ou princesa", mas com a intenção, pois os filhos podem carregar um peso muito grande, que não é deles.

O maior e melhor presente para uma criança é ter pais suficientemente bons. Pais que não projetam seus medos e desejos, que são presentes, que colocam limites, acolhem, desejam e educam. Pais que não fazem do filho um bode expiatório de suas culpas. Pais que não transferem suas histórias frustradas e, assim, evitam que os filhos tenham histórias ocultas sombrias, que assombram no inconsciente.

Carregamos, portanto, a ideia de que os pais são "sagrados", uma espécie de semideuses infalíveis. Esse pensamento revela-se no discurso dos filhos quando em análise ou terapia. Ao perguntar sobre a infância e a relação com os pais, a grande maioria dos filhos teme em falar mal. Ainda que a vida transtornada revele o contrário, a boca declara que a infância foi muito boa e que os pais foram bons. Na melhor das hipóteses, dizem: "Meu pai batia na minha mãe, mas era um bom homem", "Bebia e era agressivo, mas era um bom homem", "Minha mãe sempre foi dominadora, mas era uma boa mãe". Há uma tentativa de aliviar a consciência ao pensar mal dos pais. Torna-se absorvedor dos pais, pois há uma culpa ao tocar indevidamente neles.

A problemática nesse ato está no afastamento e no isolamento das questões traumáticas, tornando a história oculta. É preciso aproximar-se para compreender melhor a sua própria história e a história dos pais. Pais são seres humanos! Para que os filhos avancem na vida é preciso reconhecer isso, pois, assim, conseguirão aproximar-se das questões mal resolvidas dentro de si. É necessário haver a consciência de que os pais existem para ensinar o(a) filho(a) a ser pai e mãe de si mesmo(a). Quando a função é cumprida e bem-sucedida, os pais passam a ser pessoas pelas quais temos gratidão, mas não obediência absoluta. Quando os pais concluem a função de pais (treinadores), assumem a posição de incentivadores. Saem da frente e vão para trás.

Desse modo, para honrarmos os Pais, isto é, colocá-los dentro de nós e carregarmos para a Vida, é importante ter a consciência de que os Pais físicos e biológicos — Reais, conforme a fala do psicanalista Lacan —, não são deuses, são falhos e, assim, destronar as imagens nocivas construídas sobre eles; ou seja, é necessário desconstruir os Pais Imaginários para, então, acessar os Pais Simbólicos e introjetá-los.

Porém esclareço que os pais físicos e biológicos não são excluídos, apenas assumem outras posições, até porque o papel dos pais não é eterno e, sim, temporário. O que se eterniza em nós é a simbolização dos pais como lugar de refúgio e pertencimento.

O Juízo do Mandamento 04 – Vida alongada

Sobre tudo o que pudemos observar, as consequências prejudiciais do não cumprimento dessa Instrução está no encurtamento da Vida devido a um modo de viver inserido na orfandade, sem limites que preservam e protegem. A exclusão dos Pais Internos exclui a Vida. Por outro lado, a inclinação à Instrução alonga-a. Os dias são prolongados, pois existe uma consciência de filho e de pertencimento ao Mundo. Não haverá, assim, tantas transferências negativas nas convivências sociais por conta dos pais imaginários que se assentam no trono da psique. Quando a imagem dos pais ausentes, autoritários, rígidos, abusadores, manipuladores, narcisistas é destronada, o caminho da Vida torna-se mais livre para se desfrutar e degustar do Bem que nos é concedido diariamente.

O princípio/Espírito da *Torah*

No meu entendimento, o Espírito por trás do mandamento nos educa a valorizarmos os Pais, e, dentro disso, existe um processo de balanceamento, ou seja, para dar valor a algo eu preciso julgar, colocar na balança. Para mim, esse processo de "Honrar" ensina-nos a não vermos os pais como absolutos e sobre-humanos. É necessária uma análise para a compreensão do que estamos supervalorizando. A quais imagens estamos dando valor? Pois podemos estar dando um excessivo valor às toxicidades dos pais e não aos aspectos saudáveis. São esses aspectos que precisamos simbolizar dentro de nós.

De igual modo, deve haver o exercício da gratidão pelos feitos realizados por eles, da maneira como conseguiram, de acordo com o entendimento que tinham. Removendo de nós o olhar mal-adaptado da criança, na infância, e ressignificando com os olhos do adulto, podemos reinterpretar as vivências na interação familiar e agradecermos pelo trabalho que eles tiverem ao nos criarem e ao cuidarem de nós e, assim, seguirmos com os Pais Simbólicos em nosso interior.

Síntese:

MANDAMENTO

- Honra teu pai e tua mãe, para que se prolonguem os teus dias na terra que o SENHOR, teu Elohim, te dá.

ESTATUTO

- - Colocar as Funções Paterna e Materna do lado de dentro da Vida; carregar para o caminho; reconhecer a humanidade dos Pais físicos e biológicos; destronar os Pais Imaginários (ausentes, rígidos, autoritários, heróis...); simbolizar e introduzir os Pais Simbólicos (Vozes que guiam).

JUÍZO

- - Cumprimento: vida com qualidade e prolongada; mentalidade de filho; com permissão; com perspectiva...

- - Não cumprimento: vida desqualificada e curta; mentalidade de órfão; sem permissão; sem perspectiva...

PRINCÍPIO/Espírito da *Torah*

- - Educa a valorizarmos os pais; a ressignificar o olhar da infância; a balancear as experiências e vivências na interação familiar; exercita a gratidão pelos cuidados recebidos...

ÊXODO/SHEMOT 20.13 – MANDAMENTO 05 – A MORTE

Lo tirtsach

לֹא תִּרְצָח

Tradução comum:

Não matarás. (Êxodo/*Shemot* 20:8-13).

Esse é um mandamento que muitos acreditam que cumprem, pelo menos no âmbito físico, mas, como proposto neste livro, o desejo é adentrar o nível *Sod*, ou seja, na profundidade do mandamento que, nesse caso, vai além da morte do corpo.

A afirmação "Eu não mato, não roubo…" tornou-se uma forma de justificação na boca de muitos, isto é, literalmente, é um modo de orgulhar-se da vida justa que se tem. Mas, nas Escrituras, vemos que a intenção e a motivação por trás das ações são tão importantes quanto as próprias ações. Sobre isso, vale citar um verso que expressa que a justiça não deve ser como a justiça praticada por alguns fariseus, que agiam em falta com a verdade, pois o coração estava longe das mãos. o exterior não estava de acordo com o interior. "Porque vos digo que, se a vossa justiça não exceder [sobrepujar] a dos escribas e fariseus, de maneira nenhuma entrareis no Reino dos céus" (Mateus 5.21). Assim, há muitos que não matam o corpo, mas com palavras e atitudes matam a alma, os sonhos, os planos e a visão do futuro, separando a si mesmo ou o outro do seu desejo. É esse o significado que podemos encontrar na simbologia da pictografia.

Vejamos que a palavra hebraica usada para "matarás" é "*tirtsach* תִּרְצָח", proveniente de רצח, que tem as seguintes consoantes, cada qual com o seu símbolo psitográfico: "ר – ***Resh***" – cabeça, pessoa, primeiro; "צ – ***Tsade***" – desejo, necessidade; "ח – ***Chet***" – muro, separação. Logo, na pictografia, "matar" pode ser o ato de "provocar uma separação/cisão entre o desejo e a pessoa". Em outras palavras, seria como "despovoar a mente de si mesma, tornando-a vazia de sentido e busca, levantando muros dogmáticos que impedem o acesso aos desejos que movem para a Vida". Nesse sentido, o

Princípio/Espírito da *Torah*, na contrapartida, está na promoção da Vida, na remoção dos muros dogmáticos da mente, na permissão à Vida.

Pois bem, sobre isso, prosseguimos na análise da instrução messiânica e sua *Halachá*:

> Ouvistes que foi dito aos antigos: Não matarás; mas qualquer que matar será réu [culpado, ou sujeito ao juízo] de juízo. Eu, porém, vos digo que qualquer que, sem motivo, se encolerizar [indignar] contra seu irmão será réu de juízo, e qualquer que disser a seu irmão raca [nulo, sem valor] será réu do Sinédrio; e qualquer que lhe disser louco [demente, ou completamente trancado do entendimento] será réu [sujeito ao supremo conselho, ou culpado] do fogo do inferno [Gr. Geena: lugar do castigo]. (Mateus 5.21.22).

Como sabemos, Yeshua, na condição de rabino e voz arquetípica messiânica, não está abolindo a *Torah*, mas trazendo um juízo e uma *Halachá*, que coloca o "matar" no mesmo patamar da ira e do proferir palavras injustamente. Aqui, é possível pensar em uma *Drash* (correlação textual) com o verso: "A morte e a vida estão no poder da língua; e aquele que a ama comerá do seu fruto" (Provérbios 18.21). Se, de alguma maneira, portanto, a vida — em todas as suas instâncias — está sendo privada, isso constitui-se em "matar". Se alguém fuma, por exemplo, isso seria "matar a si mesmo". Se um patrão exige além do que é devido ao seu empregado, também é uma forma de "matar". Tudo isso está dentro do estatuto do mandamento "não matarás".

Em resumo, "matar" está relacionado com atos injustos contra o outro ou contra si mesmo, que impedem o acesso ao desejo essencial do viver, que é o combustível da vida. Na Psicanálise, o Desejo é o artifício psíquico para mover o sujeito para fora do seu vazio existencial, da sua falta. Em outra possibilidade de ver, é uma modificação dos instintos e das pulsões primitivas, a fim de que se tornem aceitáveis socialmente. Quando os desejos perdem-se, perde-se a busca e, por consequência, permanecem o vazio e a falta. Posto isso, entramos no conflito com o outro ou consigo quando não somos munidos da consciência do Eu, do Tu e do Nós, isto é, do Princípio Divino da Lei: *"Eu sou no outro e o outro é em mim — Somos um".*

Neste momento, é importante retornar ao pensamento de que a essência da *Torah* é a preservação da vida. Isso significa que se a vida estiver em risco, matar é permitido. Por exemplo, no contexto corporal, em uma guerra um soldado está em liberdade para matar. Por quê? Porque isso é para a preservação de todo um Povo.

Lembremo-nos de um episódio que ocorreu em Nashville – EUA (23/04/2023)[52] há pouco tempo, quando um jovem entrou em uma escola e matou seis pessoas, entre elas, três crianças de 9 anos. Um policial entrou e atirou contra o jovem, que morreu. O que diríamos, condenaríamos o policial ou exaltaríamos por estar no exercício da sua função de preservar vidas?

Obviamente, destaco que os exemplos citados cabem dentro de um contexto legítimo de preservação da vida. Soldado e policial não têm permissão para serem assassinos. Em conformidade com o dito, saliento o verso de Êxodo: "Se um ladrão for achado arrombando uma casa e, sendo ferido, morrer, quem o feriu não será culpado do sangue.³ Se, porém, já havia sol quando tal se deu, quem o feriu será culpado do sangue [...]" (Êxodo 22.2,3). Simbolicamente, se a morte for causada na noite da inconsciência, não há a pena de homicídio, porém, se for ocasionada na luz da consciência, tendo outras possibilidades, há a imputação de homicídio.

Juízo do Mandamento 05 – Caminho da exposição

Como visto em Mateus 5.21,22, essas ocorrências nocivas na convivência, na minha interpretação, promovem juízos de exposição, ou melhor, um caminho de exposição gradativo, objetivando resolver o conflito com o outro: Diálogo, Testemunhas e Isolamento/Afastamento.

1. **Sujeito a julgamento** – Provocar a ira ou irar-se de forma injusta.

DIÁLOGO – Primeira exposição: temos alguém que se irou e deve estar sujeito a um julgamento que, segundo vejo, pode ser um processo entre ambas as partes envolvidas, como um diálogo esclarecedor.

2. **Sujeito ao julgamento do tribunal (Sinédrio)** – Insultar, tirar o valor de alguém ou de si mesmo, chamar alguém de vazio, ou seja, julgar e estabelecer sentença.

TESTEMUNHAS – Segunda exposição: temos alguém que passou pela primeira etapa sem esclarecimento e sem lucidez psíquica sobre a sua ação prejudicial. Não resolvendo o diálogo, deve-se procurar terceiros

---

[52] Artigo da Folha de São Paulo. *Ex-estudante de escola cristão nos EUA mata 6 pessoas.* Disponível em: https://www1.folha.uol.com.br/mundo/2023/03/ataque-a-tiros-em-escola-dos-eua-deixa-pelo-sete-mortos.shtml. Acesso em: 18 nov. 2023.

que possam servir de testemunhas e, assim, auxiliar em uma visão mais ampliada da situação.

3. **Sujeito ao Vale de Hinom (Vale ao Sul de Jerusalém, onde o lixo e os animais mortos eram queimados)** – Chamar alguém de ímpio ou incrédulo, ou seja, julgar e condenar alguém como não merecedor da Vida.

ISOLAMENTO/AFASTAMENTO – Terceira exposição: temos aquele que passou pela primeira (diálogo) e segunda (testemunhas) etapas sem mudanças e consciência de si. Ele deve ser isolado e excluído do convívio pessoal ou coletivo, como assim expressa a representação do Vale de Hinom (lugar de exclusão e isolamento).

É interessante que esse caminho de exposição confirma-se na instrução descrita no livro de Mateus:

> Se teu irmão pecar contra ti, **vai e, em particular com ele (DIÁLOGO)**, conversem sobre a falta que cometeu. Se ele te der ouvidos, ganhaste a teu irmão. Porém, se ele não te der atenção, **leva contigo mais uma ou duas pessoas, para que pelo depoimento de duas ou três testemunhas (TESTEMUNHAS)**, qualquer acusação seja confirmada. Contudo, se ele se recusar a considerá-los, dizei-o à igreja; então, se ele se negar também a ouvir a igreja, **trata-o como pagão ou publicano (ISOLAMENTO/AFASTAMENTO)** [...] (Mateus 18.15-17, grifos meus).

Síntese:

MANDAMENTO

- Não matarás.

ESTATUTO

- Não provocar uma separação/cisão entre o desejo e a pessoa; não despovoar a mente de si mesma, tornando-a vazia de sentido e busca, levantando muros dogmáticos que impedem o acesso aos desejos que movem para a Vida; não se irar ou provocar a ira injustamente; não sentenciar de forma injusta, tirando o valor do outro ou de si próprio.

JUÍZO

- Cumprimento: boa convivência consigo e com o outro; preservação da vida.

- Não cumprimento: produção de conflitos e, para resolvê-los, somos conduzidos ao caminho de exposição: Diálogo, Testemunhas e/ou Isolamento/afastamento. Caso não haja reconciliação consigo ou com o outro, o isolamento é o juízo final. Se alguém estiver num conflito consigo, matando o seu próprio desejo de viver e não resolver essa situação, entrará num isolamento, ou seja, isola-se de si mesmo e, em outras palavras, entrará num processo patológico de depressão. Se, em outra situação, o conflito for com o outro e não for resolvido, haverá o rompimento da relação.

PRINCÍPIO/Espírito da *Torah*

- Educa a perceber o desejo do outro e o seu próprio desejo; promove uma consciência do Eu, do Tu e do Nós; educa a remover os muros dogmáticos da mente e a permitir o viver; educa a libertar o outro e a si mesmo para a sua própria consciência; educa a discernir entre desejos, instintos e pulsões primitivas.

ÊXODO/*SHEMOT* 20.14 – MANDAMENTO 06 – O ADULTÉRIO

Lo Tineaf

לֹא תִּנְאָף

Tradução comum:

Não adulterarás. (Êxodo/*Shemot* 20:14).

Assim, como no mandamento "Não matarás", muitos entendem que "não adulteram" porque não têm relação sexual extraconjugal. Mas será que o mandamento se resume a isso? Será que o sentido de adulterar se relaciona apenas com uma relação de infidelidade entre os cônjuges? Há quem responda positivamente. No entanto, sob o meu olhar, penso que vai além do ato físico e, como vimos em todos os mandamentos, a intenção é buscar o princípio do *Sod* (oculto), indo além do senso comum.

Então, para mim, além de estar no campo da infidelidade conjugal, adultério está na raiz do adulterar, modificar, objetivando interesses egoístas, tal como um combustível adulterado, em que a adulteração é realizada em detrimento de um benefício próprio, prejudicando o outro que, em sua mente, pensa estar adquirindo um produto de boa qualidade. Assim, adultério também diz respeito a qualquer modificação e qualquer adulteração indevida, no sentido de enganar e tirar proveito da ignorância ou da falta de conhecimento do outro.

Isso não está somente no contexto da relação conjugal, mas em todas as relações, em que palavras e comportamentos são adulterados, quebrando contratos e lealdades, a fim de enganar e tirar proveito. Além disso, adultério também pode ser visto como manipulação, pois manipular é um tipo de adulteramento. No sentido da palavra, manipular é utilizar as mãos para modificar.

Portanto, dentro do adultério encontram-se o interesse próprio, a exclusão do outro, o engano e a manipulação. O episódio do Gênesis, em que a Serpente engana Eva, exemplifica o adultério, pois a Serpente modifica as palavras para enganar Eva:

> Ora, a serpente era o mais astuto de todos os animais selvagens que o Senhor Deus tinha feito. E ela perguntou à mulher: "Foi isto mesmo que Deus disse: 'Não comam de nenhum fruto das árvores do jardim'?"[2] Respondeu a mulher à serpente: "Podemos comer do fruto das árvores do jardim,[3] mas Deus disse: 'Não comam do fruto da árvore que está no meio do jardim, nem toquem nele; do contrário vocês morrerão'".[4] Disse a serpente à mulher: "**Certamente não morrerão!**[5] Deus sabe que, no dia em que dele comerem, seus olhos se abrirão, e vocês, como Deus[a], serão conhecedores do bem e do mal". (Gênesis 3.1-5, grifo meu).

A voz da Serpente é um símbolo da voz que conduz ao adultério, que pode estar em vários contextos da nossa vida. No mito de Gênesis, a Voz levou Eva a adulterar e a quebrar o seu contrato com Adão e Deus. As palavras foram distorcidas e manipuladas para que um desejo fosse despertado e concretizado:

> Quando a **mulher viu** que a árvore parecia agradável ao paladar, era **atraente aos olhos** e, além disso, **desejável** para dela se obter discernimento, tomou do seu fruto, comeu-o e o deu a seu marido, que comeu[b] também.[7] Os olhos dos dois se abriram, e perceberam que estavam nus; então juntaram folhas de figueira para cobrir-se. (Gênesis 3.6,7, grifos meus).

Nesse sentido, o adultério inicia-se na mente. É no pensamento, no diálogo consigo, na aceitação de sugestões, no alimentar de enganos, que o adultério começa a vir à luz. Como psicanalista, compreendo que a mente é um campo fértil e complexo, em que habitam muitas fantasias, muitas das quais não temos controle. Na mente, muitos já mataram, já adulteraram, porém, pensamentos surgem de forma automática, sem a nossa autorização. O que cabe a nós é a observação e a conscientização de tais pensamentos e, assim, não os alimentar para que não se tornarem *desejáveis*.

Obviamente, como eu disse, a mente é complexa, e cada uma tem uma estrutura psíquica específica (Neurose, Psicose, Perversão, Borderline), com um nível de Consciência moral (Superego) específica, que determinará a facilidade ou a dificuldade com que o adultério passará do pensamento/intenção para a realização.

Bom, vejamos o que Yeshua (mentalidade messiânica) traz como *Halachá* sobre essa questão. Em seu sermão do monte, diz:

> Ouvistes que foi dito: Não adulterarásⁿ.[28] Eu, porém, vos digo: qualquer que olhar para uma mulher com intenção impura, no coração, já adulterou com ela.[29] Se o teu olho direito te faz tropeçar, arranca-o e lança-o de ti; pois te convém que se perca um dos teus membros, e não seja todo o teu corpo lançado no Genna (vale de Hinom).[30] E, se a tua mão direita te faz tropeçar, corta-a e lança-a de ti; pois te convém que se perca um dos teus membros, e não vá todo o teu corpo para o Genna (vale de Hinom). (Mateus 5.27-30).

Yeshua traz a prática do adultério para uma intenção do coração, algo interno e não simplesmente externo. Ele fala de um olhar, ou seja, de uma percepção impura de cobiça. No entanto, como explanei anteriormente, não há como controlarmos todos os pensamentos que surgem na mente. Se levarmos esses versos de forma radical e literal, não há quem não seja assassino ou adúltero, contudo, compreendamos o contexto de algumas palavras.

De início, é importante compreendermos que, no texto grego, a palavra usada para "intenção impura" é "**ἐπιθυμέω epithyméō**", que não está simplesmente no ato de olhar ou pensar e, sim, no ato de "girar em torno". Isso indica um pensamento que é alimentado por uma busca; não é um pensamento inerte, existe uma ideia de como obter o objeto desejado. Outra palavra que nos traz uma amplitude na visão é "adulterou", contida na expressão "já adulterou com ela". No grego, é "**μοιχεύω moicheúō**", e na linguística hebraica é uma expressão idiomática, usada daqueles que, pela solicitação de uma mulher, são levados à idolatria ou a comer de coisas sacrificadas a ídolos. Dessa forma, o contexto histórico indica-nos uma situação em que os homens estariam desejando mulheres que serviam a outros deuses e, assim, eles eram conduzidos às mesmas práticas, afastando-se do Deus de Israel.

Indo além desse contexto, posso entender que a instrução orienta ao cuidado com relações que afastar-nos-ão dos valores que nos são sagrados. Se voltar para o mito do Gênesis, foi isso o que aconteceu entre a Serpente e Eva. Eva foi afastada do seu Sagrado. O Adultério, assim, distancia-nos do nosso Sagrado/Potência/Poder, tornamo-nos infiéis a nós mesmos.

Pois bem, após essas informações, entendo que o texto não se trata apenas do olhar ou pensar e, sim, de um "girar em torno" de uma situação específica, que produz pensamentos estratégicos para obter-se o objeto desejado, custe o que custar. A história de David e Bate-Seba parece exemplificar bem essa explicação, pois conta-nos o relato de que o Rei David estava no seu terraço e fixou o olhar sobre a mulher que se banhava. Ele, então, *gira em torno* dessa situação, a ponto de estrategiar a morte de Urias para ficar a sua mulher, Bateseba: "E aconteceu que numa tarde Davi se levantou do seu leito, e andava passeando no terraço da casa real, e viu do terraço a uma mulher que se estava lavando; e era esta mulher mui formosa à vista" (2 Samuel 11.2).

David, portanto, modificou a cena, alimentou seus pensamentos, manipulou palavras, enganou pessoas, excluiu o outro e caiu no adultério, e teve consequências drásticas, representadas pela espada, símbolo de divisão e separação: "Agora, pois, não se apartará a espada jamais da tua casa, porquanto me desprezaste, e tomaste a mulher de Urias, o heteu, para ser tua mulher" (2 Samuel 12.10).

Estatuto e Juízo do mandamento 06 – Cortar

Na observância do verso anterior, o juízo do adultério torna-se a divisão e a separação de nós mesmos ou com o outro. Caso não queiramos esse corte como consequência, precisamos tê-lo como uma ação a ser tomada antes, ou seja, é necessário "cortarmos" o olhar/pensamento (olhos) e as ações/comportamentos (mãos) antes que nos façam tropeçar, como assim instrui a voz messiânica no texto de Mateus 5.29,30:

> Se o teu olho direito te faz tropeçar, arranca-o e lança-o de ti; pois te convém que se perca um dos teus membros, e não seja todo o teu corpo lançado no Genna (vale de Hinom).[30] E, se a tua mão direita te faz tropeçar, corta-a e lança-a de ti; pois te convém que se perca um dos teus membros, e não vá todo o teu corpo para o Genna (vale de Hinom).

Desse modo, o pensamento messiânico fala de um olho e uma mão que fazem tropeçar e que devem ser cortados antes do tropeço. Dentro do simbolismo, o olhar traz-nos a ideia de mente, mentalidade ou modo como se vê, e as mãos falam de obras, de ações. Em outro aspecto, o "olhar" corresponde ao "interior" e às "mãos", ao que se expressa no "exterior". Lembro, ainda, que Genna (Vale de Hinan) é o lugar de exclusão e de isolamento, pois era o lugar fora da cidade onde jogavam o lixo.

Assim, antes que você seja cortado das relações e levado para fora e excluído, no âmbito pessoal ou no coletivo, corte os olhos e as mãos, corte os pensamentos e as intenções que tentam criar raízes em seu interior, bem como as ações que te seduzem para se manifestarem nas obras visíveis, pois a consequência é a morte, como diz a *Torah* em Levítico (*vaikra*): "Se um homem adulterar com a mulher do seu próximo, será morto o adúltero e a adúltera" (Levítico 20.10). E o que é a morte senão a separação entre a mente e o seu desejo de viver? Logo, não veja a morte apenas como literal e corporal, mas como perda da vida, em sua diversidade de sentidos e significados, como: perda da vida emocional, da vida financeira e/ou da vida psíquica.

Síntese:

MANDAMENTO

- Não adulterarás.

ESTATUTO

- Não girar em torno de um pensamento, a fim de que não se torne desejável; cortar os olhos (pensamentos/intenções) e as mãos (ações/comportamentos); não manipular, não enganar, não excluir o outro; não adulterar informações ou palavras em prol de benefícios próprios.

JUÍZO

- Cumprimento: permanência nas relações consigo e com o outro.
- Não cumprimento: divisão e separação de nós mesmos ou com o outro; perda das relações; afastamento; isolamento; perda das vidas psíquica, corporal, emocional e/ou financeira; afastamento do Sagrado/Poder interior.

PRINCÍPIO/Espírito da *Torah*

- Educa a preservar e a dar importância às relações; a sondar as intenções e as motivações do coração.

ÊXODO/*SHEMOT* 20.15 – MANDAMENTO 07 – O FURTO

Lo Tigenov

לֹא תִּגְנֹב

Tradução comum:

Não furtarás. (Êxodo/*Shemot* 20:15).

Torno-me, inevitavelmente, repetitivo, ao dizer que, assim como no "Não matarás" e "Não adulterarás", esse mandamento também é muito usado por aqueles que se justificam como pessoas boas e justas. "Eu não roubo/furto", afirmam. Porém, como nos demais mandamentos, não há só uma maneira de roubar ou furtar alguém.

A palavra "*tigenov*" vem de "*ganav* גנב", que além que "roubar, furtar" também significa "levar embora". Sob essa ótica, roubar está dentro de todo ato de *levar embora* algo que é do outro, que não pertencente a mim. É tomar como meu, com palavras ou ações, tudo o que não sou autorizado para tal.

Muitos, sem ter plena consciência disso, levam embora sentimentos, alegria, objetivos ou, ainda, planos ou ideias de outrem. Por exemplo, alguém compartilha uma ideia ou um plano interessante com quem está próximo, no entanto, ele furta e coloca em prática sem o devido consentimento do autor da ideia. Em outro exemplo, alguém que recebeu uma boa notícia pode ter a sua alegria roubada por alguém que lhe seja considerado amigo. Outro furto que nos serve de modelo é aquele encontrado nos templos ou em contextos eclesiásticos, em que líderes mal-intencionados, de maneira injusta e ameaçadora, forçam os membros a darem ofertas, tomando para si o que é do outro para obterem benefícios próprios.

Essas são algumas exemplificações de roubo, furto ou extorsão. Sendo assim, nessa perspectiva, o roubo/furto está além de algo que seja criminalmente penalizado, isto é, que esteja no Código Penal. Podemos apropriamo-nos da alegria, da intenção, do prazer, da vida, dos objetivos, dos sonhos, dos sentimentos e das formas de ser do outro.

Dito isso, o livro de Levítico colabora com o mandamento de Êxodo e acrescenta o juízo da restituição.

> Falou mais o SENHOR a Moisés, dizendo:² Quando alguma pessoa pecar, e cometer ofensa contra o SENHOR, e negar ao seu próximo o que este lhe deu em depósito, ou penhor, ou roubar, ou tiver usado de extorsão para com o seu próximo;³ ou que, tendo achado o perdido, o negar com falso juramento, ou fizer alguma outra coisa de todas em que o homem costuma pecar,⁴ será, pois, que, tendo pecado e ficado culpada, **restituirá aquilo que roubou, ou que extorquiu, ou o depósito que lhe foi dado,** ou o perdido que achou,⁵ ou tudo aquilo sobre que jurou falsamente; e o restituirá por inteiro e ainda a **isso acrescentará a quinta parte; àquele a quem pertence, lho dará no dia da sua oferta pela culpa.** (Levítico 6.1-5, grifos meus).

Esse juízo cumpriu-se no episódio em que o **tempo messiânico/Yeshua** adentrou a casa de Zaqueu, um cobrador de impostos, que extorquira pessoas, levando para si o que não lhe era devido e cobrando além do justo: "Entrementes, Zaqueu se levantou e disse ao Senhor: Senhor, resolvo dar aos pobres a metade dos meus bens; e, se nalguma coisa tenho defraudado alguém, restituo quatro vezes mais" (Lucas 19.8). Desse modo, Zaqueu propõe-se a restituir o defraudado. Acerca disso, outro texto de Êxodo também instrui-nos:

> Se alguém furtar boi ou ovelha e o abater ou vender, por um boi pagará cinco bois, e quatro ovelhas por uma ovelha.² Se um ladrão for achado arrombando uma casa e, sendo ferido, morrer, quem o feriu não será culpado do sangue.³ Se, porém, já havia sol quando tal se deu, quem o feriu será culpado do sangue; O ladrão fará restituição total; e se não tiver com que pagar, será vendido por seu furto.⁴ Se aquilo que roubou for achado vivo em seu poder, seja boi, jumento ou ovelha, pagará o dobro. (Êxodo 22.1-4).

O juízo, portanto, como toda a essência da *Torah*, encontra-se na preservação da vida e daquilo que está sob administração de outro, bem como na preservação do fruto de um trabalho, das integridades física e moral, da alma, da mente e dos sentimentos. Entretanto, caso não haja tal preservação, deve-se haver a restituição que, em hebraico, provém da raiz "*shalem* שָׁלֵם", no sentido de restabelecer a paz e restaurar a integridade. Assim, restituir é devolver ao outro o seu estado de integridade outrora perdido. Porém a restituição vai além do que foi furtado. Se forem furtados dois bois, devem ser devolvidos quatro, por exemplo.

Nesse ponto, como seria a questão do perdão? Deve-se perdoar o ladrão, sendo esse um valor histórico cristão muito evidenciado, associado à liberação total de uma dívida? Cada caso é um caso específico, que demanda um processo justo de julgamento. No entanto cabe dizer que no pensamento hebraico da *Torah*, o perdão não seria, exatamente, o perdão de toda a dívida; ele está condicionado às condições do indivíduo que furtou ou roubou. Se houver condição de pagar apenas uma parte da dívida, então a outra parte será perdoada. Se não houver nenhuma condição, toda a dívida será perdoada.

Geralmente, na maioria das vezes, os casos em que não se consegue a restituição são os casos de furtos emocionais ocorridos em relações abusivas. Penso que, nessas situações, o sujeito que furtou naturalmente pagará com a própria vida — "*será vendido*" —, como descrito no seguinte verso: "[...] O ladrão fará restituição total; e se não tiver com que pagar, será vendido por seu furto" (Êxodo 22.3). Todavia, cada um seja entregue às suas próprias consequências, e o que nos vale para a promoção do bem psicológico, é nos libertarmos do sentimento de vingança, soltando a dívida, para que ambos possam seguir em seus caminhos, sem prisões, conexões ou laços de cobranças.

Princípio do Mandamento 07 – Acréscimo e Contentamento

Entendo que o "Sim" por trás do "Não furtarás" corresponde ao acrescentar, isto é, além de não tirar do outro, deve-se acrescentar benefícios na vida do outro. Outro ponto a ser considerado está no entendimento de que quando não tiro o que é do outro, aquilo que está sob minha administração também não será tirado. Esse princípio está ligado a uma promoção da ordem social, visto que se eu não tiro o que é do outro, o outro não terá falta e, por consequência, não precisará tirar de outro, e assim sucessivamente.

Se fizermos uma pesquisa social com aqueles que estão nas penitenciárias por roubo ou furto, descobriremos que algo foi tirado deles, quem sabe o amor, a família, a função paterna, a identidade ou a esperança. Na falta não suprida, inicia-se um ciclo de roubo, violência e abuso. Viola-se o espaço e o limite do outro.

Creio que o contentamento com o que está sob a minha administração também está no Espírito da *Torah* desse mandamento, pois se contente estou não há porque *levar embora* o que é do outro. Posto isso, são pertinentes as palavras de João Batista aos publicanos e soldados que foram ter com ele no Rio Jordão para serem batizados:

> Foram também publicanos para serem batizados e perguntaram-lhe: Mestre, que havemos de fazer?[13] Respondeu-lhes: **Não cobreis mais do que o estipulado.**[14] Também soldados lhe perguntaram: E nós, que faremos? E ele lhes disse: A ninguém maltrateis, não deis denúncia falsa e **contentai-vos com o vosso soldo.** (Lucas 3.12-14, grifos meus).

Síntese:

MANDAMENTO

- Não furtarás.

ESTATUTO

- Não levar embora — com ações ou palavras — coisas físicas ou emocionais que não lhe pertencem (a alegria, a intenção, o prazer, a vida, os objetivos, os sonhos, e outras tantas outras emoções e formas de ser do outro).

JUÍZO

- Cumprimento: preservação da vida e dos bens materiais e imateriais; mantém-se a integridade.
- Não cumprimento: perdas materiais e imateriais; necessidade de restituição e restabelecimento da integridade.

PRINCÍPIO/Espírito da *Torah*

- Educa a consciência dos espaços e dos limites entre Eu e o Outro; a acrescentar ao outro; a promover ordem social; ao contentamento.

ÊXODO/*SHEMOT* 20.16 – MANDAMENTO 08 – O TESTEMUNHO

Lo-taaneh bereacha ed shaqer:

לֹא־תַעֲנֶה בְרֵעֲךָ עֵד שָׁקֶר

Tradução comum:

Não dirás falso testemunho contra o teu próximo. (Êxodo/*Shemot* 20:16)

Como de costume, analisaremos o contexto linguístico hebraico desse mandamento para, desse modo, expandirmos o seu entendimento.

1. "*Taaneh* תַעֲנֶה": palavra usada para "dirás". Contudo, no hebraico, há outras palavras que traduzem o "falar ou dizer", tais como "*davar* דבר e *amar* אמר". Porém, a palavra usada nesse mandamento é "ענה *Anah*", que significa "replicar, responder", ou seja, não é somente "dizer", indica uma **resposta a algo**. Interessante que "*Anah*" também pode ter o sentido de "menosprezar, intimidar, oprimir, humilhar". Portanto "*Lo Taaneh*" quer dizer **"evitar respostas ou réplicas que visam menosprezar ou intimidar"**.

2. "*Bereacha* בְרֵעֲךָ": literalmente é "por teu companheiro". A preposição "be" pode indicar "por", juntamente a "רע *rea*", que é "companheiro", alguém conhecido e próximo que caminha junto; e no fim da palavra temos o sufixo "*cha*", que é "teu/tua". Portanto temos "por teu companheiro".

3. "*Ed* עֵד": palavra usada para "testemunha". Na pictografia, essa palavra tem o sentido de "ver ou perceber o caminho". A consoante "ע *Ayin*" está relacionada a "olho, visão", enquanto "ד *Dalet*" relaciona-se a "porta e caminho". Assim, nesse sentido, a "testemunha" é alguém que "percebe e está consciente do que está acontecendo".

4. "*Shaqer* שָׁקֶר": palavra usada para "falso, enganoso".

Observando tais palavras, atrevo-me a interpretar Êxodo 20.16 da seguinte maneira: **Não responderás ao teu companheiro(a), com a intenção de menosprezar ou intimidar, como alguém que não tem consciência ou não percebe o caminho mútuo e, assim, vive em engano.** Portanto há riqueza e beleza grandiosa no cumprimento desse mandamento, que não cabem apenas a quem está congregando em algum templo ou contexto eclesiástico; ele é válido a todo Ser Humano que caminha em Sociedade.

Na convivência social, muitas são as situações em que se faz importante o cumprimento dessa *Torah*/Instrução. Para exemplificar, vejamos o relatado no livro de Mateus:

> Desde então começou Jesus a mostrar aos seus discípulos que convinha ir a Jerusalém, e padecer muitas coisas dos anciãos, e dos principais dos sacerdotes, e dos escribas, e ser morto, e ressuscitar ao terceiro dia.[22] E Pedro, tomando-o de parte, começou a repreendê-lo, dizendo: Senhor, tem compaixão de ti; de modo nenhum te acontecerá isso.[23] Ele, porém, voltando-se, disse a Pedro: Para trás de mim, Satanás, que me serves de escândalo; porque não compreendes as coisas que são de Deus, mas só as que são dos homens. (Mateus 16:21-23).

Cloud e Townsend, autores do livro *Limites: quando dizer SIM, quando dizer NÃO, assumindo o controle da vida* (1999), colocam a atitude de Pedro como tipicamente de um Controlador Agressivo, isto é, de alguém que tem problemas com limites e não aceita os limites do outro e, de forma franca e agressiva, viola o espaço do direito alheio. Além de concordar com os autores, acrescento que isso revela o não cumprimento de Êxodo 20.16, visto que Pedro não teve consciência e percepção do caminho que trilhava com Jesus, fazendo com que desse uma resposta que o menosprezasse e o intimidasse. Pedro agiu de modo errado e foi colocado na condição de "satanás", palavra que significa "opositor".

Portanto, sob esse aspecto, tendo Pedro como exemplo, todo aquele que caminha conosco deve ser percebido em seus limites, pensamentos e forma de ser, caso contrário, colocar-nos-emos como opositores no caminho. Ainda, é possível pensar que Pedro agiu por medo, pois a morte e o sofrimento de Jesus também o afetariam, tanto que, durante a crucificação, o discípulo, com medo, nega ser companheiro do seu Mestre. Dessa forma, não sejamos falsas testemunhas, negando aqueles que caminham conosco. Em outras palavras, não sejamos como aquele que vê o caminho de forma enganosa, não condizente com a verdade.

A consequência, certamente, caso não haja mudança de trajetória no pensamento, será como o enforcamento de Judas que, simbolicamente, representa um *sufocamento*. Pedro e Judas, na essência, agiram errado com o Mestre. No entanto Pedro teve a oportunidade de rever seu comportamento. Já Judas não aproveitou a oportunidade. Percebo que o juízo de se responder ao companheiro, menosprezando ou intimidando, sem consciência do caminho mútuo, culmina numa relação sufocante — representada pela corda do enforcamento —, em que o fôlego de vida será removido e impedido de ser aspirado. Isso significa uma relação desgastante, destituída de vida e propósito. Por outro lado, pode haver a reconstrução do relacionamento e do compromisso, caso haja uma mudança, em que o amor (*phileo* gr. – companheirismo, amigo) é provado e testado, assim como ocorreu com Pedro, quando Jesus perguntou-lhe três vezes: "Tu me amas. Tu és meu companheiro. Tu és meu amigo?". Na numerologia bíblica, o número três corresponde a uma mudança de estado.

> Depois de comerem, Jesus perguntou a Simão Pedro: "Simão, filho de João, **você me ama** mais do que estes?". Disse ele: "Sim, Senhor, tu sabes que te amo". Disse Jesus: "Cuide dos meus cordeiros". Novamente Jesus disse: "Simão, filho de João, ***você me ama?***". Ele respondeu: "Sim, Senhor, tu sabes que te amo". Disse Jesus: "Pastoreie as minhas ovelhas". Pela terceira vez, ele lhe disse: "Simão, filho de João, **você me ama?**". Pedro ficou magoado por Jesus lhe ter perguntado pela terceira vez: "**Você me ama?**" e lhe disse: "Senhor, tu sabes todas as coisas e sabes que te amo". Disse-lhe Jesus: "**Cuide das minhas ovelhas**". (João 21.15-17, grifos meus).

Síntese:

MANDAMENTO

- Não dirás falso testemunho contra o teu próximo.

ESTATUTO

- Não responderás ao(a) teu(tua) companheiro(a), com a intenção de menosprezar ou intimidar, como alguém que não tem consciência ou não percebe o caminho mútuo e, assim, vive em engano.

JUÍZO

- Cumprimento: preservação da vida e das relações; consciência dos limites, desejos, pensamentos [...] do outro.
- Não cumprimento: relacionamento que promove o sufocamento.

PRINCÍPIO/Espírito da *Torah*

- Educa a consciência dos espaços e limites entre o Eu e o Outro; a não faltar com a verdade; a ter relações saudáveis; a não menosprezar ou intimidar o companheiro de caminhada.

ÊXODO/*SHEMOT* 20.17 – MANDAMENTO 09 – A COBIÇA

Lo tachmod beit reecha lo-tachmod eshet reecha veavdo vaamato veshoro vachamoro vechol asher lereecha.

לֹא תַחְמֹד בֵּית רֵעֶךָ לֹא־תַחְמֹד אֵשֶׁת רֵעֶךָ וְעַבְדּוֹ וַאֲמָתוֹ וְשׁוֹרוֹ וַחֲמֹרוֹ וְכֹל אֲשֶׁר לְרֵעֶךָ

Tradução comum:

Não cobiçarás a casa do teu próximo, não cobiçarás a mulher do teu próximo, nem o teu servo, nem a tua serva, nem o seu boi, nem o teu jumento, nem cousa alguma do teu próximo. (Êxodo/*Shemot* 20:17)

Esse também é um mandamento cujo não cumprimento passa despercebido pela grande maioria. A cobiça é algo muito sutil que está atrelada a alguns aspectos da natureza nociva do Ser Humano, tais como: avareza, inveja e comparação, que estão por trás do significado da palavra "*tachmod* תַחְמֹד", usada para "cobiçarás", oriunda de "חמד *dhamad*", cujo sentido é "cobiçar, desejar o que não se pode ter ou ser". Em vista disso, entendo que o desejo por algo que não se pode ter ou ser começa pela:

Avareza – No latim, provém de "*Avare*", "desejar deseperadamente". Isso tem a ver com um desejo por ter mais do que se pode ter.

Comparação – A comparação pode ser muito destrutiva e causadora de muita infelicidade. Há pessoas que vivem se comparando, vivem um complexo de inferioridade, sendo o outro sempre melhor, que sabe mais, que tem mais. Essa condição produz discursos, como: "Meu carro não anda. Olhe o carro do vizinho, como é bom, tem rodas aro 18 e o meu não tem"; "A comida da minha esposa é muito salgada. A comida da esposa do vizinho é mais gostosa. Ah, como queria que minha esposa fosse assim". Talvez, seja como aquele ditado: "A grama do vizinho é sempre mais verde". Ao ser alimentado, esse discurso pode dar à luz a inveja.

Inveja – O invejoso, inconsciente ou conscientemente, é alguém possuído pelo ciúme, em seu âmbito patológico. Seu pensamento gira em torno de: "Outro não pode ter ou ser o que eu desejo ter ou ser, pois, por razões psíquicas, estou impedido de realizar esse — meu — desejo". Portanto, o simples fato do outro existir acaba incomodando o invejoso.

Caso seja uma inveja aflorada em transtornos de personalidade, como aqueles citados na Classe B, do DSM V[53] (borderline, antissocial, histriônico e narcisista), por exemplo, a inveja pode transformar-se num desejo de destruição e aniquilação do outro, pois o outro é o que se gostaria de ser, mas não consegue ou não sabe ser.

Geralmente, a inveja é uma posição que está associada ao sentimento de orfandade e que se faz muito destrutiva, tanto para quem inveja quanto para quem é alvo da inveja. Como diz a sabedoria de Provérbios: "O coração com saúde é a vida da carne, mas a inveja/ciúme é a podridão dos ossos" (Provérbios 14.30).

O invejoso é alguém que *não vê*, conforme a palavra latina "*invedere* – não ver" (inveja). Tal pessoa acredita que a identidade do outro deveria ser a sua, bem como tudo o que a constitui, pois, com deficiências e lacunas na formação da sua identidade — por interações familiares disfuncionais —, não se vê e, por não se ver, assim como o bebê no seu primeiro ano de vida, mistura-se com o outro.

Em outro verso do livro de Provérbios, "olhos invejosos", no texto hebraico, está associado com "olhos maus עַיִן רָע", indicando que o invejoso é alguém que não tem uma boa percepção de si e do outro, assim como os olhos infantis de um recém-nascido: "Aquele que tem **olhos invejosos/olhos maus** corre atrás das riquezas, mas não sabe que há de vir sobre ele a penúria" (Provérbios 28.22, grifo meu).

Portanto, a visão turva do invejoso trará, para a si, a pobreza. O seu olhar está focado onde não deveria estar, está no que o outro tem e conquistou. Se o seu olhar não está onde deveria estar é porque não está onde deve estar, pois se está olhando para o que pertence ao outro, desejando e cobiçando, é porque há uma insatisfação consigo, com o que se é e se tem, ou com o lugar em que se está, **porque o desejo está no lugar do outro.**

---

[53] No Manual de Transtornos mentais ou psiquiátricos (DSM V), mais especificamente na Classe B, encontram-se os chamados transtornos de personalidades dramáticas e manipuladoras – antissocial, borderline, histriônico e narcisista. Dentro dessa classificação do DSM V, antissocial, histriônico, narcisista e borderline podem ser facilmente confundidos. Em relação à estrutura psíquica, é provável que transitem na Psicose/Perversão. Cabe, entretanto, lembrarmos que todos nós podemos ter traços de personalidades; o transtorno é caracterizado quando gera prejuízos para o sujeito e seus relacionamentos. Em outras palavras, o Transtorno é quando ultrapassa o "torno", ou seja, os limites saudáveis.

Mais uma vez, lembremos do Rei David, que cobiçou e desejou aquilo que não era seu. O Rei quis a posição de Urias, enquanto marido de Bateseba. "Uma tarde, levantou-se Davi do seu leito e andava passeando no terraço da casa real; daí **viu** uma mulher que estava tomando banho; era ela mui formosa.³ Davi mandou perguntar quem era. Disseram-lhe: É Bate-Seba, filha de Eliã e mulher de Urias, o heteu" (2 Samuel 11.2,3, grifo meu).

David não estava onde deveria estar. Ele não saiu para a guerra e ficou no Palácio. Fora da sua posição, cobiçou a mulher de Urias, a ponto de eliminá-lo, obtendo consequências terríveis. David quebrou o mandamento que instrui a não cobiçar a casa, a esposa, o servo, a serva, o boi, o jumento, nem coisa alguma que esteja sob administração do seu companheiro.

Bom, no âmbito do simbólico, permito-me a entender que não é pertinente cobiçar aquilo que o outro construiu (casa), seus relacionamentos (esposa), seu trabalho (servo/serva), sua mesa de refeições (boi), seu meio de locomoção (jumento) e tudo aquilo que está sob a sua administração. No entanto vale afirmar que a cobiça não é o mesmo que olhar para o outro como referência e desejar alcançar um lugar semelhante. A cobiça é acompanhada pelo desejo de apropriação e/ou eliminação do outro. Não é simplesmente desejar ter ou ser algo semelhante, mas é ter ou ser o que está sob a posse do outro. E, caso não possa apropriar-se da vida do outro, aflora-se a intenção: "Se eu não posso ter a vida do outro, o outro também não pode".

Retornando à história de David, constatamos que ele sofreu um juízo por sua ação. Ele não morreu, foi perdoado, todavia as suas mulheres sofreram e foram tomadas pelas mãos de outros, e outros sofreram a morte: "[…] Eis que da tua própria casa suscitarei o mal sobre ti, e tomarei tuas mulheres à tua própria vista, e as darei a teu próximo, o qual se deitará com elas, em plena luz deste sol. ¹² Porque tu o fizeste em oculto, mas eu farei isto perante todo o Israel e perante o sol" (2 Samuel 12.2).

Ainda, para mim, a Morte de Urias, é um exemplo de juízo pelo não cumprimento desse mandamento, ou seja, quando há uma cobiça concebida, a pessoa que foi cobiçada morrerá em algum aspecto. Por quê? Porque cobiçar é desejar a vida do outro, logo, se me aproprio do lugar do outro e da vida dele, ele ficará sem o seu lugar e sem sua vida. Por sua vez, o cumprimento do mandamento preserva a vida de ambos e evita muitas perdas.

Princípio do Mandamento 09 – Posicionamento

No cumprimento dessa *Torah*/Instrução paterna, os nossos olhos são educados a não a estarem no lugar certo, não invejando o próximo ou desejando ter mais do que podemos ter ou ser. O Espírito da *Torah* educa-me a um posicionamento na minha própria vida. O quanto a sociedade de hoje estaria melhor se somente esse mandamento fosse vivido? Quantas pessoas não estariam mortas neste momento? Quantas empresas estariam funcionando e produzindo para o bem da humanidade?

Entendo que nesse mandamento, o "sim" seja desejar o sucesso do outro, o seu crescimento, a sua alegria, desejar que o outro vá além daquilo que conquistei ou além do lugar onde cheguei. Esse é o pensamento messiânico, expresso no livro de João: "Em verdade, em verdade vos digo que aquele que crê em mim fará também as obras que eu faço e outras maiores fará, porque eu vou para junto do Pai" (João 14.12). Fazer isso é considerar o outro melhor e maior do que a si mesmo, porém não num complexo de inferioridade e, sim, no entendimento de que o *"maior serve o menor"*, como assim está escrito: "Mas não sereis vós assim; antes, o maior entre vós seja como o menor; e quem governa, como quem serve" (Lucas 22.26); "Nada façais por partidarismo ou vanglória, mas por humildade, considerando cada um os outros superiores a si mesmo" (Filipenses 2.3).

Síntese:

MANDAMENTO

- Não cobiçarás a casa do teu próximo, não cobiçarás a mulher do teu próximo, nem o teu servo, nem a tua serva, nem o teu boi, nem o teu jumento, nem cousa alguma do teu próximo.

ESTATUTO

- Restabelecer a visão sobre si; reconstruir a sua "identidade"; não cobiçar aquilo que o outro construiu (casa), seus relacionamentos (esposa), seu trabalho (servo/serva), sua mesa de refeições (boi), seu meio de locomoção (jumento), e tudo aquilo que está sob a sua administração.

JUÍZO

- Cumprimento: preservação da vida e das relações; consciência dos limites.
- Não cumprimento: vidas são afetadas e mortas (espiritualmente, emocionalmente ou materialmente).

PRINCÍPIO/Espírito da *Torah*

- Educa a estarmos posicionados em nossa própria vida; a termos um olhar subjetivo; a não nos compararmos; ao contentamento; a desejar o sucesso do outro.

A BENÇÃO E A TORAH/INSTRUÇÃO – O SER-BENÇÃO

Desejo findar este livro firmando a ideia de que a *Torah*, enquanto Instrução Paterna, sob o Princípio Divino da Unidade-do-Ser, está mais à frente dos contextos eclesiásticos e suas interpretações e dogmas, está num amplo sentido e acessível a todos.

Tal acesso produz a condição do Ser-Benção e não apenas do Ter-Benção, visto que a prática e o entendimento das Instruções/Mandamentos educam o caráter, a fim de aperfeiçoar o Ser. Precisamos, dentro desse prisma, voltar o nosso pensamento para o *de quem* procede a benção ou *quem* é a benção, e não apenas no *que* ou *qual* é a benção.

"Benção" é uma palavra muito usada em nossos dias para refletir algo que se consegue, como sendo o resultado de um trabalho, um bem adquirido, um sucesso alcançado, um dinheiro recebido, um casamento próspero ou um bom salário. Desse modo, acabou se relacionando com aquilo que se tem ou possui, mas, como disse, compreendo que benção vai além do *Ter*, até mesmo porque, curiosamente, a *Torah*, na língua hebraica, não possui o verbo "ter", expressando que o *Ser* está para antes do *Ter*. Portanto o estado do Ser-Benção é mais adequado do que o Ter-Benção. O que determina se o resultado será abençoado é se a pessoa está em um estado de benção ou não, se ela é a benção ou não. O *Ser* é que determina o valor do *Ter*, não o contrário.

Interessante, se nos remetermos ao conto do Gênesis, o Homem, antes da queda no Jardim do Éden, estava nu, desprovido de bens e em um estado de satisfação do *Ser*, mas a partir do momento em que ele saiu do prumo da *Torah*/Instrução paterna, ele começou a ter a sua percepção alterada, dando-lhe a visão de que estava nu, necessitado do *Ter*: "Ele respondeu: Ouvi a tua voz no jardim, e, porque **estava nu**, tive medo, e me escondi. Perguntou-lhe Elohim: **Quem te fez saber que estavas nu**? Comeste da árvore de que te ordenei que não comesses?". (Gênesis 3.10-11, grifos meus).

Dessa maneira, seguindo o raciocínio interpretativo mítico, o Homem passou a buscar o *Ter*, já não podia mais estar nu/necessitado. O Ter-Benção começa a substituir o Ser-Benção, quando nos desligamos da *Torah*/Instrução, proveniente da Voz/Pai Simbólico. Contudo, por outro lado, ao nos aproximarmos da *Torah*, retornamos ao *Ser*, como princípio que antecede o *Ter*, pois é o Ser-Benção que fará com que tudo o que adentra a vida seja abençoado. Alguém pode ter bens, receber um bom salário, um dinheiro que estava esperando, alcançar o sucesso, mas o que vai determinar se tudo isso é abençoado é se esse alguém é benção, caso contrário tudo lhe será amaldiçoado, isto é, não lhe terá proveito e valor.

Em semelhança, escreve o sábio: "A posse antecipada de uma herança no fim não será abençoada" (Provérbios 20.21). Nessa fala temos uma herança que, aparentemente, deveria ser abençoada. Entretanto percebemos que quando a herança é antecipada, ela não será abençoada. Por quê? Porque aquele que a recebe ainda não está pronto para recebê-la, ainda não se tornou benção para que possa usufruir dela, tornando-a abençoada. Nesse ponto, o Ser-Benção associa-se com a maturidade, isto é, somente aquele que experenciou e passou pelos processos da vida, absorvendo os ensinos e as instruções de cada situação torna-se benção para abençoar.

Em Gênesis há um texto que pode nos ensinar algo sobre o processo de maturidade para se tornar benção. Vejamos: "E far-te-ei uma grande nação, e abençoar-te-ei, e engrandecerei o teu nome e **tu serás uma bênção**" (Gênesis 12.2, grifo meu). Aqui, a palavra divina sobre Abrão é **Ser-Benção**. Ele é convocado a sair de Ur dos Caldeus para seguir em direção a Canaã. Nisso, Deus lhe diz que irá abençoá-lo, porém, notemos que o "abençoar" está enfatizado em tornar Abrão uma "grande nação", no sentido de multiplicar a sua memória e a sua descendência. Em outras palavras, o *Ser* de Abrão seria expandido. Como isso se daria? Penso que pelo engrandecimento do seu "nome".

A palavra hebraica usada para "engrandecerei" é "וַאֲגַדְּלָה *Vaagadelah*", no sentido de "crescer". Sob essa forma de ver, utilizando-se dessa palavra, entendo que Abrão torna-se a benção quando o seu Nome/Identidade passa por um processo de crescimento e aperfeiçoamento. Dessa forma, ele tornar-se-ia "a" benção e não "uma" benção. No hebraico não há o artigo indefinido, ou seja, "Eu não sou um", "Eu sou o". Eu não posso ser apenas "um" no meio de muitos, eu preciso ser "o", alguém que sai do meio da multidão e deixa de ser apenas "um". Isso é tornar-se o propósito, visto que a palavra propósito, no latim, é "*proponere*", junção de "*pro*" (à frente) e "*ponere*" (colocar). Em sua origem, a palavra significa "colocar à frente", "expor à vista".

Nessa perspectiva, ser o propósito é colocar-se à vista, assim como uma semente que é exposta na superfície, mas que, antes disso, cresceu para dentro, no interior da terra. Antes de sermos expostos, para darmos bons frutos e frutos que permanece, crescemos para dentro. Nessa lógica, se eu sou um homem experimentado, que cresceu para dentro e teve o Nome/Identidade aperfeiçoado, logo torno-me a benção que será exposta nas relações, nas amizades, no casamento, na empresa e assim por diante.

A benção procede da Palavra Superior

A palavra hebraica para benção é "*baradh* ברך", que em um dos seus sentidos é "ajoelhar", que denota algo que se dobra, que vem de cima para baixo. Logo, benção é uma condição conquistada pela capacidade de descer/dobrar-se. Nesse aspecto, Ser-Benção é estar ajoelhado, na posição de humildade e reconhecimento, assim como no episódio de Jacó, que é levado a dobrar-se diante do seu aspecto sombrio, da sua personalidade reprimida, em reconhecimento à sua humanidade. Ali, ele tornou-se benção e teve o Nome/Identidade alterado.[54]

Em outro ponto, Ser-Benção está condicionado à palavra que se ouve. Abençoar está ligado ao ato de proclamar, falar, dizer. Dessa palavra temos a derivação "bendito", que é o ato de bem dizer. Assim, Ser-Benção é estar em sujeição ao bem dizer, à boa palavra declarada e introjetada. Há vários textos bíblicos que revelam a benção associada à palavra.

> **Abençoou** Elohim/Deus/Poder a Noé e a seus filhos **e lhes disse**: Sede fecundos, multiplicai-vos e enchei a terra. (Gênesis 9.1, grifo meu); E Elohim/Deus/Poder os **abençoou, dizendo**: Sede fecundos, multiplicai-vos e enchei as águas dos mares; e, na terra, se multipliquem as aves. (Gênesis 1.22, grifo meu); Ele se chegou e o beijou. Então, o pai aspirou o cheiro da roupa dele, e o **abençoou, e disse**: Eis que o cheiro do meu filho é como o cheiro do campo, que o Senhor abençoou [...]. (Gênesis 27.27, grifo meu).

Levando em consideração esse princípio que interliga a benção e a palavra, a Boa Palavra,[55] como vimos em outro tópico, é aquela que nos leva à plenitude, à restauração do Ser. No contexto em que estamos, chamo por

---

[54] Ver: *Israel: transformação da identidade*.
[55] Ver: *Êxodo/Shemot 20.1 – A Voz da Vocação, Palavras completas, Palavra no Deserto*.

Torah, a Instrução Paterna que, torno a dizer, está muito além dos contextos eclesiásticos e dogmáticos. Essa Palavra é revelada no interior de cada Ser, ao ouvir a Voz do Pai Simbólico. Essa Voz diz:

> [...] se guardares o mandamento que hoje te ordeno, que ames o Senhor, teu Elohim, andes nos seus caminhos, e guardes os seus mandamentos, e os seus estatutos, e os seus juízos, então, viverás e te multiplicarás, e o Senhor, teu Elohim, te **abençoará** na terra à qual passas para possuí-la. (Deuteronômio 30.16, grifo meu).

Em outro momento, a Voz diz:

> **Se atentamente ouvires a voz** do SENHOR, teu Elohim, tendo cuidado de guardar todos os seus mandamentos que hoje te ordeno, o SENHOR, teu Elohim, te exaltará sobre todas as nações da terra.[2] Se ouvires a voz do SENHOR, teu Elohim, virão sobre ti e te alcançarão todas estas bênçãos:[3] **Bendito serás tu** na cidade e **bendito serás** no campo.[4] Bendito o fruto do teu ventre, e o fruto da tua terra, e o fruto dos teus animais, e as crias das tuas vacas e das tuas ovelhas.[5] Bendito o teu cesto e a tua amassadeira. [6] Bendito serás ao entrares e bendito, ao saíres.[7] O SENHOR fará que sejam derrotados na tua presença os inimigos que se levantarem contra ti; por um caminho, sairão contra ti, mas, por sete caminhos, fugirão da tua presença.[8] O SENHOR determinará que a bênção esteja nos teus celeiros e em tudo o que colocares a mão; e te abençoará na terra que te dá o SENHOR, teu Elohim.[9] O SENHOR te constituirá para si em povo santo, como te tem jurado, quando guardares os mandamentos do SENHOR, teu Elohim, e andares nos seus caminhos. (Deuteronômio 28.1-9, grifos meus).

Observo, nesse texto, que, após dar a condição — "se atentamente ouvires a Voz" —, a Voz começa dizendo: "bendito serás tu", ou seja, primeiramente é o *Ser* quem será benção e, como consequência, o fruto da terra, do ventre, dos animais, enfim, as demais realizações da vida serão abençoadas. No entanto, no oposto, se não assumir a condição de estar sob a Palavra de benção haverá maldição. Logo, a Palavra sob qual estamos em sujeição determina o Ser-Benção ou Ser-Maldição.

> Será, porém, que, **se não deres ouvidos à voz** do SENHOR, teu Elohim, não cuidando em cumprir todos os seus mandamentos e os seus estatutos que, hoje, te ordeno, então, virão todas estas maldições sobre ti e te alcançarão:[16] **Maldito serás tu na cidade e maldito serás no campo.**[17] Maldito o teu cesto e a tua amassadeira.[18] Maldito o fruto do teu ventre, e o fruto da tua terra, e as crias das tuas vacas e das tuas ovelhas.[19] Maldito serás ao entrares e maldito, ao saíres. (Deuteronômio 28.15-19, grifo meu).

No campo psicanalítico, inúmeros são os estudos que sugerem o poder da *palavra* sobre o mundo, incluindo o Ser Humano. O psicanalista Lacan afirma que a linguagem forma o simbólico da nossa mente. Em outras palavras, o nosso inconsciente é formado por palavras. Em concordância com Lacan, para Vygotzky, a palavra é um signo (símbolo) que produz imagens e, consequentemente, pensamentos e ações. Portanto a palavra é uma ideia (gr. *Idea/ Eidos [raiz de idea]* – imagem, forma), a qual é uma imagem que forma o mundo subjetivo, isto é, o imaginário, o pensamento e o inconsciente, refletindo na nossa relação com o mundo objetivo e sensível, ou seja, no comportamento. Em outro dizer, somos feitos de *palavras* e *discursos* que ditam o *curso*.

Assim, toda mudança almejada começa na consciência da *palavra* que rege o Ser para benção ou maldição. A consciência deve levar-nos à compreensão de que a Palavra cria, assim como os ilusionistas que utilizam a expressão mágica "*abracadabra*", que em uma possível etimologia do aramaico, "*abra* אברא *kadabra* כדברא", significa "Eu crio ao falar".

Conforme alguns pesquisadores, essa expressão foi usada inicialmente em um amuleto triangular, por Sereno Sammonico, médico do Imperador romano Caracalla (séc. II). Ele acreditava que o amuleto tinha poder para curar doenças letais, como a malária. Bom, independentemente da veracidade da sua história ou do poder no uso da frase "*abracadabra*", a sua essência é verdadeira, a Palavra é poder que cria benção ou maldição. Decidamos estar sob a Palavra/ *Torah* que nos constrói como Ser-Benção dentro de um Tempo Messiânico pessoal e/ou social.

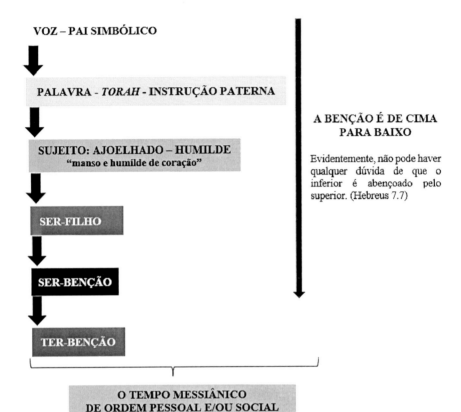

REFERÊNCIAS

AGOSTINHO. *O livre-arbítrio*. 3. ed. São Paulo: Paulus, 1995.

ALVES, Leonardo Marcondes. Pardes: os níveis da exegese judaica. *Ensaios e Notas*, 2020. Disponível em: https://wp.me/pHDzN-4wJ. Acesso em: 20 jul. 2020.

ALVES, Rubem. *A arte de educar*. 1999 Disponível em: https://manoelafonso.com.br/artigos/arte-de-educar-rubem-alves/. Acesso em: 26 nov. 2023.

AMBROS, Christiano; LODETTI, Daniel. The psychology of intuitive judgment: heuristics and biases, de 1982. *Revista Brasileira de Inteligência*, Brasília, n. 14, p. 12, dez. 2019.

BACON. Francis. *Nova organun ou verdadeiras indicações acerca da interpretação da natureza*: Nova Atlântida. 2. ed. São Paulo: Abril, 1979. (Coleção Os Pensadores).

BADINTER, Elisabeth. *Um amor conquistado*: o mito do amor materno. Rio de Janeiro: Nova Fronteira, 1985.

BAUMAN, Zygmunt. *Modernidade líquida*. Rio de Janeiro: Zahar, 2011. Disponível em: https://lotuspsicanalise.com.br/biblioteca/Modernidade_liquida.pdf. Acesso em: 25 nov. 2023

BERLINK, Manoel Tosta. As bases do amor materno e os fundamentos da melancolia. *In*: CONGRESSO NORTE NORDESTE DE PSICOLOGIA, 6., 6 a 9 de maio de 2009, Belém. *Anais* [...]. Belém: Universidade Federal do Pará, 2009.

BÍBLIA HEBRAICA. Disponível em: https://www.hebraico.pro.br/. Acesso em: 28 nov. 2023.

BÍBLIA, Português. *A Bíblia Sagrada: Antigo e Novo Testamento*. Tradução de João Ferreira de Almeida. Edição rev. e atualizada no Brasil. Brasília: Sociedade Bíblia do Brasil, 1969.

BOÉTIE, Étienne de la. *Discurso sobre a servidão voluntária*. Rio de Janeiro: LCC, 2006. Disponível em: https://edisciplinas.usp.br/pluginfile.php/2014171/mod_resource/content/1/Servidao_voluntaria_Boetie.pdf. Acesso em: 28 nov. 2023.

BOSSI, Tatiele Jacques. *O processo de separação-individuação mãe-bebê ao longo do primeiro ano de vida de bebês que frequentaram ou não a creche*. 2013. 184 f. Dissertação

(Mestrado em Psicologia) – Instituto de Psicologia, Programa de Pós-Graduação em Psicologia, Universidade Federal do Rio Grande do Sul, Porto Alegre, 2013.

CALHOUN, John B. Population density and social pathology. *Scientific American*, Rockville, Maryland, ano 02, v. 206, n. 2, p. 139, 1962. Disponível em: https://gwern.net/doc/sociology/1962-calhoun.pdf. Acesso em: 25 nov. 2023.

CARNEIRO, Alfredo. *Heráclito de Éfeso*: phisis, logos e alétheia. Disponível em: https://www.netmundi.org/filosofia/heraclito-physis-logos-e-aletheia/. 2023. Acesso em: 19 nov. 2023

COLECT, Carlos. *O Éden Perdido*: onde está o teu paraíso? Curitiba: CRV, 2020.

COLECT, Carlos. *Pai Nosso que estais nos Céus*: a consciência-do-ser. Curitiba: CRV, 2021

DSM-5. *Manual diagnóstico e estatístico de transtornos mentais.* American Psychiatric Association. Tradução de Maria Inês Corrêa Nascimento *et al*. Revisão técnica: Aristides Volpato Cordioli *et al*. 5. ed. Porto Alegre: Artmed, 2014.

FERRACINE, Luiz. *Sêneca*: o filósofo estóico e tutor de Nero. v. 4. São Paulo: Escala, 2011. (Coleção Pensamento & Vida).

FONSECA, Maria Carolina Bellico. O objeto da angústia em Freud e Lacan. *In*: SEMINÁRIO DO TEXTO FREUDIANO, CPMG, 2008. *Anais* […]. Belo Horizonte: Reverso, 2009.

FREUD, Sigmund. (1907). *Atos obsessivos e práticas religiosas.* Edição Standard Brasileira das Obras Completas de Sigmund Freud, v. IX. Rio de Janeiro: Imago, 1996.

FREUD, Sigmund. *Escritos sobre a guerra e a morte*. Tradução de Arthur Morão. Covilhã: Lusosofia, 2009.

FREUD, Sigmund. *O Ego e o Id e outros trabalhos (1923-1925)*. Edição Standard Brasileira das Obras Completas de Sigmund Freud, v. XIX. Rio De Janeiro: Imago, 1996.

FREUD, Sigmund. *Inibição, sintoma e angústia*. Rio de Janeiro: Imago, 1976.

FREUD, Sigmund. *Totem e tabu*. Porto Alegre: L&PM, 2020.

FREUD, Sigmund. *Obras completas*, v. 11. Totem e tabu. Contribuição à história do movimento psicanalítico e outros textos. São Paulo: Companhia das Letras, 2012.

FREUD, Sigmund. *Obras completas*, v. 12. Introdução ao narcisismo. Ensaios de metapsicologia e outros textos. São Paulo: Companhia das Letras, 2010.

HERÓDOTO. *História*. [S.l.]: eBooksBrasil, 2006. Disponível em: https://www.ebooksbrasil.org/adobeebook/historiaherodoto.pdf. Acesso em: 21 nov. 2023.

HESCHEL, Abraham Joshua. *O Schabat*: seu significado para o homem moderno. 2. ed. São Paulo: Perspectiva, 2014.

HESÍODO. *Os trabalhos e os dias*. 750-650 a.C. Disponível em: https://biosphera21.net.br/CRONOS/1-E-750-39%20(Assiria%20e%20Babilonia)/GRECIA/750-650a-C-HES%C3%8DODO-OSTRABALHOSEOSDIAS.pdf. Acesso em: 26 nov. 2023.

HOMERO. *Ilíada*. São Paulo: Companhia das Letras, 2003.

HOMERO. *Ilíada*. Tradução de Frederico Lourenço. Lisboa: Quetzal, 2019.

JOSEFO, Flavio. *História dos hebreus*. Tradução de Vicente Pedroso. Disponível em: https://frutodagraca.wordpress.com/wp-content/uploads/2010/03/historia_dos_hebreus.pdf. Edição eletrônica. Rio de Janeiro: CPAD, 2004. Acesso em: 24 nov. 2023.

KAHNEMAN, Daniel. *Rápido e devagar*: duas formas de pensar. Tradução de Cássio de Arantes Leite. Rio de Janeiro: Objetiva, 2011. Disponível em: https://edisciplinas.usp.br/pluginfile.php/5658450/mod_resource/content/1/kahneman-daniel-rapido-e-devagar-duas-formas-de-pensar.pdf. Acesso em: 27 nov. 2023.

KANT, Immanuel. *Fundamentação da metafísica dos costumes*. Lisboa: Edições 70, 2007.

KANT, Immanuel. *Resposta à pergunta*: o que é o esclarecimento? Tradução de Luiz Paulo Rouanet. Brasília: Casa das Musas, 2008.

KIERKEGAARD, Søren Aabye. *O conceito de angústia*: uma simples reflexão psicológico demonstrativa direcionada ao problema dogmático do pecado hereditário. Tradução de Álvaro Luiz Montenegro Valls. Petrópolis: Vozes, 2017.

KIERKEGAARD, Søren Aabye. *Textos selecionados*. Tradução de Ernani Reichmann. Reimpressão. Curitiba: Universidade Federal do Paraná, 2001.

LÉVI-STRAUSS, Claude. *Mito e significado*. Lisboa: Edições 70, 1978.

LÉVI-STRAUSS, Claude. *O pensamento selvagem*. Campinas: Papirus, 1989.

LUTERO, Martinho [1545]. *Luther Bibel 1545 Die Gantze Heilige Schrifft*. Barueri: Sociedade Bíblica do Brasil, 2005.

MAHLER, Margaret *et al*. O nascimento psicológico da criança. Rio de Janeiro: Zahar, 1977. (Original publicado em 1975).

MAHLER, Margaret. *O processo de separação-individuação.* Porto Alegre: Artes Médicas, 1982 (Original publicado em 1979).

MARX. Karl. *As lutas de classes na França.* São Paulo: Boitempo, 2012.

NAVARRO. *Que homens já foram considerados Messias, antes e depois de Jesus?* Todas as maiores religiões possuem figuras equivalentes ao Messias. 2011 Disponível em: https://super.abril.com.br/mundo-estranho/que-homens-ja-foram-considerados-messias-antes-e-depois-de-jesus#google_vignette. Acesso em: 25 nov. 2023.

NIETZSCHE, Friedrich. *Além do bem e do mal.* Tradução de Márcio Pugliesi. Curitiba: Hemus, 2001.

NIETZSCHE, Friedrich. *Genealogia da moral.* Tradução de Paulo César de Sousa. São Paulo: Companhia das Letras, 2015.

NIETZSCHE. Friedrich. *Vontade de potência.* Petrópolis: Vozes, 2011.

NOVO TESTAMENTO GREGO: *Textus Receptus* (1550/1894). Barueri Localização: Sociedade Bíblica do Brasil, 2007.

PESHITA. *Brit Hadasha.* Disponível em: file://C:\Users\Jaciara\Sefer HaTeshuvá - Ketuvim Netsarim\01Matitiyahu01.htm. Acesso em: 20 nov. 2023.

PINHEIRO, T. *Reflexões sobre as bases do amor materno. In:* Margarete Hilferding, Teresa Pinheiro, Helena Besserman Vianna. As bases do amor materno. São Paulo: Escuta, 1991.

PLATÃO. *A República.* Tradução de Maria Helena da Rocha Pereira. 9. ed. Lisboa: Fundação Calouste Gulbbenkian, 2001.

QUEIROZ, Eça. *A cidade e as serras.* Disponível em: https://www.professorjailton.com.br/novo/biblioteca/A_cidade_e_as_serras.pdf. 2008. Acesso em: 15 nov. 2023.

REIS, José Roberto Tozoni *et al. Psicologia social:* o homem em movimento. São Paulo: Brasiliense, 2006.

STRONG, James. *Nueva concordancia exhaustiva de la Biblia.* Barueri: SBB, 2002.

STRONG, James. *Léxico Hebraico, Aramaico e Grego de Strong.* Barueri: Sociedade Bíblica do Brasil, 2002.

TALMUDE, Babilônico (Bavli) Talmude de William Davidson (Koren - Steinsaltz). SHABBAT, 116B. Disponível em: https://www-sefaria-org.translate.goog/

Shabbat.116b.2?lang=bi&with=all&lang2=en&_x_tr_sl=en&_x_tr_tl=pt&_x_tr_hl=pt-BR&_x_tr_pto=sc&_x_tr_hist=true. Acesso em: 23 nov. 2023

ZANOTTI, Marcelo, *As células Von Economo e sua importância na evolução do comportamento social em mamíferos.* Disponível em: https://comportese.com/2013/07/02/as-celulas-de-von-economo-e-sua-importancia-na-evolucao-do-comportamento-social-em-mamiferos/. 02/07/2013. Acesso em: 20 nov. 2023

ZETTI. *Somos 1*. Curitiba: Opta Gráfica, 2016.